BURMA 1942
THE ROAD FROM RANGOON TO MANDALAY

[澳] 阿兰·沃伦◎著
(Alan Warren)
雷鹏飞◎译

缅甸1942：
从仰光到曼德勒

重庆出版集团 重庆出版社

Burma 1942:The Road from Rangoon to Mandalay by Alan Warren

Copyright © Alan Warren, 2011

This translation is published by arrangement with Bloomsbury Publishing

Simplified Chinese edition copyright © 2019 Chongqing Publishing House

All rights reserved.

版贸核渝字(2014)第288号

图书在版编目(CIP)数据

缅甸1942:从仰光到曼德勒/(澳)阿兰·沃伦著;雷鹏飞译. — 重庆:重庆出版社, 2019.3
ISBN 978-7-229-11332-2

Ⅰ.①缅… Ⅱ.①阿… ②雷… Ⅲ.①第二次世界大战—史料—缅甸 Ⅳ.①K337.4

中国版本图书馆CIP数据核字(2016)第142479号

缅甸1942:从仰光到曼德勒

MIANDIAN 1942:CONG YANGGUANG DAO MANDELE

【澳】阿兰·沃伦 著 雷鹏飞 译

责任编辑:李　子
责任校对:李小君
封面设计:严春艳
版式设计:侯　建

重庆出版集团
重庆出版社　出版

重庆市南岸区南滨路162号1幢　邮政编码:400061　http://www.cqph.com
重庆升光电力印务有限公司印刷
重庆出版集团图书发行有限公司发行
E-MAIL:fxchu@cqph.com　邮购电话:023-61520646
全国新华书店经销

开本:720mm×1000 mm　1/16　印张:22　字数:355千
2019年3月第1版　2019年3月第1次印刷
ISBN 978-7-229-11332-2

定价:65.00元

如有印装质量问题,请向本集团图书发行有限公司调换:023-61520678

版权所有　侵权必究

目录

001　前言

001　第一章　英国统治下的缅甸和日本帝国

023　第二章　备战

041　第三章　东南亚战争爆发

063　第四章　入侵缅甸

081　第五章　毛淡棉之战

095　第六章　萨尔温江保卫战

113　第七章　碧琳河之战

129　第八章　斋托的乱局

145　第九章　锡当河大桥

163　第十章　炸毁锡当桥

- 183 第十一章 战争前线仰光
- 199 第十二章 韦维尔掌权
- 217 第十三章 仰光撤军
- 237 第十四章 日本帝国海军与印度洋
- 255 第十五章 海军上将南云忠一突袭锡兰
- 277 第十六章 仁安羌的油田
- 301 第十七章 撤军至印度
- 319 第十八章 战败的后果

前言

缅甸的首府仰光,坐落在江面宽阔、江水浑浊的伊洛瓦底江北岸,距离大海有25英里。城市中流淌的那条阳光下闪闪发光的大河一直通向孟加拉湾。仰光市布满了码头、仓库和成排的钢吊车。

第二次世界大战前夕,缅甸是世界上最大的大米出口国。数以百万计的人们——人口比缅甸的总人口还要多——依赖于这儿的大米供应作为谋生职业,印度劳工在船舶代理商和商家代表的注视下将大米装上货船。码头上河的两岸到处是锯木厂,在缅甸北部的森林里,柚树原木在工厂里加工后,绑成木筏状顺河漂流而下。

在码头之外,是一个繁荣的商业区,这里有火车站和政府的办公楼。仰光是一个繁华的大都市,和中国半殖民地时期的上海很相似。在1852年,英国在决定永久性兼并缅甸之后,就在这里建设了空阔笔直、纵横交错的街道。在各主要街道上都建有结实坚固的银行大楼;街道上各式的美国汽车、巴士、牛车还有人力黄包车和赶路的行人交织在一起;集市上的摊位上摆放着五颜六色的商品。女人们盘着黑发,头上顶着篮子,穿着色彩鲜艳的衣服,从街上走过。大部分印度人和缅甸人都住在城市中心之外的拥挤的居民区里。在锡里安的下游,伯白石油公司的炼油厂里的高大烟囱冒着烟,使这里的天空也因此变得灰蒙蒙的。

在总督府的附近,仰光大金塔的金色神殿耸入天际,金碧辉煌。大宝塔是佛教界最受尊敬的朝圣地之一,也是仰光这个城市能够获得如此地位的重要原因。宝塔下有基座,塔尖镀金,塔高300英尺,矗立在小山之上,周围有众多小塔和神龛环绕簇拥。沿塔基台阶拾阶而上,可以看到宝塔周围的神龛错落有致,众多鲜花——万寿菊、莲花和茉莉花——使空气中弥漫着迷人的香味。塔基上的石雕图案各式各样,有守护神巨魔王,有带翅膀的女妖和其他传说中的魔兽。宝塔由身穿僧袍的光头僧侣照管。夜幕下,高耸的大金塔在黑暗中若隐若现,充满着神秘。

1941年12月23日,欧洲蔓延的战火似乎离缅甸仍然是那么遥远。法国沦陷在纳粹德国人的铁蹄下之后,英国的群岛就被封锁起来,英国与纳粹占领下的欧洲仅有英吉利海峡相隔。最近日本袭击珍珠港,入侵英属马来西亚,让缅甸的殖民统治者感到震惊。当地的社会看似平静,到访这个殖民地国家的外界记者甚至将这种平静误认为这是一种自满。但其实焦虑的情绪却在这里蔓延。

仰光离日军在泰国和印度支那的空军基地很近,只有一个雷达站保护,而且和泰缅边境丛林中密布的观察站联系不多。哨兵团也主要依赖于民用电话系统和皇家空军总部联络。仰光城没有防空炮火,也没有为平民建立庇护设施。

在仰光北面15英里的明格拉东空军基地,盟军有一支战斗机力量随时准备对日本向缅甸南部领空的入侵做出反击。英国皇家空军67中队装备水牛战机,大多数中队的飞行员都是新西兰人。明格拉东空军基地的两个战斗机中队中有一个属于美国飞虎队,配备有P-40B战斧式战机。这个中队是抗日战争时期帮助中国人民抗日的一支"飞虎队"编队。天亮之前战机就发动引擎,装弹、加油,准备战斗。黎明巡逻飞行就开始,然后飞行员吃早餐,之后在砾石跑道不远处树荫下的帐篷里休息。

太平洋战争初期,日本空军很少关注缅甸南部的战事。但日本指挥官决定打破仰光的平静。12月23日天气晴朗,10点还没到,明格拉东机场的作战室就接到报告,前方有敌方飞机正飞过来。整个仰光市中心警报声响成一片,但是许多市民不以为然,认为这不过又是一次警报演习。此时的天空中飘着几朵白云,微风从海面上吹了过来。

日本轰炸机和战斗机编队从泰国和印度支那的空军基地升空,加速向西穿行,抵达仰光。战机编队呈"V"字形,下面是波光粼粼的马达班海湾。大部分轰炸机都是双引擎Ki-21三菱战机。双引擎轰炸机的两翼安装在机身的正中央,看起来很像老鹰的形状。2200磅重的载弹量足以对一个拥挤的东方城市造成极大的破坏。轰炸机机肚被漆成浅灰色,机身上方漆成棕色和绿色,两翼和机身上涂有红色太阳的形状,表明这是日本的战机。仰光城和明格拉东机场是轰炸的既定目标。码头的仓库里装满了美国援助的军用物资,准备经由缅甸公路运往中国,援助中国军队。

明格拉东基地的飞行员连忙跑向战机,爬进狭小的驾驶舱,戴上无线耳机,调整降落伞的卡带,打开无线电设备。引擎开始发动,战机呼啸起来。飞行员加足油门,跑完起飞跑道,急速升空。12架战斧战机、15架水牛战机穿过乌云,升上天空。飞行员收回起落架,在刺眼的阳光下向20000英尺的高度螺旋式爬升。战斗机螺旋桨急速地扇动着气流。从空中看下去,明格拉东基地上的跑道形成了一个浅色的三角形,周围是一块块绿色植物覆盖的土地,还有绿油油的稻田。

由英国皇家空军飞行员C. V.巴格和G.威廉姆斯驾驶的两架水牛战机已经在仰光上空巡逻。这两个年轻人首先看到接近的日本战机。当水牛在空中盘旋时,地面上的控制人员听到电台里新西兰人兴奋的声音:"他妈的!这么多战机。看,威利,战机真多!"[1]明格拉东的一位美国飞机机械师回忆道:

一阵混乱之后,我们也组织起了攻击,然后就像一群游客,抬起

---

[1] H. L. 汤普森:《新西兰皇家空军》(卷三),惠灵顿,1959,第269页。

头朝天上看。我们听到发动机的轰鸣声,接着就看到了银色的"V"字形轰炸机编队,有人开始数,当数到27时,他喊道:"那不是我们的战机,我们的没有那么多。"我跳进最近的战壕,也几乎是在同时,我听见空中有"嘶嘶"的声音,接着就是炸弹的声音了。①

在仰光,印度人、缅甸人、中国人、英裔印度人、英裔缅甸人、克伦人,还有欧洲人都涌上街头,他们不是寻找避难所,而是好奇地观望天空中的战机编队。

从地面上看,战机就在头顶,清晰可见,让人印象深刻。成群的码头工人聚集在海滨公路上,根本没有意识到他们有多危险,货摊旁的妇女和儿童也停了下来注视着天空。炮弹带着呼啸声纷纷下落,爆炸的声音很快就让仰头凝视的人群惊慌失措。因为之前几乎没有采取什么措施警告民众有空袭危险,街道上很快就布满了尸体,伤者尽可能挣扎着涌向医院,医院里很快就人满为患了。炮弹和炸药使拥挤的居民区里的很多木质房屋起火燃烧起来。

缅甸即将陷入第二次世界大战当中。自从欧洲爆发战争以来,殖民地的军事化节奏就在逐渐加快,缅甸也逐渐成为困境中的伦敦优先考虑的殖民地。理论上说,缅甸是印度东部的堡垒,但近一百年来,英属印度的军事焦点一直在西北前线,因为这是通往阿富汗和中亚地区的门户。

日本在夏威夷的珍珠港袭击了美国太平洋舰队,在发动太平洋战争的几天之后,就将战火烧到了缅甸,这不是偶然的事情。紧接着珍珠港袭击之后,日本着手控制东南亚和西太平洋地区,它要完成建立一个自给自足的帝国。它优先考虑要占领英国的重要堡垒新加坡。日本帝国的陆军已经占领了中国的大片领土,在中国,战争已经肆虐了有好几年的时间了。

日本计划将缅甸纳入"大东亚共荣圈"里,缅甸的大米行业和其他原材料

---

① D.福特:《飞虎队:克莱尔·陈纳德和他的美国志愿者,1941—1942》,华盛顿,2007,第122页。

对日本很有价值。日本要征服东南亚其他地区，必须占领缅甸为其侧翼做掩护，而且这样也可以切断外界对中国军队抵抗日军的外援。此时，通往中国西南的滇缅公路已成为最后一条补给线，美国只能通过这条线路向蒋介石的国民党政权提供援助。

缅甸沦陷的后果是深远的。这本书试图对1942年缅甸战争中的一系列战斗做全新的探究。双方的战争者，通过海陆空的较量，或输或赢，决定着东南亚战争的进程和走向。某些局部战争的成败，的确能够改变战争的轨迹，给很多人带来利益，也可能带来厄运。对战争的反思有助于还原历史长河中人类行动的意义。第二次世界大战是一个让人着迷的研究领域，它对所涉及的国家的持久影响从来没有随时间的推移而减弱，这不能不让人感到奇怪。

我感谢澳大利亚战争纪念馆允许我复印那些插图。我还想向那些帮助我完成此书的人士表示感谢。我很感激支持我的那些出版商和编辑，特别是克莱尔·利普斯科姆、尼古拉·腊斯克、金·斯多利，还有芭芭拉·阿切尔。

第一章 英国统治下的缅甸和日本帝国

缅甸地处一片生机勃勃的丛林之地,近海处是红树林围成的湿地;这个国家的野生动物资源丰富,至夜幕降临之际,各种动物和昆虫发出的声响交相呼应,热闹非凡。缅甸国土面积相当于法国和英国两国面积的总和。尽管它在地图上看起来很小,夹在印度和中国之间,但实际上,这块陆地相当广袤。几条大的河流自北向南穿越中部的平原地区,而平原三面群山环抱。世界屋脊喜马拉雅山脉自北部开始将中国和缅甸隔开;在东面和西面,从喜马拉雅山脉向南延伸的群山分别将缅甸和泰国、印度隔开。缅甸西部海岸是一片湿地平原,还有竹林。在缅甸的东南部,位于孟加拉湾东岸的丹那沙林半岛犹如一只象鼻,一直向大海延伸开去。

　　缅甸的主要河流就是伊洛瓦底江,它也是世界最伟大的河流之一。伊洛瓦底江的名字源于梵文,意思是"复苏之国",它总长超过1 200英里。伊洛瓦底江一直向南,在下游呈伞形,分成多条支汊河,注入孟加拉湾。在缅甸还分布着三条自北向南流向的主要河流:钦敦江(位于缅甸西北部)、锡当河(缅甸中部河流)和萨尔温江(中国称怒江)。钦敦江位于缅甸的西北部,是伊洛瓦底江的最大支流,属内陆河流。在伊洛瓦底江和钦敦江的交汇处,是一片有季风气候特征的庞大水系。在伊洛瓦底江的东部,锡当河和萨尔温江也向南注入安达曼海。萨尔温江发源于中国西藏自治区安多县境内、青藏高原中部唐古拉山脉,经中国云南流入缅甸,注入马达班海湾,下游构成缅甸和泰国的国界线。缅甸还有很多条其他较小的河流,在炎热的季节,河流干枯,而到了雨季,河道则激流奔腾。缅甸的农村地区被这些河流分割成了很多大小不一的条块形状。

缅甸气候主要受两个季风影响。从10月中旬到第二年5月中旬,东北季风盛行,这期间,雨水稀少,气候干燥,但到年底天气则凉爽宜人。不过,到了第二年3月,随着东北风逐渐减弱直至消失,气温上升,开始让人感觉炎热。4、5月期间天气闷热,湿度大;湛蓝的天空、耀眼的阳光和炎热的天气均告一段落,乌云开始自天际翻滚而来,预示着西南季风即将到来。雨季从5月中旬一直持续到10月中旬,在缅甸的大部分地区,下雨次数繁多,在沿海岸地区和北部山区雨水特别充沛。在缅甸的很多地方,潮湿的气候经常引发疟疾流行。

缅甸历史悠久,人类在这里生活繁衍长达几百万年的时间。接连不断的迁徙浪潮使很多部落越过群山向北进入伊洛瓦底江的河谷。来自印度和东南亚其他地方的商人从海上到达缅甸,同时也给这个地区带来了其他的影响。早期的部落社会逐渐融合,然后以寨子和村落为基础,统一形成了多个王国,并且经历了很多个朝代。

在欧洲,大约在1300年,马可·波罗在其关于亚洲游记的作品中首次提到缅甸。马可·波罗是威尼斯人,当时效忠于中国元朝的忽必烈。1497年,正是葡萄牙人发现了从欧洲绕过好望角到达印度的这条航线,所以,在缅甸最早出现的欧洲商人是葡萄牙人。随后,荷兰人、法国人和英国人也接踵而至。在18世纪,葡萄牙人最早定居在锡里安(缅甸南部港口),该市位于伊洛瓦底江三角洲,是欧洲人在南部海岸的重要贸易港口之一。缅甸面向大海,一览无余,伊洛瓦底江成了通往富饶的内陆腹地的必经之道。

英属东印度公司早在1784年之前就在孟加拉建立了一个边境地带,与缅甸王国隔带相望。缅甸人经常越过边境进入英国领土,导致摩擦不断。后来在1824年总督阿默斯特派遣了一支军队来威慑阿瓦朝廷(阿瓦是缅甸中部古城。在伊洛瓦底江左岸,密埃河汇入处,和实皆隔江相望,东北距曼德勒15公里。初建于1364年,至19世纪下半叶的五百多年间,曾数度为阿瓦王朝和雍笈牙王朝等的首都)。仰光位于伊洛瓦底江三角洲,这里村寨的人都被英国的海军抓起来了。

冲突使局势变成僵局,直到1826年底,双方才达成了一个停战协定。根据协定,英国军队撤离仰光。在这场冲突中,有4万名英国和东印度公司的士兵卷入冲突当中,15 000人丢了性命,大多数人死于高烧、痢疾和霍乱。一开始在这儿降落的五个英国军团中有超过3 100人死亡[1]。这场战争之后,阿拉干和丹那沙林的沿海岸地区都被东印度公司吞并,阿萨姆邦也被割让给了英国。在缅甸南部,毛淡棉市也成为了英印的主要港口和驻军场所。

1852年,英国又发动了一场战争,彻底占领了缅甸的伊洛瓦底江三角洲。冲突是由英国商人与缅甸官员之间的一系列纠纷所引起的。总督达尔豪斯不愿意看到英国在这个地区的权威不断受到挑战。不过,这场战争的确进展效率很高。从印度开来的两栖远征舰队的指挥官是海军少将查尔斯·奥斯汀爵士,他也是小说家简·奥斯汀的弟弟。1852年4月,一支入侵部队从伊洛瓦底江登陆,占领了仰光,在轰炸和洗劫之后,这个城镇毁坏严重。结果,勃固省(缅甸南部城市)也割让给了英国。

在大金塔的脚下,英国人清除了仰光的旧城区。到1853年底,新城建设仍在施工之中。这座殖民地城市建设有宽阔的街道,纵横交错,犹如棋盘。在遍布佛教宝塔和寺院的地方,欧洲风格的公共建筑和教堂的尖顶拔地而起。印度民政管理机构对缅甸的南部地区实行了新形式的民政管理。在这里也仿照印度建立了法院以及政府等部门。1869年,苏伊士运河的开放也导致了仰光的蒸汽船交易数量大幅攀升。缅甸的第一段铁路在1877年完成。

但是,在东南亚攫取领土的并非只有英国这个欧洲国家。19世纪60年代,

---

[1] J. W. 弗特斯克:《英国军队的历史》(卷六),伦敦,1923,第349页。

法国人开始以挑战者身份出现,占领印度支那的部分领土。随后,法国不断与上缅甸的锡袍王接触,这引起了仰光当局的怀疑。19世纪80年代中期,一个由缅甸人组成的代表团前往欧洲访问,并与法国讨论提供现代武器等事宜。这当然刺激了伦敦当局,促其采取行动。英国政府于是开始制造借口,入侵上缅甸地区。

印度的国务卿,伦道夫·丘吉尔勋爵后来解释说:"是法国的阴谋迫使我们前往缅甸,但也是由于这一点原因,我们忽视了锡袍王。"罗德柯公开声明说:

> 印度……凭借着层峦叠嶂,犹如一座城堡……在城堡之外,延伸的是一个纬度宽度不同的缓冲地带——缅甸。我们不想吞并它,但我们不能眼睁睁地看着它被我们的对手吞并掉。我们也非常愿意看到它就在我们的盟友和朋友手中,但如果我们的对手或不良的影响向它潜伏靠近……那我们就不得不占领它了。①

通往曼德勒城最为人所熟知的一条路就是伊洛瓦底江。在英属领土上,一支由装有10 000人的蒸汽机船舰队已集结就绪,由少将哈罗德·普伦德加斯特爵士指挥。1885年10月22日,英国向缅甸发出最后通牒,内容包括:要求锡袍王只能通过在印度的英国当局开展对外关系。通牒遭到拒绝之后,普伦德加斯特的船队于11月14日越过边境。在敏拉这个地方遭到短暂的抵抗之后,舰队继续前进,到月底,曼德勒城被攻破。

阿瓦王国的锡袍王被迫承认整个缅甸成为英国的殖民地;锡袍王和他的王后索帕亚拉被流放到印度,其在曼德勒的皇宫更名为达菲林城堡——为的是纪念印度总督达菲林伯爵。皇宫大院的建筑让人印象深刻,皇宫由约1.25英里长的橙红色墙壁围成,护城河里种满了荷花,河面上架有四座桥梁;墙内即是宫殿,还有一些房舍和绿树成荫的道路。达菲林城堡外就是拥挤的城

---

① N. 塔琳:《东南亚剑桥历史》(卷三),剑桥,1992,第35页。

市。800英尺高的曼德勒山上寺塔簇拥。伊洛瓦底江就在曼德勒城的西面,河畔的小山上点缀着大小不一的白色佛塔。

经过数年的冲突战乱,上缅甸最终割让给了英国。在19世纪80年代末,该地区驻扎了一支32 000人左右的军队以维持治安。拉迪亚德·吉卜林将此描述为后殖民时期的战争。在长达五年的镇压叛乱和地方土匪武装的斗争中,许多人死于丛林热。

统一后的缅甸成为印度帝国的一个省,这一决定一直不受缅甸人欢迎,这些人不包括缅甸的少数民族。多数缅甸人住在缅甸中部和南部的大部分地区。然而,少数民族并没有受益于缅甸王权统治。在少数民族社区居民看来,比如南方的克伦人,北部的山区居民,英国人相对于其他的入侵者来说还要好一点。东北殖民地的掸邦被分为一系列的半自治区,由世袭的王公统治管理。

对宗教的宽容使得外国的制度变得较易接受,因为法律和秩序取代了专制统治。佛教徒穿着藏红色的长袍、剃着光头,在街头村镇仍然随处可见。在缅甸,英国官员、士兵和商人都乐得其所。像热带的绿色植物一样,肥沃、健康和平的殖民地正逐渐走向繁荣,游客们在江面月光倒影中流连忘返。

殖民地之城仰光在城市规模和城市内涵上都在稳步成长。宝塔路上光华剧院的建立,是为了庆祝维多利亚女王登基60年。秘书处大楼在20世纪早期完工,这是一座大圆顶建筑。华丽的楼榭、排成排的看台装饰着达尔豪斯公园;佛塔山脚下是成群的佛教寺庙。新居民区房屋宽敞,为民众设置的花园五彩缤纷;在维多利亚湖附近的佛塔区,还建有繁荣的贸易区。

在江边,训练有素的大象在木材厂劳作,碾米机忙于准备粮食出口。码头上,液压起重机和照明灯使得港口有种现代化的气息。据1881年的人口普查,这个城市的人口是134 176人。这一数字到1931年已经增加到超过400 000人,超过一半是印度人;30 000人是中国人,还有仰光少数民族社区中的欧洲人、英印混血人种和英缅混血人种。来自印度的移民都信奉伊斯兰教和印度教。

平稳有序的客运服务将殖民地的首都与英帝国的其他主要港口连接在一起。

缅甸的铁路系统稳步扩展,将主要城镇与仰光和曼德勒等城市连接起来。伊洛瓦底江轮船公司的蒸汽船只不停地穿梭于殖民地的各条大河之上。在曼德勒,铁路分成两个岔道,一条往东北直到腊戍,离中国边境120英里,另一条继续向北一直到250英里之外的克钦山区的密支那。印缅边境的山脉只有几条小路穿过,一旦有洪水和山体滑坡,这些路便不能行走。

缅甸在农业领域的潜力巨大。年复一年,众多的河流携带着厚厚的淤泥最终沉积在下游南部的三角洲地区。殖民政府一直都在鼓励扩展大米行业。西方国家的商业法律也允许商业公司在金融安全的条件下运作。经济的发展刺激了大量印度人移民此地,同时也使不少缅甸人向下缅甸区迁移,这为大米行业提供了劳动力。

在19世纪中期,缅甸的大米出口并不是很引人注意。但到20世纪30年代,缅甸已经成为世界上最大的大米出口地区,[1]占世界大米出口份额的37%,比泰国和印度支那的总和还要多。泰国和印度支那两个地区的大米主要出口到日本和中国,而缅甸的大多数大米则出口到了印度和锡兰(今称为斯里兰卡)。[2]对于印度来说,缅甸就是其在饥荒干旱年份可资利用的粮仓。据估计,1941年缅甸生产的63%稻米都用来出口了。[3]

在下缅甸地区,水稻生产是农村生活的主要内容。无休无止的雨季到来之后,男人赶着水牛,拉着犁,在齐膝深的稻田里耕田;女人和孩子们则插下绿油油的秧苗。等水田干了之后,庄稼也很快就到了成熟的季节。这时,野花在田埂上的小丛林中开放,凉夜之后的清晨,白色的薄雾久久没有散去。齐腰深的稻子让稻田看起来很像是麦田。稻子收割过后,天也开始热起来了,稻田变

---

[1] 程孝华:《缅甸稻米产业:1852—1940》,吉隆坡,1968,第1页。

[2] 程孝华:《缅甸稻米产业:1852—1940》,吉隆坡,1968,第201、206、217页。

[3] 程孝华:《缅甸稻米产业:1852—1940》,吉隆坡,1968,第198、221、241—243页。

成了一大片黄色的平原,其间有很多泥巴糊成的田埂,阳光下已变得异常硬实,他们将平原分成很多一两亩大小的田块。村里的耕田、插秧和收割的农事一般要从6月一直持续到12月;接下来就是庆祝丰收、过节,为炎热的天气以及雨季的到来做准备。每年一到12月,大米存量就达到最高水平。①

在殖民统治期间,大米行业并不是缅甸唯一繁荣的产业。伯麦石油公司在仁安羌(缅甸西部城市)蛮荒的中部平原地区也开始开发油田。在两次世界大战期间,该油田已经每年可以生产2.5亿加仑的石油了;石油通过管道直接输送到锡里安的炼油厂,该厂就位于仰光东南部的伊洛瓦底江上。缅甸能够供应印度大部分的石油需求。缅甸也是世界柚树木材的主要来源地。在缅甸北部山区的森林里,树被砍倒,锯成木料运往其他地方。在莫旗也有钨矿开采,而在丹那沙林地区则开采锡矿石。

第一次世界大战在很大程度上并未殃及缅甸。说来好笑,缅甸当时是英帝国最安全的地方。然而,缅甸还是受到了其他殖民地地区发展的影响。印度激起的民族主义情绪在缅甸也同样能够看到。一开始,缅甸是被排除在1919年的印度政府法案之外的,但面对民众的压力,政府还是做了妥协。结果在20世纪20年代,殖民政府拟订了一个有限自治新方案。这是通往代议制政府的第一步。在仰光,第一次世界大战后建立的大学成为煽动民族主义情绪的中心。随着缅甸人的民族意识达到新的高度,缅甸人和印度人的社区开始产生冲突。农民尤其不欢迎印度的放贷者,因为在欧洲经济大萧条期间,大米价格暴跌,致使农民陷入更深的债务泥潭。

1930年—1932年,塞亚圣僧发动叛乱,享有美誉的缅甸不再是殖民田园牧歌式的清净之地。塞亚圣僧之前是一个和尚,他发动反叛是想在缅甸恢复君主政权,重建佛教等级制度。起义吸引了很多宗教虔诚者,他向众多追随者们

---

① M.科利斯:《缅甸现场》,伦敦,1943,第36页。

传授了神奇的法术,并分发了护身符。这次叛乱矛头直指所有外国人以及税收征收制度,不过直接受牵连的是印度人,因为他们比欧洲人多,而且容易成为目标。在政府复权的过程中,军队和警察共绞杀了1 300名叛军。①

1938年,针对印度人又发生了新一轮的叛乱。缅甸农村动荡不安的局面使得偏远地区的生活越来越贫困。随着人口的增长,人们拥有的土地也越来越少。随着越来越多的土地被典当给了放贷者,无地劳动者的人数越来越多。1931年的人口普查估计,当时人口总数为1 700万,其中缅甸人1 000万,400万克伦人,150万掸族人,100万印度人,还有许多人数较少的少数民族人。

英国和缅甸人之间的社会关系表面上看起来很好,但实则不然。在1939年欧洲战争爆发前夕,曼德勒寺院外的一个小住持向缅甸步枪队的詹姆斯兰特上尉这样解释道:"是的,我很欢迎你们。你们比法国人、比荷兰人好。但我们缅甸人完全能够管理好我们自己,我们不需要英国人为我们做这些。你们走得越快,对英国人和缅甸人来说就越好。"②在日常生活的表面背后,不难看出人们反殖民主义的情绪。

作为宪法改革进程的一部分,也是为了赶上印度的宪法改革进程,1937年4月,缅甸作为殖民地与印度分离,并在小范围内进行了立法机构选举。对于缅甸人来说,这种分离很让他们满意。在伦敦成立了缅甸事务办公室、一个部长理事会和由参众两院组成的议会。众议院成员由选举产生,五年一任期,参议院由众议院和拥有部分任免权的殖民政权选举产生。在仰光产生了缅甸总理,并组建了一个内阁。只有这种自治政权才能有更大程度的自治。

作为政权改革的一部分,英国总督在仰光保留了控制国防和外交事务的权力,并在金融方面有相当的储备力量。当选部长在缅甸的人事任命上权力很有限。占缅甸国土面积40%的山区依然在英国的控制之下。但仰光当地的

---

① N.塔琳:《东南亚剑桥历史》(卷三),剑桥,1992,第240页。
② J.伦特:《撤出缅甸,1941—1942》,伦敦,1986,第35页。

政治氛围与之前相比,已经变得非常不同。建立缅甸新宪法是通往缅甸政治独立之路的不可缺少的重要一步。大量的新政党、新组织建立起来了,并积极参与新一轮竞选。在缅甸,最极端民族主义政党是德钦党,这个政党受到大量的首都学生的支持。但此时此刻,大部分民众尚未受到现代政治的影响。

缅甸属于印度的一个省,所以印度军队对当地的防御负有责任。但从1937年起,缅甸就得开始掌管自己的军队,对于在仰光的新国防部来说,可资建立的东西实在有限,因为多年来印度的军事计划重心主要放在其西北边境,针对阿富汗和苏联。总参谋部在1927年8月13日就指出:

> 目前我们的政策就是对我国的东北前沿采取严格的防御策略,因为我们自己没有侵略的意图,而且,我们认为中国在相当长一段时间内不会对我们采取攻击行动,哪怕他们想这样做的可能性也不大。[1]

如果要与仰光进行有效的海上交流,那就意味着不需要在位于孟加拉和缅甸之间的阿萨姆邦和曼尼普尔区修建公路或铁路,这儿地形险峻,难以逾越。横穿泰缅边境的铁路条件也很差。缅甸是一个多河流的国家,但在大的河流上却很少架有桥梁,因为雨季凶猛的洪水使得在很多地方建设桥梁都不太现实。这样的恶劣条件对于战争准备来说也让人觉得难度很大。

到了20世纪30年代,英国皇家空军也同陆军、海军一道,在帝国防御中承担任务。远离阿拉干海岸的阿恰布岛上那条飞机跑道就成为连接加尔各答到新加坡空中路线的重要地点。英国皇家空军在明格拉东建造了它在缅甸的主要基地,位置在仰光以北。但皇家海军仍然是缅甸主要防御力量,这也是因为它主要驻扎在印度洋和东南亚的各片水域。缅甸有1 200英里的海岸线,从北部边境与孟加拉到维多利亚,一直到丹那沙林半岛的南端。

---

[1] B.普拉萨德:《印度的国防:政策和计划》,新德里,1963,第138页。

欧洲殖民列强在亚洲的地位受到了很多因素的影响,如:地方民族主义运动的压力、第一次世界大战在欧洲和中东地区所造成的影响等等——这些影响虽然不是直接的,但的确很大。但在20世纪的头几十年,它还受到了一个新的外部威胁的挑战:日本作为一个大国开始崛起,并且野心勃勃,严重地扰乱了东亚的现状。随着日本军国主义日益羽翼丰满,对缅甸产生了越来越重要的影响。

在19世纪最后25年,日本新政权在各个领域都引进了西方的先进技术,传统农村社会、简单的道德价值观念与先进技术结合,开始了国家现代化的进程。政府派代表团到欧洲进行了雄心勃勃的学习之旅。他们模仿英国皇家海军建立了一支现代化海军部队,而陆军和宪法改革则借鉴了法国和德国。工业经济也着手建立起来,这就需要进口大量的原材料,因为日本是一个原材料极度匮乏的国家。

为了巩固其在东北亚的安全,日本政府伺机对中国发动战争。经过8个月的交战,中国于1895年割地求和。日本吞并了福尔摩沙(台湾),成为在朝鲜半岛最有影响的力量。1902年,英国与日本成立了一个防御联盟,共同应对俄罗斯在亚洲和西太平洋的野心举动。1904年,日本在英日结盟的鼓舞下,对俄罗斯发动战争。

战争中日本取得了胜利。经过激战,日本攫取了阿瑟港(旅顺港在西方的称呼),并将俄国军队一直向北赶到了中国的满洲里腹地。1905年5月27日,俄罗斯舰队在韩国南端附近的对马岛战役中被摧毁。近5 000名俄罗斯海军在战斗中死亡,俄罗斯所有主要的军舰都被击沉或俘获,其海军上将托哥的战舰大部分是由英国造船厂建造的。1905年9月签署了和平协定,由日本控制阿瑟港以及满洲里铁路的南部。这是几个世纪以来欧洲强国第一次被一个亚洲国家打败。

一战期间,日本与德国发生冲突,其实也是为了支持英日同盟的这种关系。随后日本便占据了德国在中国和太平洋地区所攫取的领土；日本巡洋舰和驱逐舰协助英国皇家海军在地中海地区、印度洋地区以及好望角附近对抗德国的海上攻击舰和潜艇。

英国皇家海军在第一次世界大战中获胜。1919年，德国公海舰队投降，并在英国的斯卡帕湾被凿沉。然而，随着美国和日本在战争期间建立起了强大的舰队，英国在远东的地位逐渐遭到了削弱。华盛顿政府和东京政府都对太平洋地区明显表现出了兴趣。英国政府仍致力于与美国保持良好的关系，并将此作为一个有效的长期方针，旨在遏制日本的野心。1923年，英日同盟宣告破裂，因为英国在涉及美国和加拿大的危机中显然不会支持日本。

第一次世界大战之后，英国军队大幅度减少，但英帝国的责任却比以往任何时候都大。战争耗资巨大，因此英国政府愿意接受1921年—1922年在华盛顿海军会议上达成的协议。签署的条约要求减少全球各主要国家的海军规模。该条约允许英国和美国可拥有主力舰总量为15艘，日本为9艘，法国和意大利各5艘主力舰。①这和1914年之前英国历届政府的政策差异很大，当时英国不允许有任何其他国家可以与其海军力量平起平坐。19世纪80年代末，英国第一海军大臣洛德乔治·汉密尔顿告诉议会，政府计划所建立的海军军力应该相当于两强国的海军军力之和，这就是所谓的"两个强国的标准"。《华盛顿海军条约》迫使英国接受了"一个强国的标准"。②1930年《伦敦海军条约》使得英国的海军建设进一步受到限制。

与此同时，中国的封建帝国终于崩溃了。1911年，最后一个清朝皇帝被废黜。中华民国在第二年宣告成立，不过在地区军阀割据的情况下，这个国家很快也就坍塌了。但20世纪20年代早期，中国国民党在中国南方成立后，中国

---

① R.卡拉汉：《缅甸，1942—1945》，伦敦，1978，第14页。

② C.M.贝尔：《两次世界大战期间的皇家海军，制海权和策略》，斯坦福大学，加利福尼亚州，2000，第3页。

的国家政治还是出现了很大的转折。蒋介石领导的国民党在华南地区稳步扩大影响，形成了最初的政权基础。1927年，国民革命军占领北平，国民政府在南京成立。南京政府直接控制长江中下游地区，对于很多地方领导人，或与其结盟，或被其招安。南京作为首都其实是名不副实的，但国民党还是成功地扭转中国自共和革命以来四分五裂的局面。1921年成立的中国共产党对东亚地区的未来产生了深远的影响。但中国在20世纪20年代后期似乎还是表现出更多的民族主义倾向。

20世纪20年代，日本的政治家对军队有控制权，但是经济大萧条的危机使形势发生了巨大变化。世界贸易的崩溃使日本的出口导向型经济纷纷折戟。日本的人口自明治维新以来已经翻了一倍多。军方开始相信，为了生存，日本必须要确保拥有原材料来源以及亚洲大陆市场。在日本的宪法中，内阁是由天皇而不是由议会任命的。陆军和海军部长们也是通过天皇下诏书任命的。裕仁天皇于1926年即位，尽管他外表温柔，但这位皇帝始终支持军方所制定的国内外政策。极端民族主义军事秘密社团在日本政坛实施了强大的影响力，连平民政治家们都害怕日本军人强大的意志。

在大萧条最严重期间，日本军队抓住机会占领了中国东北。当地军阀自1931年9月就开始对南满洲里的日本军进行抗击斗争。日本军队在攻占满洲里之后，进入中国的北方。1933年5月，日本和中国国民政府签署了一个总的停火协议，这个协议暂缓了东亚地区发生大规模战争的进程。

中国国民政府极力反对日本人入侵东北和华北，但总司令蒋介石因为要巩固他的政权，愿意拖延抵抗日军侵略的时间。20世纪30年代初，国民党人花费了大量精力发动了一系列的战斗来消灭共产党。蒋介石本人就是军队指挥官出身，他能继承孙中山成为国民党的领导人，很大程度上就是因为他有军事经验。

蒋介石于1887年出生在旧通商口岸宁波附近的一个普通家庭，家中经商，并有田地。年轻时,蒋介石就在中国和日本的军事学校训练学习。1923年他率领一个国民党军事代表团访问苏联。从苏联一回国,蒋介石就成为新成立的黄埔军校校长。后来他擢升为国民党领导,他性格残忍、果断,但他也是一个勤于思考的人。蒋介石的妻子宋美龄活泼、美丽、信奉基督教,而且会说一口流利英语。在和西方媒体打交道时,她被认为是其丈夫的得力助手。

为了应对这些动荡不安的事件,国民党政府设法使他们的军队现代化。他们的军队虽然数量庞大,但在指挥、训练和武装上都很差劲。在和中国共产党的关系恶化,并公开交火之后,蒋介石转而向德国寻求军事顾问。德国陆军上将汉斯·冯·斯科特1933年率一个顾问团到达中国,此人在1919年—1926年间担任德军司令,两年后,亚历山大将军冯·法尔肯豪森接任,这是位精明的普鲁士军官。国民党政府建立了一支由31个师组成的庞大军队。后来因为购买武器和弹药等问题的束缚,其进一步扩张的脚步放慢。这些部队只是当时计划建立的176个师中的一小部分,这些师都由不同的中国地方势力和军阀提供资助。在约200万人的军队中,国民党政府直接领导的有30万人。①

在欧洲,大萧条也扰乱了各个国家的政治,同时也促使了希特勒在1933年掌权。纳粹德国很快就脱离了国际联盟,并置《凡尔赛条约》于不顾,开始制订一个重要的军备重整方案。1936年国际海军条约到期,海军裁军系统也就分崩瓦解。日本迅速地制订了雄心勃勃的造舰计划。英国则反应缓慢,皇家海军规模缩小,不堪重负,而且多数舰船已陈旧过时。从1936年开始,当局批准了加速海军建设的方案,不过具有讽刺意味的是,当决定对海军慷慨花钱建设时,英国造船业的窘境却使舰船生产受到限制。②

---

① E. L. 德雷尔:《战争中的中国,1901—1949》,伦敦,1995,第181—182页;祁锡生:《战争期间国民党统治下的中国》,安·阿伯,密歇根州,1982,第12、37、48页。

② C. M. 贝尔:《两次世界大战期间的皇家海军,制海权和策略》,斯坦福大学,加利福尼亚州,2000,第44、187页。

欧洲的危机爆发以后,1936年7月西班牙发生内战,罗马—柏林轴心联盟形成。现在,英国的决策者必须处理三个实力强劲的潜在敌人:欧洲的德国、地中海的意大利和远东的日本。在英国民众的想象中,德国的空中威胁日益凸显。英国国防开支的重点,毫无疑问应该转移到英国皇家空军现代化上来。为了应对很可能发生的战争,就应该从海军和陆军的经费预算中挪钱来建设皇家空军。尽管如此,海军军官还是尽其所能地利用了手头的资源,制订了方案。1938年1月,海军规划部主任T.S.V.菲利普斯船长告诉美国特使,如果日本威胁到英国远东舰队——该舰队由9艘战舰组成,他们有3艘航母和19艘巡洋舰可以运抵新加坡。[1]那是在欧洲无战事的情况下,英国所能动用的所有武装力量。

当全世界的目光都被德国希特勒的力量吸引的时候,在东亚,中国和日本关系又朝着新的冲突方向发展。华北冲突发生在1937年7月7日晚上,当时日本军队在北平的卢沟桥附近进行夜间演习挑衅,遭到中国士兵开火射击。在这座古老的城市,中日战争拉开了序幕。7月17日蒋介石公开呼吁中国人民抵抗日本侵略,命令部队增援华北。蒋介石宣布:

> 中国必须倾其所有,为国家之独立而战。为求一时和平,或将致国家灭亡,民族毁灭……倘若我们仍心生踌躇,或希冀一时之安全,我国亦将永远灭亡;如果我们再丢失一寸领土,那么我们将对民族犯下不可饶恕之罪过。[2]

近卫文麿公爵掌权的日本政府对此的回应是向华北地区增援部队,不过,蒋介石仍信心满满。他告诉作家埃德加·斯诺:"看看地图吧,看看日本的国土怎能与中国相比。我们必将胜利,谁会怀疑？"[3]但日本军队很快就控制了中

---

[1] R.卡拉汉:《缅甸,1942—1945》,伦敦,1978,第16页。

[2] F.韦克曼:《上海的治安,1927—1937》,伯克利分校,1995,第277页。

[3] 埃德加·斯诺:《焦土》,伦敦,1941,第45页。

国的京津地区。不久,冲突就蔓延到华中地区以及长江流域。

上海和长江中下游地区是中国的经济和政治中心。在这期间,中国的人口估计有四五亿,超过三分之一的人生活在长江流域。在上海,英国、美国、法国和日本在他们的租借地中都驻扎有部队,并且还有警察和文官。欧洲各国和日本的军舰在长江中下游的河道中巡逻,江面上轮船、拖船、舢板和小船穿梭往来于1 000英里之外的海洋与内陆之间。到1937年,上海的人口可能已经超过了400万,成为世界上最大的六个城市之一。

8月13日,中国部队攻击了日本在上海的驻军基地,上海局势便越来越紧张。在这之前的几周时间里,日本就通过海路向上海地区大量增援部队。在整个9月、10月,战斗异常激烈。松井石根将军的军队由6个师和几个独立旅组成。直到11月中旬,日本才彻底占领上海。三个月战争代价昂贵,日本帝国军队遭受了自1904年—1905年战争以来最严重的损失。

上海这座城市已经受损严重,肆意的大火烧毁了整个城市街区,这情形甚至都让日本平民想起了1923年大地震后的东京。外国居民定居点俨然成了日军占领区中的一座座孤岛,一名法国记者评论说:"这就像边缘被撕掉的邮票。"东京当局授权日军向南京推进,在12月13日部队进入南京城。前一天日本的飞机误击沉了美国在长江里的炮舰"班乃岛"号,英国的炮舰"瓢虫"号也被炮弹击中受损。

接下来发生的事情震惊了这个文明时代的世界。整整一个月的时间,南京人民都在遭受日本士兵的奸淫掠杀。日本士兵后来将在南京拍摄的胶卷拿到上海日本人经营的摄影店冲洗,在里面干活的中国伙计特意加洗了一些有血腥场面的相片,这些相片流传出去后,当时南京所发生的一切才为人所知晓。[①]据相对客观的外国观察家估计,死亡人数应该在几十万。大批大批的难

---

① F. 伍德:《没有狗,没有中国人》,伦敦,1998,第278页。

民从长江中下游地区逃离家园,许多人就这样死于饥荒和疾病。日本帝国的国际声誉被南京大屠杀的新闻毁之殆尽,不过柏林当局却越来越欣赏东京的做法。

整体来看,在战争中日本人无法取得像上海和南京那样的胜利,而且日本想在东亚速胜的想法也付出了代价。日本帝国卷入一场没有尽头的消耗战当中,这让日本的军方领导层非常不安,因为这些人还在津津乐道1904年—1905年与俄罗斯军队所打的沈阳之战和马岛之战,在这些日本人获胜的战争中,沙皇政权和国际调停人急忙给出了对东京有利的解决方案,1937年发生的事和这一点儿也不像。南京大屠杀并没有为和平创造条件,1937年12月26日蒋介石宣布,中国打算打一场旷日持久的战争,绝不向日本妥协。1938年1月,近卫文麿内阁宣布他们不接受蒋介石政府作为任何外交解决争端的一方。

1938年日本扩大战争,将战火烧到中国内陆。日本军队沿北平到南京的铁路,从黄河流域向南推进,而在南京的日本军队向北与之携手会合。在这期间,德国的纳粹政府也召回了在国民党政府中的德国军事代表团。1938年整个夏季,日本华中远征军沿着长江流域向西推进。10月下旬,距南京400英里的武汉被日本控制,国民党军队被迫沿长江流域向内陆撤退。

为了配合其在华中的进攻,10月12日,日本三个师兵力在华南的广州登陆。广州与香港毗邻,迅速占领这座城市无疑切断了国民党主要的外部供给线。1939年2月,香港西南方向的海南岛沦陷。日本军队在中国所占的领土与法属印度支那接壤,连接河内以及法国其他殖民地港口的铁路连线被切断。

日本军队控制了中国的十分之九的铁路系统,一直抵达东南亚的最前沿,但是僵局仍然未被打破。蒋介石希望西方列强插手中日战争的希望越来越渺茫。英国大使说:"我对蒋介石将军说得非常清楚,大英帝国无力提供物力支援。"[1]在没有国际力量介入的情况下,国民党政府无计可施,只能采用以土地

---

[1] H.纳齐布尔·许阁森:《和平与战争中的外交官》,伦敦,1949,第126页。

换时间的策略,他们认为,中国幅员辽阔,人口众多,一定能化解掉日军的侵略。

重庆位于长江流域的上游,是一座内陆城市,蒋介石政府迁都至此,相对安全。然而,国民政府这样一来,就严重脱离了中国的主流民众,为其以后的生存带来了可怕的后果。在中国西南地区,漫长的严冬使日本难以空袭重庆。但是,等季节性大雾散去之后,日本轰炸机在1939年春天对这座人口密集的城市进行了地毯式轰炸。

日本军队在中国的东部地区作为占领军安顿下来。在很多地方,日本军队和中国军队都有大约100英里宽的缓冲带。在中国的大西北地区,组织良好的共产党人采用的是新颖却有效的政治军事战略,他们的游击队不断地骚扰日军部队。到1939年底,中国驻扎有100万日本军队,编成25个师,以及众多的独立旅;这些部队的补给由500多架飞机提供。[1]

中日战争的规模和复杂性超过了以往日本帝国军队的所有经验,指挥官都没有获胜的把握。东京的日本领导层只好制定了一套长期占领中国的政策,使中国成为日本"大东亚共荣圈"的一部分,这还包括满洲、韩国、中国和其他被日军征服的领土。显然,日本的这个计划与西方列强的政治和经济利益背道而驰。英国、法国和荷兰在东南亚都有殖民地;美国在该地区拥有的主要殖民地是菲律宾。

然而,美国在亚洲的立场很矛盾。从1937年开始,美国向日本出口大量的铁和石油,大多数都是用于军事。美国在日本的贸易和投资是其与中国的5～6倍。罗斯福总统不同意采用中立法案来阻止这种贸易,因为这有可能会激怒日本,而且在长时间的经济衰退的情况下对贸易也不利。[2]虽然华盛顿当局也

---

[1] 祁锡生:《战争时期国民党统治下的中国》,安·阿伯,密歇根州,第55页。

[2] S. E. 莫里森:《第二次世界大战美国海军作战史》(卷三),波士顿,1948,第15页;W. 默里,A. R. 米勒特:《赢得战争》,剑桥,马萨诸塞州,2000,第151页。

会借钱给蒋介石,但是在20世纪30年代末,这些援助多是属于外交性质的。蒋介石从美国所获得的所有援助都是以他对美国做出的高昂承诺为代价的。①

美国对日本好战做法的忍耐越来越有限了。但是英国和美国对日本在中国的战争所做出的三心二意的反应却给了日本领导人信心,他们认为西方那些民主国家立场不坚决。东京同样也没有在意苏联。在满洲里和西伯利亚苏联的边境线上,苏军和日本军队之间经常会发生摩擦。1939年夏天,在靠近满洲和外蒙古前沿的诺门坎,日苏间发生了激烈的冲突。那一年的9月,两国签署了停战协议。诺门坎一役,让日本军队知道苏联军队的能力绝不能低估。

出乎意料,中日战争让一条自缅甸北部的腊戍到中国云南首府昆明的陆路运输线受到了国际社会的关注。日本人控制了中国的海上交通线,国民党只得重新找一条新的途径从外界进口战争物资。在苏联的边境地区,一些货物可以用船运,但在中国内陆的荒漠地带,要运送大批的物资就相当困难了。如果缅甸英国官方政府同意的话,从仰光到中国西南的这条路线对于运输产自西方国家尤其是美国的设备和军需弹药来说,是再理想不过的了。

这条狭窄蜿蜒的道路从腊戍一直到昆明,自古就有,可能是12世纪马可·波罗用过的商队路线。从昆明北上到重庆,路就好走多了。昆明在海拔6 000英尺以上,四面环山,并与大湖毗邻。一眼看去,昆明就如一幅风景画;不过,近看时却发现拥挤的古城墙使城市显得肮脏不堪。这里好多人吸食鸦片烟,许多人就生活在湖中的舢板船上②。法国人从河内到昆明建造了一条过山铁路。中国省会城市昆明及其周边地区已经逐渐成为殖民地印度支那的山间小站了。

重庆当局要求云南省省长重新修建一条从昆明通往腊戍的公路。所谓的

---

① R.卡拉汉:《缅甸,1942—1945》,伦敦,1978,第25—26页。
② M.伯德:《陈纳德:如虎添翼》,塔斯卡卢萨,阿拉巴马州,1987,第93页。

"滇缅公路"的修建开始于1938年末的季风季节。腊戍到昆明间的笔直距离是320英里,但因为道路蜿蜒盘旋,总长度早已超过了700英里。中国工程师和劳工在修建新路时力所能及地利用了原有的旧路基。劳工有的是从本省的山区部落中征用,有的是从外面调进来。这条公路蜿蜒在崇山峻岭之间,高处至9 000英尺高的山峰,低处达湄公河、怒江深处的峡谷。怒江峡谷只有当正午太阳到达头顶时,才会有阳光射入谷底,可见峡谷之深。[①]在水流湍急的河流上建有悬索大桥。许多较小的河流和小溪也需要架设新桥才能够承载携带大量物资的机动车辆。公路在一个个山谷和一个个陡峭的山脊间起伏盘旋,路弯道险。几乎没有现代设备可用,人们就用锄头和铁锹来运土、凿山崖、开山坡;因为没有炸药,就用竹管装黑火药爆破山上的石灰岩。

滇缅公路在1939年初正式贯通通车。在缅甸东北的腊戍,滇缅公路与这里的铁路衔接,经过铁路,可以从曼德勒到仰光。腊戍和曼德勒之间的铁路线穿过古特峡谷,这条峡谷有半英里宽。装满货物的卡车车队开始费力地沿着蜿蜒狭窄的道路开往中国昆明。在最好的情况下,走一趟滇缅公路要五天时间,如果是雨季,这条路几乎不能行车。但是,由于日本军队占领了中国的海岸线,这条公路就成了国民政府与外界联系的一条生命线,同时,它也是昆明当局在中日战争期间和英国以及美国进行间接交流的一条通道。在东亚,日本战争已经损害了英国和美国的利益,所以,英国和美国政府也愿意承担一些责任,确保战略物资能够从滇缅公路畅通地运往中国。

[①] W.科尼利厄斯,T.肖特:《美国空军在中国,1937—1945》,格雷特纳,路易斯安那州,1980,第9页。

第二章 备战

第二章 备战

1939年9月,德国入侵波兰,战争在欧洲拉开序幕。英法反击,对德宣战。虽然1918年11月停战,欧洲冲突暂缓,但1938年发生的捷克斯洛伐克危机使欧洲又重新产生冲突。起初战争的直接影响仅限于欧洲,但法国战败,1940年6月意大利加入战争,影响就远远超出欧洲范围了。法国军舰在战争中损失惨重,意大利海军亦成为新的劲敌,英国在地中海的地位岌岌可危。现如今皇家海军舰队要前往远东讨伐日本的可能性微乎其微。英国参谋长于1940年8月的致辞中,也承认了这种局势。

1940年6、7月,英国在远东的地位再受重创。同年6月,东京方面要求英国当局封闭缅甸通往中国的公路。丘吉尔政府鉴于欧洲危机进一步加深,对此要求唯命是从。10月18日,缅甸公路复通。封路期间正逢雨季,大部分道路恰巧也无法通行。

同年法国维希政府屈从日本,而后日本军队于9月25日进入印度支那北部。这就大举切断了所有经由河内三角洲通往中国的道路,滇缅公路的实际应用价值和象征价值由此更加彰显。日本政府妄言,他们已进入亚洲腹地,将要建立一个永久帝国。泰国毗邻印度支那,陷身于该地区传统殖民力量英帝国和日益崛起的日本帝国之间。

德国近来征服了大片欧陆,日本趁机与欧洲轴心国组建联盟。9月27日,近卫文麿政府签订轴心国公约。据近卫所述,德意有意在欧洲重塑新秩序,日本在大东亚也有此意。一旦与美国发生战争,日本就有望得到德国的支持。

法国的战败迫使罗斯福政权更加公开地支持英国,华盛顿反对德国军国主义外交政策。一旦日本加入轴心国集团,美国着手切断与日经济联系则意义重大。美国随即停止对日出口民用汽油和废铁原料。

在欧洲,1940年后几个月,德国军队穿过法国北部英吉利海峡,成为英国领导层的心腹大患。中东和地中海地区上升为英国防卫下的最高战略要地。英国认为,美国的干预威胁会使日本有所收敛,这是他们远东防卫政策的前提。增援远东的大批援军将前往马来西亚,这使新加坡海军基地具有举足轻重的意义。英国出于对马来西亚的承诺,其对缅甸的保护也必须得提上军事日程。

1940年11月,远东总参谋部在新加坡建立。空军上将罗伯特·布鲁克波帕姆被任命为远东总指挥。他的责任区除马来西亚外,还包括缅甸、婆罗洲以及香港。缅甸实际附属于远东指挥部,但出于兵力供应及强化指挥权等原因,仍然依附于印度指挥部。

和平时期,在缅甸的卫戍部队规模并不大。这是因为只要英国皇家海军控制着孟加拉湾,缅甸就不会受到海外攻击,所以仅有两个英国步兵营驻守在缅甸:第二皇家约克郡轻步兵团驻守梅苗(缅甸中部城市)和曼德勒;第一格洛斯特军驻守明格拉东和仰光。英国大多都有两个军营,其一位于帝国之外的某个地方,随时蓄势待发;另一则位于英国国内,为海外扩张厉兵秣马。军队的日常训练和战地演习强度并不大。许多团队操练都在殖民地进行,用以培养团队精神。第二皇家约克郡轻步兵团每年于"明登日"举行阅兵仪式,以表庆贺,也就是在1759年的明登战争成就了英国政权。

缅甸殖民地与印度分离后,缅甸军队就此成立,其主力是缅甸来复团,由印度军队改编而来。1939年缅甸来复团有四个营,每个营由四个来复小队组成,两个克伦人小队,还有两个分别是钦人小队和克钦人小队。极少征用缅甸人,因为他们有私下瓜分特许费的嫌疑。缅甸边防部队大部分都是军警,如有需要,可以随时援助来复团。

缅甸军部的很多官员都是由印度军队调任而来,但在1939年,一个工兵连,若干矿工,还有一个山炮连,是印度驻缅甸仅有的军队。另一个殖民地大炮连属于缅甸附属部队,也只有18世纪那古老的四枪连队,那些枪支过去大都用于向来访高官行礼。①

时值凉季时,缅甸军队总部设于仰光,但高温时,民间及军事官员都会转而驻扎在梅苗山区。唐纳德·麦克里欧少将担任缅甸军队指挥,他曾是一位印度的骑兵。1939年,麦克里欧致信印度总参谋部副部长说:"我觉得地面威胁根本不算回事,日本暹罗航空站的空袭才是大麻烦。"②麦克里欧生于1885年,1908年征发西北边防,首次服役。1914年—1917年间,在法国任职,后来进入康贝里参谋学院和帝国国防大学学习。调任缅甸之前,麦克里欧在印度指挥骑兵部队。一位美国女士这样形容他:"一位亲切的成熟绅士,高高的个子,微胖,完美的白发,红润的肤色。"③

1939年战争爆发以后,上级决定,通过分编现存单位和征收民警,将缅甸来复军再增4个营。第7营有一半印度人,第8营全部是锡克教徒和旁遮普伊斯兰教徒。缅甸防卫部队在征兵时排斥缅甸人,缅甸人对此心怀愤恨,这次新营虽然征用了为数不多的缅甸人,但并没有起到平息愤恨的实效。为增加军官人数,当地欧洲居民、盎格鲁—缅甸人、在缅甸工商部门工作的盎格鲁—印度人都可以在紧急事务委员会任职。任何欧洲英国人都有在印度附属部队服役的义务。空中观察军和空中雷达预防组织也一并建立。此时,报纸和新闻电影满是关于德国纳粹在英国的空中闪电战的报道。缅甸的防卫准备由于装

---

① J. 伦特:《撤出缅甸,1941—1942》,伦敦,1986,第39—41页。
② B. 普拉萨德:《撤出缅甸,1941—1942》,加尔各答,1959,第31页。
③ D. 福特:《飞虎队:克莱尔·陈纳德和他的美国志愿者,1941—1942》,华盛顿,2007,第109页。

备缺乏而被迫叫停。

1941年5月5日，雷金纳德·多曼·斯迈斯爵士接任阿奇博尔德·柯克兰福上将，到缅甸上任。多曼·斯迈斯是政治家，农民联盟前任主席。1939年1月至1940年5月期间，多曼·斯迈斯在张伯伦首相麾下担任农业部长，但丘吉尔的联合政府组建后，斯迈斯离任。多曼·斯迈斯上任缅甸全然在人们的意料之外。殖民地政府领导一般由年长者担任，而斯迈斯携一妻两女从英国远行到缅甸时，年仅41岁。多曼·斯迈斯生于1899年，年轻时曾在印度军队当过一年兵。在爱尔兰独立和内战动乱后，他仍保持着爱尔兰自由邦的公民身份。多曼·斯迈斯接手爱尔兰事务表明他已经充分意识到大英帝国正经历一场深刻的变化。

多曼·斯迈斯到任时，缅甸正要施行自1937年改革宪法生效以来的第三部宪法。巴莫博士至1939年4月都在向联合政府前进。其时到1940年9月，优普担任首相，后优少接任。两位下台的领导人都已对所挑选的立法人员失去了信心。

优少首相是一位雄心勃勃、性格激进的民族主义者；他想以对英战争的支持换取战后的直接独立。最极端的民族组织要数德钦党，他们主张立即独立，公然反英。但立法机构中只有3名德钦党。德钦的意译为"主人"，这正是德钦人士在缅甸所渴望的。

优少首相的政权充满了争议，有谣传说他腐败，卖官鬻爵。优少访问过日本，他这样评价日本人："自从达·伽马绕过好望角后，我们亚洲就生活在水深火热之中。看到一个亚洲民族能够最终崛起，真是很好！"（达·伽马是15世纪晚期的一位葡萄牙航海家）然而，优少承认，日本人给中国人带来了深重的灾难。[1]因为是负责国防事务，多曼·斯迈斯主动将其首席部长安排进入国防委

---

[1] M. 科利斯：《缅甸的最初和最末》，伦敦，1956，第26页。

员会,不过只是提供一些咨询类的服务。缅甸的民粹主义虽然产生了很大的影响,但它的促进作用还不是很大。20世纪30年代后期缅甸的政治进程发展很快,宪法改革得到了缅甸人的强烈支持,而不属于缅甸的少数民族则一如既往地坚决支持英国人的统治。

殖民政府总是在制造煽动性事件,战争爆发后尤其如此。前任首相巴莫因私下联系日本代理人而被判入狱。从某种程度上说,德钦党是一个地下组织,并长期受到当局的质疑。在仰光学生和工人运动组织者中,德钦党颇有影响力。1940年,德钦党的大部分领导人在保卫缅甸法规时被捕。在此次打击违法事件中,省级律师、著名社会活动家之子昂山,逃离了缅甸,当时年仅24岁。

对于拉拢东南亚地区反殖民组织,日本自有招数。铃木桂治上校专门负责联系当地有叛意的民族主义者。他还在曼谷会见了当地激进的缅甸和印度的居民。铃木和一位同行也去了仰光,对当下局势做了评估。

昂山离开缅甸后与铃木团队取得了联系。1940年11月12日,他逃到日本东京,参与了为防日本侵略缅甸而组织的缅甸叛乱的讨论。1941年4月3日,昂山私下潜回仰光,并在接下来的三个月中将三十人偷偷运出缅甸,即历史上的"三十同志",以此建立武装民族主义自卫队领导团。这些人从曼谷被送往位于中国海南和台湾的日本基地,参加军事训练。①

理论上说缅甸殖民地自行管理军队,但实际防御却极度依赖于德里的印度政府。1919年和1935年印度政府法规定了程度不同的省级政府自治,但印度防御和外交政策始终受英国人主导的行政部门的掌控,并同时对伦敦和英国内阁负责。当英国与德国短兵接战之时,印度自然与德国兵戎相见。印度军队指挥官始终建议印度掌控缅甸,以便防卫。缅甸仍然是印度东北部的外

---

① C.贝利,T.哈珀:《被遗忘的军队:英国在亚洲的没落,1941—1945》,伦敦,2004,第8—13页。

堡,自1937年短暂中断以来,自我防卫管理也稍见成效。

1939年,印度军队分为三大军区,12个师,还有至少35个旅。三分之一的军队部署在对战阿富汗西北前线的驻地和阵地上。1938年—1939年已制订方案,利用英国政府财政支持对军队进行现代化改进,但却因后来的事件不了了之。如果对印度防卫系统进行战前检查,就不难发现中东和马来半岛是印度地区安全的致命要地。战争之初,包括英国人在内,印度军队总计237 500人;包括37个英国步兵团、82个印度步兵团以及20个廓尔喀步兵团。[1]

从当代意义上说,二战期间的印度军队既不是国家军队也不是民族军队,但其却是建立在深蕴军事传统基础上的专业军队,这种传统涵盖了东印度公司在18世纪的印度称霸以后的世世代代。一战期间,这种始自印度军队的建制在海外几个战区都有很好的作战效果。

在1939年至1940年的非实战状态中,印度的角色实在是无足轻重。已经驻扎在埃及和马来半岛的分遣队得到增援。法国战败后,印度政府又向海外增派了5个师。若这5个师铩羽而归,那还会有5个师紧跟其上。印度第4、第5师被迅速派往中东地区;1941年间,第6、第8以及第10师通过海路向中东进军;第9和第11师被派往马来半岛。还有一支印度部队分遣队加入了位于香港的戍卫队。

战争爆发后,很多返乡军人都被召回;单单第十俾路支团就召回了1 400名返乡军人,仅有两名未被召回。[2] 1940年,为了给新成立的师征集新兵,征兵之门大开,渴望获取政府稳定职位的年轻人蜂拥而至。1941年,通过义务征

---

[1] 考希克·罗伊:《殖民背景下的军事忠诚:第二次世界大战期间印度军队的案例研究》,《军事历史杂志》,2009年4月,第504页;拉菲丁·艾哈迈德:《俾路支团的历史,1939—1956》,阿克菲尔德,东苏塞克斯,2005,第1页。

[2] 拉菲丁·艾哈迈德:《俾路支团的历史,1939—1956》,阿克菲尔德,东苏塞克斯,2005,第9页。

兵,印度军队大增,官兵总计近90万人。在参加过仓促短暂的基础训练后,士兵被编排入队,接受进一步训练。印度新兵还需学习许多基础技术,看着牛车长大的小伙子,这下看到卡车、装甲车、迫击炮、机械手枪和收音机无不痴迷万分。新成立的营盘初见雏形,新兵会经过挑选组成更高效的团队。虽然仓促建军,困难重重,但一场重大的战争已经不可避免,必须乘险抵巇。

印度军队与英国军队建军结构相似。每个步兵营有四个来复连队,每个连队又由三个排组成,每个总部由六个专家排组成。印度军队的社会阶层情况复杂。印度民族体格健壮,形体壮硕,可靠可信,所以被大量征用,特别是多格拉人、格威尔人、马来人、锡克教徒、贾特人、拉其普特人、帕坦人、旁遮普人以及穆斯林。在新兵首选阶段,政府鼓励年轻人通过各种形式为国效力;人们谈起军人总是满心的敬意。印度北部的小农经济并不能负担起一个男丁的饮食起居,薪资、医疗、公平的纪律体系、养老金都成了应征入伍的巨大诱惑。[①]

实际上,和平时期印度军队和旁遮普省联系紧密。在亲英印政府的地区征兵对于建立安分忠诚的军队来说至关重要。许多步兵营都由不同的印度种族及地区的人员组成,它们各自成为一个连队,防范叛乱。正规军最多的少数民族就是穆斯林,但是没有专门的穆斯林兵团。

尼泊尔是与印度北部隔山相邻的国家,印度军队的10个尼泊尔兵团都是从尼泊尔的特定宗族和地区征集来的。尼泊尔不是大英帝国的正式藩属,但在1814年—1816年的盎格鲁尼泊尔战争后,尼泊尔法庭就对其居民强加了英国居民的身份,最早的尼泊尔军队就是从那个时候开始的。尼泊尔的蒋巴哈杜尔拉那大君1850年对英国进行了国事访问,在1857年大叛乱的余波中倒向东印度公司。此后印度军队就被授予在尼泊尔征兵的权利。与此同时,尼泊

[①] J. 汤普森:《缅甸的战争,1942—1945》,伦敦,2002,第405页;考希克·罗伊:《印度军队的建设兵团:1859—1913,历史上的战争》,2001,第82、128页。

尔统治者接受英国的外交及财政政策,并受英国掌控。①

肥沃富庶的加德满都谷地位于尼泊尔中央,谷地四周群山绵延。西山的主要部落是马嘉族和古伦族,东边住着拉伊族和林布族。尼泊尔族新兵主要是从西山征集来的,而第7团主要是从东山部落的征兵组成的。二战爆发前,尼泊尔是一个封闭的国度,这儿路少山高,层云覆盖,云层升高则可以看到远处积雪的山峰和地底的深谷。不仅如此,这儿空气清新,山泉清澈,族群过着原始的小农生活②。强壮、诚信、忠诚是山区民众最基本的品质,也是应征入伍的必备条件。

印度军队尼泊尔兵团的军人素质在1878年—1881年的第二次盎格鲁阿富汗战争,以及接下来二十年中印度西北边境的多次战争中就可见一斑。20世纪头十年,尼泊尔兵团再次增兵,两个步兵营共设立20个团队,使军队人数增至20 000人。一战中大量的海外服役使尼泊尔廓尔喀组兵团享誉全球。

尼泊尔廓尔喀组兵团着装独特,每个团都有自己的风俗传统。在尼泊尔廓尔喀人还居住在高地上时,风笛就成了这个民族的一种军事工具。尼泊尔族的印度宗教节日在军队中也备受推崇,每逢特殊节日,他们都会宰杀水牛,用以供奉。反曲刀是一种弯曲的刀,可以作为极有用的武器,旁人对此都深信不疑。③因为尼泊尔士兵天性友善,同时和英国人一样,同为印度沦落人,因此很受英国军官的欢迎。

印度军营或廓尔喀营里一半军衔较高的成员都是皇家委员会的掌控者,满员时有12~16人之众。皇家委员会军官从英国来到印度,除了参加皇家军事学院赫斯特军校的少数人外,其他大多数都是英国人。军官团的印度化进

---

① T. 古尔德:《帝国战士》,伦敦,2000,第2—3页。

② T. 古尔德:《帝国战士》,伦敦,2000,第8、13页。

③ 考希克·罗伊:《印度军队的建设兵团:1859—1913,历史上的战争》,2001,第132—134页。

程进展缓慢,但1932年军官训练学院在台拉登成立以后,进程突飞猛进。从台拉登学院毕业的学生都称为"印度委员会军官"。截至1939年,在印度军队服役的军人中,每7个人就有1个是印度人,而且这些人都集中于某些连队。印度委员会军官逐渐打破了此前由英国赫斯特学院毕业生主导的军事领导垄断的状况。①

和先前的全球冲突一样,二战中的军队需要大量在紧急状态下任命的军官。这些军官要么从印度的移民社区里寻找,要么直接由英国输送。紧急任命的军官还要迅速掌握他们辖区居民的语言及主要的宗教和文化信仰。

军官中有两类人很特别,分别是尉官和校官,他们受命于总督委员会,是印度军官中军衔较低的一群人。总督军官按军衔提拔,通常至少服役十年。和皇家委员会的其他任何军官相比,他们都是年纪轻轻,但徽章却和中尉或上尉相同。尉官统领排,校官统领连,军营中资质较长的总督军官担任总校官。总督军官是军队中联系英国军官和印度士兵的关键,也是整个殖民军队的核心。

1940年,伦敦方面的参谋长们对战时防卫进行了回顾,认为与日的战争将会导致缅甸遭受空袭。他们认为缅甸东部的掸邦是缅甸最可能遭受入侵的地方,因为从曼谷到掸邦的路况要比南面那条通往丹那沙林的路况好。②但只要马来半岛安全,大规模的地面入侵还不太可能发生。

尽管如此,缅甸仍需增加援兵,以加强和平时期懈怠的防卫。1941年2月7日,军队参谋长将印度的一个旅派遣至缅甸。3、4月时,由战时招募的新兵组成的印度第13旅抵达仰光。该旅被派往曼德勒地区,编制为两个山区营队。在先前的几个月里,眉苗的戍卫队被运送到掸邦的南部,组建了缅甸第1旅,而丹那沙林的缅甸第2旅也在着手准备之中。

---

① 拉菲丁·艾哈迈德:《俾路支团的历史,1939—1956》,阿克菲尔德,东苏塞克斯,2005,第14页。

② B.普拉萨德:《撤出缅甸,1941—1942》,加尔各答,1959,第48页。

6月,缅甸第1师总部在同古设立。詹姆斯·布鲁斯·苏格特被提拔为师部指挥官。苏格特年近五十,早在1912年就开始军旅生活。一战期间,他加入第33旁遮普团,曾先后在埃及、法国和德属东非等地服役。一战结束后,他加入了第6廓尔喀兵团,并参加了几场前线战争,两次受到嘉奖。1936年后期,他指挥廓尔喀兵团第8营第1连。1939年春天,军营从奎达迁至瓦济里斯坦的拉兹马克,同年秋天苏格特被派往缅甸,担任陆军准将。

如果东南亚局势和平,缅甸就会一直安稳,但事实并非如此。1941年4月13日,日本和苏联签订了中立协定,6月22日,德国侵略苏联,这让东京方面始料未及。俄罗斯人全心应战纳粹,日本借机向东南亚增派兵力,以实现其在东亚全面称霸的图谋。接下来就要占领支那南部,法国当局即刻屈从日本的要求。但华盛顿很快做出反应,7月底就已经停止对日的石油出口。西方各列强国家也联合起来对日进行货物禁运。1940年—1941年,日本80%的石油都从美国进口,若按正常石油使用量计算,日本石油储备仅能维持18个月。

华盛顿对东亚事务的干涉越发频繁,更加直接地干预缅甸以北至中国西南部的道路,这种局面是1941年4月11日所通过的租借法的结果。该法案条文允许美国向诸如英国、苏联等同盟国输送物资,但附属条件是,战后该法依然有效。中国也有责任履行该法规定。美国人被派往仰光,负责监督运往重庆的军用物资的装货情况。

蒋委员长对于美国的一切帮助总是急不可待。在重庆总部,蒋委员长设立了国民军事委员会,士兵总计几百万余人,分布在12个指定的战区。部队将领由各地掌权的首领长官担任。蒋介石亲自控制的军事力量,仅仅是中国全部军事力量的一小部分,但是这部分力量拥有对西方武器的优先使用权,这些武器都是通过缅甸之路运达的。[①]

[①] C. F. 罗马努斯,R. 桑德兰:《史迪威的中国使命》,华盛顿,1953,第10、33—35页。

1941年秋通过缅甸公路运往昆明的物资每月仅为6 000吨。美国官员认为,如果条件好,管理得当,则可以运送30 000吨物资。由于美国官员一再坚持要增加物资运送,11月,该路运往昆明的物资达到15 000吨。①尽管沿线的运输一再拖延,但同盟国的船只仍然经由仰光向中国输送战略物资。据估算,到1941年末,聚集在仰光仓库的租借物资达85 000吨。

通往中国西南部道路艰险难行,而且其中徇私舞弊,运输效率低下,导致军事物资的输送最终停摆。官员向经由中国土地的车辆征收税费,在他们的操作下,通过缅甸公路运往中国的部分军用物资流往黑市。工厂设备被非法改为民用;香烟和石油生意一本万利,商贩走私频繁。维修和保养设备严重缺乏,机动车辆常常被拆得七零八落,公路上到处可见事故散落的车辆残骸。同盟国普遍遭受危机影响,因此,对于李兰德·斯斗等美国记者对缅甸公路杂乱情况的曝光报道也只是置若罔闻,无暇顾及。②

重庆经常性地遭到日本的空袭。1940年秋天,日本引进新型远程护航战斗机,中国的空军力量远不能与之匹敌。三菱A6M机型配有封闭的驾驶舱以及可伸缩的着陆架。该战机的生产年为1940年,也是皇纪(以日本第一代天皇神武天皇的即位元年开始起算)2600年,因此被称为零式战斗机,正式名称是"零式舰载战斗机",简称"零战(Zero)"。9月底,日本从河内附近的基地突袭昆明,接下来几个月袭击了靠近中缅前线的老翁镇,缅甸公路日益成为日本侵略者经常攻击的目标。③

1940年后期,蒋介石委派空军首席顾问克莱尔·L.谢诺尔特前往美国征募飞

---

① W.F.克雷文,J.L.凯特:《二战中的空军力量》(卷一),芝加哥,1948,第724页。

② A.德雷珀:《拂晓雷鸣》,伦敦,1987,第48—50页;E.L.德雷尔:《战争中的中国,1901—1949》,伦敦,1995,第267页。

③ D.福特:《飞虎队:克莱尔·陈纳德和他的美国志愿者,1941—1942》,华盛顿,2007,第27—29页;M.伯德:《陈纳德:如虎添翼》,塔斯卡卢萨,阿拉巴马州,1987,第105页。

行员并购置现代飞机。谢诺尔特以前是美国空军战斗机飞行员,1937年以来一直担任中国空军顾问,上校军衔。谢诺尔特来自路易斯安那州,满脸风霜,体型结实,方下巴,国字脸上总是一筹莫展的表情,行为坚定。美国加入一战时,谢诺尔特自愿服役,停战后不久,他完成了飞行训练,然后就留在了部队。

美国政府意识到缅甸公路上的运输需要得到空中掩护,谢诺尔特的任务完成得很出色。如果日本在毫无抵抗的情况下阻断道路,那么美国向仰光、昆明和重庆输送物资就变得毫无意义。宋子文是蒋夫人的哥哥,同时也是国民政府在华盛顿的代表,他极力支持美国的空中掩护方案。[1]就这样,百磅飞机制造公司就成立了,政府的经费通过这一前线组织得到了有效的疏导。

西班牙内战开创了飞行员在他国作战的国际先例。很多美国年轻人前往英国,加入了皇家空军。1941年4月15日,罗斯福总统发布了一项密令,允许美国军人退役,为中国而战。在美国志愿军大队服役一年后,他们可以再次加入美国军队,资历不变。工资优厚,奖金诱人,但前途中充满了冒险,许多志愿者都慕名而来。一共招募了100名飞行员和200名陆军,其中三分之二的飞行员来自海军和陆战队队员。美国志愿军大队成员在部队的内部没有军衔差异,大队的运作就像一个民用航空公司。[2]

美国志愿军大队配备100架P-40B型战斧战机。这批战机原本是法国在布法罗和纽约的柯蒂斯工厂的订单。法国衰败以后,这笔订单被英国收购,但是他们放弃了对战机的拥有权。英国皇家空军使用的改装机型为P-40S战机,

---

[1] W. F. 克雷文,J.L. 凯特:《二战中的空军力量》(卷一),芝加哥,1948,第485—489页。

[2] 余毛春:《龙的战争:盟军行动和中国的命运,1937—1947》,安纳波利斯,马里兰州,2006,第35页;D. 福特:《飞虎队:克莱尔·陈纳德和他的美国志愿者,1941—1942》,华盛顿,2007,第45页。

因此这款战机被称作P-40B型战斧战机。①在前往中国领空服役之前,英国欣然同意美国军方可以使用其在缅甸的皇家军队训练场训练,明格拉东、同古以及马格威的空中场地都在其列。挪威货船将战机运送至缅甸后,拆装后的战机在明格拉东再组装,第一架组装完成的战机于8月3日抵达同古。

美国志愿军大队的到来在当地着实引起了一番兴奋,但缅甸的空中防卫仍然由英国皇家军队负责。据估测,英国皇家军队在缅甸需要280架飞机,但全数配齐绝不可能。②第60号舰队于1941年2月到达,并配备有布伦海姆轰炸机。第221号志愿军大队总部于4月组建。同年9月,第67号舰队,布法罗战机舰队,从新加坡赶来,并携带有前线作战力量——16架战机。除了舰队和飞行指挥官,几乎所有飞行员都是新西兰人,大多数人刚从飞行学校毕业。这些年轻的飞行员没有经验,但是却有一股奋战进取的精神。③

1941年,由于美国的援助渐增,以及苏联军队加入战争,印度在欧洲的战略地位得到改善。因为苏联红军抗德压力巨大,所以英国政府要向俄罗斯增派兵力。运载机、坦克以及其他设备经过北极圈运往俄罗斯。同盟国商船运输力有限,压力极大。远东援兵有限,来自英国、印度和自治同盟的军队多数都被派往了中东地区。尽管如此,还是向马来半岛派了三个师的兵力,以守卫通往新加坡要塞的陆地通道,这与驻扎在缅甸那个孤立的师相比,实力要强。在丘吉尔的催促下,现代化战舰"威尔士王子"号和老牌巡洋舰"瑞帕斯"号在年底将驶往新加坡,形成远东舰队的核心力量。

1941年7月,阿奇博尔德·威尔上将成为印度军队的总指挥官。他虽然一只眼睛失明,但是很快他就把剩余的视界全部集中于缅甸的防卫问题上,尽管

---

① 余毛春:《龙的战争:盟军行动和中国的命运,1937—1947》,第32页;J.克林科伟兹:《飞虎队在中国:1941—1942》,莱克星顿,肯塔基州,1999,第25页。
② R.卡拉汉:《缅甸,1942—1945》,伦敦,1978,第29页。
③ H.L.汤普森:《新西兰皇家空军》(卷三),惠灵顿,1959,第270页。

缅甸是由新加坡的远东司令部控制,并不属于他的操控责任区。阿奇博尔德生于1883年,上将之子。在温彻斯特学校就读时,年轻的威尔喜欢古典文学,对诗和历史尤其着迷,这种兴趣贯穿了其一生。1901年,布尔战争结束后,威尔到达南非,被任命到苏格兰高地警卫队。1908年,他在西北前线的芭莎谷服役。紧接着到康贝里参谋学院进修,又在俄罗斯担任了一年军事观察员。一战期间,在伊普尔由于贝壳状碎片击中眼睛,威尔因此一眼失明;康复后,他在俄罗斯做了一段时间的联络官,一战结束后,威尔在中东的爱伦比上将总部担任陆军准将。

威尔工作兢兢业业,两次世界大战期间他的事业也并未停滞。1937年,他已是巴基斯坦和外约旦的总指挥官。二战开始时,他被任命为中东总司令官。威尔聪明过人,其明辨时态的能力有口皆碑,1940年6月至1941年6月的整整一年里,中东司令部困难重重,但是全都迎刃而解。意大利人被赶出埃及和阿尔及利亚,但英国军队却被挤出了希腊和克里特岛。罗门上将和他的德意志非洲军包围了利比亚托布里克的要塞,救援的部队也成功反扑。

首相丘吉尔决定,开罗需要做些改变。1941年6月底,威尔被告知与印度军队总指挥官互调。他公正地跟参谋说:"我相信首相是对的,新人新见解,这是件好事。"在德里,威尔很快意识到缅甸需要从远东司令部转移到由他操控指挥。9月,他前往伦敦,游说参谋官。多尔曼·史密斯总督支持这个政策改变。威尔后来在报告里说:

  因为在远东司令部建立之初,这些问题已经充分考虑,所以参谋们拒绝改变现存的安排。彼时日本已入侵支那,缅甸更加岌岌可危,但却不能因此做些改变。①

新加坡司令部并不重视缅甸,但是缅甸若成为印度军队责任区,则会受到

---

① M. 科利斯:《缅甸的最初和最末》,伦敦,1956,第42页。

高度重视。年初空军上尉玛莎布鲁克·波帕姆访问缅甸后,多曼·斯迈斯发电报给伦敦的部长,电报中说,新加坡的部长一职需要更有活力的人士担当。

1941年10月下旬威尔访问缅甸,多曼·斯迈斯这样评价威尔:

> 他的到来让我们如释重负,使我们信心倍增。他个子不高,微胖,看起来不太容易亲近,但又让人觉得很善良。他让我们想起了哈里街的医生,在最终时刻被请来救死扶伤。

高官对仰光的视察是少之又少,所以仰光官方对任何高官的视察都可谓感恩戴德。威尔对缅甸之行的评价极其糟糕:

> 缅甸防卫的准备特别不充分,我对此十分担心。此次缅甸之行我注意到,军队的数量和训练、设备、情报、员工数量和组织、管理系统以及防卫安排都远欠妥当。①

从仰光回来后,威尔将印度的另一支步兵旅和山炮队派往缅甸。

10月,还有一些极为重要的人士在威尔之前就访问了缅甸。著名的有达夫·考伯和戴安娜夫妇。达夫·考伯是前任情报部部长,丘吉尔将考伯派往远东担任常驻大使。考伯在飞往眉苗会见多曼·斯迈斯之前,停留在仰光。戴安娜参观了大金塔,而且并未拒绝赤脚进寺的要求。在眉苗的布什福利学校的演说中,达夫·考伯提出,缅甸不大可能让这些学生参军。②

缅甸防卫的准备工作逐步展开,但缅甸的最终命运掌握在大洋彼岸的外交官和政府手中。美国和日本届时正就西方贸易禁令进行协商。除非日本在中国领土做出大幅让步,否则华盛顿并无重新供应石油之意。日本帝国军队对此又岂能接受?10月17日,小林桂树当任新首相,日本内阁被迫辞职。小林桂树及其支持者们决心保持并壮大帝国建设的野心。

日本对西方势力的战斗准备聚集了新力量,军队打消了民间政治家的疑

---

① M. 科利斯:《缅甸的最初和最末》,伦敦,1956,第43—44页。

② B. 普拉萨德:《撤出缅甸,1941—1942》,加尔各答,1959,第33页,第41—42页。

虑。东京发来命令,警告各下属总部于12月8日着手发动战争,7日对国际变更线以东区域的战斗部署落实到位。日本笃信德国要么战败,要么将会牵制欧洲的苏维埃和英国,如此一来,孤零零的美国就不得不求和,承认日本在亚洲的帝国地位。战争开始第一天,日本海军计划突袭夏威夷珍珠港的美国太平洋舰队。

为使征服亚洲东南部的工作井然有序,日本南方军在西贡设立了总部,由寺内正毅负责指挥。南方军由四支军团组成:第14军负责入侵菲律宾,第15军负责攻打泰国和缅甸,第25军负责登陆马来半岛,第16军负责占领荷兰东印度。新加坡是最重要的同盟基地,也是南方军队的主要目标。在此关键期间,日本帝国主义军队的大部分官兵都部署在中国以及中国东北。

缅甸是日本人的计划目标之一。日本入侵缅甸,旨在保护进击新加坡和荷兰东印度油田的右翼势力。对于在亚陆抵御日本侵略势力的中国力量来说,缅甸是仅存的供能途径。缅甸的石油、大米和木材都将成为日本战力的又一原材料补给。只有对新加坡的胜利势在必得,才有可能对缅甸进行全面侵略。

第三章　东南亚战争爆发

日本精心布置的战争计划的实施时机已经到来,西方大国皆意识到危急时刻将至。由马来西亚制造的英国皇家空军侦察飞机每日在暹罗海湾和中国南海例行巡查,12月6日、7日两天,机组人员观测到日军护卫舰的踪迹,猜测他们的目的地可能是泰国或马来西亚。

当英军指挥官尚在新加坡报告讨论入侵力量的可能途径时,一些日本舰队正穿过太平洋西部和中部,尤其值得注意的是,具有当时世界上最强大攻击力量的一支日本航空舰队在1月7日上午突袭了美国海军基地珍珠港,可这支舰队12月8日本来应该位于国际日界线西边的亚洲。

日本舰载机进行了两波袭击,摧毁了美国太平洋舰队的不少战列舰,这次突袭珍珠港将美国也卷进抗日战争,且前途未卜。几天后,希特勒宣布支持日本对美作战。美国从此成为第二次世界大战的一部分,在欧洲和亚太平洋战场的两翼作战。

随着战争的爆发,日本开始计划进攻东南亚区域,中国香港、泰国、马来西亚以及菲律宾被相继入侵。中将山下奉文的第25军从马来半岛一路侵吞至新加坡,受命于中将饭田祥二郎的第15军,被指派任务去攻占泰国,紧接着缅甸也被侵占。日本控制了曼谷及其铁路,很大程度上方便了其对缅甸的操控。但是日本全面入侵缅甸的前提条件就在于日本在马来西亚的入侵局势良好。

战争爆发时，第15军共有35 440人。①同日军的其他部队一样，饭田的军队并没有装备精良的火炮、坦克或者运输装备，但是与中国的数年艰难战争，教会了日军轻步兵快速地在复杂地形中行军的本事。几乎每个日本帝国军队的士兵都显示出巨大的自我牺牲精神，这汲取自武士精神和武士道准则——勇士之道，即士兵对军官绝对服从的精神，所有士兵都得听从指挥。如果有机会为他们的天皇献身，所有队伍的将士都要战斗至死。

第15军指挥官中将饭田，是一位作战经验丰富的职业军人，军事素养极好。在被任命为第15军指挥官之前，他在中国负责指挥帝国卫队师。其父在1904年—1905年参与过日俄战争，负责指挥帝国卫队的一个团。②

第15军主要军力是第55师团，士兵招募自日本四个主岛中最小的一个岛即四国岛的农村。该军在1940年战争中提升为核心军团，1941年10月初作为扩大战争的准备力量被派往战场补足战斗力。当时大量的预备役人员应征入伍。11月下旬中将竹内宽及其第112营、第143营抵达西贡，师下所辖的第3团整合后计划登陆西太平洋的关岛。

第33师团是第15军第二支主力，该师兵力主要招募自东京西北部山区，曾于1939年被派遣至中国。第33师团指挥官是中将樱井省三，52岁，是一位颇具远见的军事武将，曾任职于驻巴黎的日本大使馆。1941年1月，樱井受命指挥第33师团。其人深谙军队的分散有利于在战争中快速转移的道理，并能巧妙利用包围战术和临时登陆行动的策略。③第55师团的作战序列包括一个侦察团，但第33师团没有该类型的作战单位。④

---

① S.伍德伯恩·卡比：《抗日战争》（卷二），伦敦，1958，第443页；B.普拉萨德：《撤出缅甸，1941—1942》，加尔各答，1959，第61页。

② I.L.格兰特，灵山三郎：《缅甸1942：日本入侵》，奇切斯特，1999，第47页。

③ I.L.格兰特，灵山三郎：《缅甸1942：日本入侵》，奇切斯特，1999，第332—333页。

④ I.L.格兰特，灵山三郎：《缅甸1942：日本入侵》，奇切斯特，1999，第371、374页。

第15师团陆军的步兵团和营都有自己的轻型火炮分队。每个步兵团都有一个装备有75毫米步兵炮的炮兵连和一个装备有37毫米反坦克炮的反坦克连,每个日军营都另外配有不少70毫米火箭筒。对于日军炮兵,弹药匮乏才是主要制约因素。① 第15军严重依赖于马骡等动物运输方式,机动车辆运输力相当有限。第5空军师则为饭田中将的部队提供空中支援。

12月8日凌晨,日本帝国卫队通过突袭的方式登陆泰国沿海以及马来半岛东北部,配合空军降至海面,顺利从印度支那进入泰国。第55师第143团是侵占马来舰队的一部分,避开了北面主船队,而是从相反方向的春蓬和巴蜀府之间的泰国海岸登陆。12月8日早晨,泰国总理和日本大使达成协议:允许军队通过泰国境内。然而传递这个消息需要时间,在巴蜀府的战斗就一直持续到了次日。在泰国登陆行动中第15军有79人丧生。② 12月末,泰国和日本政府签署《互助条约》。接下来的一个月,泰国迫于东京方面的压力,为了打消日本对泰国选边站队的任何疑虑,只好对英美宣战。

东京帝国陆军总司令部发布命令,要求日本军队在缅甸南部的丹那沙林建设机场,并孤立泰国和马来西亚。丹那沙林是一片狭长的手指状区域,在克拉半岛西侧。丹那沙林包括从毛淡棉到维多利亚港,绵延超过400英里的区域,一块30~60英里宽的长条形区域是缅甸的领土,这块地与泰国间隔有一片覆盖着繁密丛林的山脉,艰险难走,干旱季节也只能靠几条偏僻小路才能翻越。英军指挥官承认,要想收回维多利亚港根本不切合实际。日军空军配合有计划的地面进攻袭击了丹那沙林的维多利亚港、土瓦和丹老的英国皇家空军机场。这场惨烈的突袭之后,丹老(缅甸南部港市)三分之二的人都逃往他乡。

泰国海岸登陆后,上校乌诺及其第143营二小队率先越野进入缅甸南端,

---

① I. L. 格兰特,灵山三郎:《缅甸1942:日本入侵》,奇切斯特,1999,第374、376—377页。

② I. L. 格兰特,灵山三郎:《缅甸1942:日本入侵》,奇切斯特,1999,第49页。

日军抵达之后,维多利亚港的一支缅甸国防小队被汽艇驱散。[①]12月16日,日军未遭遇任何抵抗就进占维多利亚港。第143营负责保障从曼谷到马来西亚的铁路运输畅通。后来缅甸边境武装对这条铁路进行了袭击,不过没有成功。盟军战斗机掌握了制空权以保卫仰光。但在这阶段的战斗中,日军空军的行动仅局限在丹那沙林一带。

1941年12月11日,英国作战参谋组匆忙做出命令:重新将缅甸置于印度军队的指挥之下,首相丘吉尔致函韦维尔中将:"你现在务必将视线放在东边,将缅甸放在你的掌控之下。"12月12日,丘吉尔和他的主要军事顾问团渡至美国,数周之后尚未回国。此前一天,"威尔士亲王"号和"反击"号战舰在马来西亚东海岸沉没,令新加坡和伦敦的英国指挥官们震惊不已。

中国国民政府加入东南亚的盟军作战计划时也存在有重大的问题,韦维尔在这些计划的制订中起到了核心作用。总体看来,中国军队由四分五裂的军阀军队临时拼凑而成,但国民党正规军在军纪和组织等方面还是不错的。蒋介石政府一方面要对抗共产党以保住自己的领地,另一方面又保持积极的抗日姿态。但是,尽管负担沉重,他仍派遣了大量的中国军队作为战略储备力量运送到了云南。

很快,太平洋战争爆发以后,蒋介石在重庆会见了英国的军事参赞少将L.E.丹尼。鉴于滇缅公路对中国国民党政府在西南地区的重要战略利益,蒋介石答应与盟军合作,并主动承诺派遣军队前往缅甸战场。12月14日,英国作战参谋组指示韦维尔就这件事情同重庆当局协商谈判。12月15~16日,中方政府领导层决定调遣其第5军、第6军支援缅甸,尽可能坚守他们的作战地带。蒋委员长随后发布命令:

> 中国军队在缅甸战场的表现展示出国人的荣誉与自豪,世界都

[①] B.普拉萨德:《撤出缅甸,1941—1942》,加尔各答,1959,第66—67页。

关注着他们，他们只能成功，不能失败。如果他们军力足够，他们不可能战败。但倘若军力不够，我就难以预言。你们必须谨记，此事关乎我的荣誉和骄傲，你们应该听从我的命令。"①

12月15日，美国军事代表团团长J.马格鲁德将军在重庆与蒋介石会见。事后他向华盛顿报告指出，蒋介石明确反对将中国军队在缅甸分散部署。

战争爆发以后，仰光的总督多尔曼·史密斯立即会见其阁僚，评价"他们抗日的态度是积极的"。一位高级部长告诉媒体："缅甸已做好准备了！我相信我们的国家为抵御侵略将不遗余力！"②但不是所有人都认可这种观点，印度人就开始预订船票准备从海路回国。

缅甸的首相吴素此时不在缅甸，他早在10月的时候就前去伦敦催促英国政府，要求其承诺战争结束后缅甸立即独立。10月18日，他与丘吉尔首相在英国首相的国家别墅——丘吉尔别墅见面。丘吉尔表示，在局势如此不稳的时期商讨宪法改革是不明智的，如果英国赢得战争，在一个和平时期改革进程将继续自由进行。吴素计划取道美国和太平洋返回缅甸。在美国，他拜访了日本总领事，意在探讨在日的缅甸留学生安全问题。12月8日，也就是珍珠港偷袭的第二天，吴素和其同僚，国防委员会大臣吴庭拓，还有一位印度行政参事三人乘坐飞机降至珍珠港，港口中冒着浓烟的美国遇难船舰的景象令他们异常震惊。

吴素如今不得不经过中东返回缅甸，行程第一阶段飞机在葡萄牙着陆，到达里斯本后他联系日本大使馆，独自拜访了日本大使。吴素和日本大使所不知道的是，英国的情报部门已经能够破译日本驻里斯本大使馆发出的密码。缅甸首相拜访之后，日本大使就做了一份会谈纪要发回日本。吴素曾经假设，如果日本入侵缅甸，缅甸人民将借日本入侵起而反抗英国的殖民统治。吴素

---

① S.伍德伯恩·卡比：《抗日战争》（卷二），伦敦，1958，第18页。

② M.科利斯：《缅甸的最初和最末》，伦敦，1956，第46页。

还承诺尽其所能帮助日本,日本大使可能夸大了会谈内容,但负责印度事务的国务大臣里奥埃默里随即授权监禁吴素,在巴勒斯坦的海法,吴素被逮捕并无限期地被扣留在东非。

缅甸新任首相波吞,接受过西式教育,经验丰富,对在缅甸所进行殖民地宪法改革持积极欢迎态度。总的来说,缅甸政府的行政部门、警察局和司法部成员都持温和的政治观点。

波吞很快下令逮捕了大量的德钦激进分子。人们怀疑这些激进分子中有日本人的代理人,而且有很长一段时间了,德钦极端分子们接受了铃木上校政治幕僚们的提议。日军后方,准备工作进行得十分顺利,他们要建立一支由日本资助的缅甸独立军。缅甸独立军将于12月28日在曼谷正式成立,任命昂山为将军。缅甸独立军一开始由一小部分日本人和缅甸人组成,但是他们计划适时组建一支更强大的军队。

缅军司令官麦克劳德此时正积极着手准备战争,在他的著作《战争的呼唤》中,关于远东战争的爆发他写道:

在空中,在海上,在地面,缅甸都已严阵以待,反击敌人,我们志在必得!我号召我们的战士要以十足的信心和勇气抗击敌人,把侵略者赶回老家,把缅甸从今日的黑暗中解放出来!

尽管日军的威胁迫在眉睫,英国陆军格洛斯特郡团第1营仍要留城,以驻防在明格拉东和仰光以保证城内安全,而在仰光大金寺附近的军营里则安置了一个分队。指挥官中校查尔贝斯是一位严厉的军官,曾是第一次世界大战西线的中尉,被授予军功十字勋章。1928年查尔贝斯离开英国前往埃及,在埃及待了三年后,又在新加坡军营待了一年,然后前往印度。在三个印度军营滞留一小段时间后,1938年11月,查尔贝斯到了缅甸。对军人而言,尤其是对相对旧式军队的军人而言,长期的越洋军旅生活,大半生的漂泊,是那个时代英国军人的典型特征。

动员时查尔贝斯戴了一个军用型太阳头盔,因为那里没有钢盔可用,装甲车、迫击炮和卡车也十分短缺。他先将格洛斯特郡团的军旗等军用物资空运到印度,并安置在德里的劳埃德库房,而后将妇女和儿童编成团送往曼德勒外的一个眉苗山间站所,一切准备就绪之后,查尔贝斯带着640名军官和87个普通士兵加入了战争当中。①

战争爆发前的11月底,印军第16旅抵达缅甸,旅中每个营的兵力都超过了300人。缅甸军第1师斯科特将军这样评价:"如今军队拆分、重组已成家常便饭,连指挥员也搞不清他们每天带的是哪一队的兵。"②这里突然这么活跃,对于印度德里无疑冲击很大,因为东北边境面对着缅甸已经平静几十年了。

远东战争爆发后,英国作战参谋组命令韦维尔将印军第17师驻留在印度,这样安排是计划让其开赴伊拉克。同时还告知他,英军第18师现在正从好望角航至中东,几周之内将抵达印度。伦敦方面暗示韦维尔,应该立即做出行政安排,将仰光修建成一个空军基地,可以供4个师和15个英国皇家空军中队使用的空军基地。③当时韦维尔考虑到他会有充足的兵力派遣到印度,还很乐观。如果一切顺利的话,可能还会拖住日军在马来西亚的战斗,给缅甸喘息的机会,以便组建自己的防御力量。12月15日,德里总司令部一份评估表明:"仰光是进入缅甸的唯一门户,因此保卫仰光至关重要!阿萨姆邦和缅甸在建的公路是唯一供应物资的通路,这是港口所无法替代的。"这份评估还表示:"应当尽早从印度派遣两个师的兵力到缅甸!"④对于巩固防卫一事,麦克劳德将军

---

① D. S. 丹尼尔:《荣誉之冠:格洛斯特郡团的故事,1694—1950》,伦敦,1956,第 236、266、268 页。

② B. 普拉萨德:《撤出缅甸,1941—1942》,加尔各答,1959,第 55 页。

③ B. 普拉萨德:《撤出缅甸,1941—1942》,加尔各答,1959,第 73 页;R. 列文:《陆军元帅韦维尔》,伦敦,1980,第 156 页。

④ B. 普拉萨德:《撤出缅甸,1941—1942》,加尔各答,1959,第 440—443 页。

已经没有时间可以浪费了。

维多利亚港沦陷后,缅甸丹那沙林南端饭田将军的第15军利用12月剩下的时间加强了日军对泰国的控制。这一时期日本主要把注意力都集中在远东,在马来西亚的战斗是最主要的。仰光的英军司令官既对泰国和日本的意图一无所知,又没有尽可能建立起一个有效的情报网络。在泰缅漫长的边境线上日本可以从好多个点入侵缅甸,日军可利用泰国的铁路在缅甸北部的清迈集中兵力,在清迈,日军可以入侵掸邦,以切断仰光和曼德勒的铁路和公路连线。

麦克劳德将军得出结论:"可能有大量日军驻扎在泰国,但日军要从陆路入侵缅甸,其物资只够供应两个师。"通往掸邦的公路网相比较于从拉亨向西通往毛淡棉崎岖不平的小路来说要好得多,麦克劳德在掸邦驻扎了缅军第1旅和印军第13旅,在丹那沙林安排了缅军第2旅。①印军第16旅正在组建中。设在掸邦的斯科特分区司令部负责总监军。

12月21日,韦维尔前往仰光,这时战争参谋组已转移到马来亚的英军第18师第53旅和印军第17师第45旅。印军司令部增援缅甸的能力业已衰微,接下来一天,即12月22日,韦维尔向帝国总参谋部表示:

> 缅甸对于反抗日本来说是必不可少的基地,这里是为中国供应物资的唯一通道,是捍卫东印度的主要战场,大量的军工厂也选址在此。所以它的安全对于抗日战争绝对至关重要。而今缅甸危机重重,空军力量匮乏,新加坡情报系统崩溃,完全获取不到关于日军行动和作战意图的情报,当下缅军的总指挥官十分盲目被动。

韦维尔断定,缅军需立即再增加两个旅并组建一个第二总指挥部。②

---

① S.伍德伯恩·卡比:《抗日战争》(卷二),伦敦,1958,第13—14页。
② B.普拉萨德:《撤出缅甸,1941—1942》,加尔各答,1959,第454页。

在离开仰光之前，韦维尔决定接替麦克劳德将军担任缅军司令官。麦克劳德正常情况下已到了退休的年龄，但为了减轻其突然卸任的痛苦，他被晋升为中将。韦维尔任命他在德里的中将T. J. 赫顿参谋长来指挥缅军，并尽快安排赫顿飞至仰光。

12月22日，韦维尔从仰光飞至重庆，和美国陆军航空队乔治·H. 布雷特少将会面，抵达后两天，他拜访了蒋委员长。布雷特和美方在重庆的军事行动负责人陆军准将马格鲁德出席了该次会晤，蒋一直希望与美英就联盟的策略做一次一般性的讨论，但韦维尔没有得到这项任务的授权。这位英军司令官希望中方派遣部分美国支援航空队兵力来援助仰光的空防，他还批准英军征用建在码头上的一些租借商铺。他这样评价蒋介石委员长：蒋并非是一个第一眼就让人印象深刻的人，不会英文，和人寒暄时像一只聒噪的母鸡，他的夫人讲一口流利纯正的英语。[1]韦维尔和蒋介石却都猜不透彼此。

一个月内中方已经主动调遣了两支军队到了缅甸，这次当然经过了再次讨论。第6军离缅甸边界很近，第5军屯扎在滇缅公路尽头，即中国的昆明。这些军队需要英军提供物资，只能在有限的作战地带活动。然而，韦维尔只同意第6军的一个师进入缅甸助战，他要求另一个师的队伍在中缅边境待命。韦维尔担心中国军队留驻缅甸，会像一大群蝗虫那样去搜刮附近村落。他仍然希望英国援军能到达仰光，不过，越来越明显的情况却是，新加坡这个地区投放多少部队都不嫌多。仰光的民政当局也针锋相对地指出，中国从前就宣称过缅甸是古代中华帝国的属国，他们从来没有承认英国的殖民统治。"这个要求合情合理，"韦维尔后来写道，"大英帝国属国的安全理应由帝国军队，而不是外国军队来捍卫。"[2]布雷特和马格鲁德暗示华盛顿方面，韦维尔没有接受蒋

---

[1] J. 拉蒂默：《缅甸：被遗忘的战争》，伦敦，2004，第43页。
[2] R. 卡拉汉：《缅甸，1942—1945》，伦敦，1978，第39页；M. 科利斯：《缅甸的最初和最末》，伦敦，1956，第50页。

介石派遣的军队,他的这种处理谈判的方式肯定会饱受批评。

缅甸盟军空军面临的形势十分严峻,同地面上的缅军一样,形势紧急,日军南部总部指挥该地区的日军空军力量,空军第5师在缅甸支援第15军,第3师支援入侵马来亚。其空军师团中士兵、轰炸机以及其他类型舰载机配置平衡。当日本占领丹那沙林南端时就炸毁了丹老机场,自那以后,缅甸的领空就再没有发生过规模较大的空军进入。

战争爆发时,美国的飞虎队正在同古,还在进行其在中国的培训服务,韦维尔描述美国空军为"强大的海盗"。飞虎队的P-40B机型战斧战机是一种快速型飞行器,能俯冲或者水平飞行,能装载重型装甲武器,携带自动密封的油箱。战斧战机配备有2挺2.5口径的鼻翼式机枪和4挺4.3口径的机翼式机枪。训练飞行员时都可以结对作战,可以俯冲攻击敌方飞机,之后爬升至安全区域。第二次世界大战中,打完就跑是作战飞行员的主要方法,现代战斗机速度很快,一般不会出现紧咬不放的情况,但这在1914年—1918年的战争中经常发生。

抗日战争刚刚打响,在缅甸南部的英国皇家空军就迫切需要支援,美国飞虎队第三中队——地狱天使——12月12日从同古抵达明格拉东。英国皇家空军和飞虎队共用一间作战指挥室,不过,用来指挥空中作战飞行员的无线电发射器频率波段却不相同。飞虎队的战斧战机和67中队的水牛战机使用单独的交叉跑道。基地繁忙不堪,飞机从各个方向起飞,卷起漫天尘土。①

12月18日,美国飞虎队剩下的两支中队从同古飞至中国西南部的昆明。这支作战中队由34架战斧战机组成,战机上都涂有中国国民党的青天白日旗,在飞机鼻翼上都画有一排鲨鱼牙齿的标志。地勤人员坐卡车经由陆路长途跋涉。昆明位于古代中国同印度的贸易之路上,这里海拔高,冬季很冷,地面结

---

① M.伯德:《陈纳德:如虎添翼》,塔斯卡卢萨,阿拉巴马州,1987,第143页;D.福特:《飞虎队:克莱尔·陈纳德和他的美国志愿者,1941—1942》,华盛顿,2007,第95—96页。

冰。12月的仰光比旱季凉爽,但仍然暖和,有热带气候的特征。

12月20日,第一场空中大战打响,十架双引擎川崎Ki-48轰炸机从河内出发,飞往昆明进行轰炸,轰炸机没有护航,但没有到达预定目的地之前就被美空军赶跑。美军的一架战斧战机由于燃油耗尽被迫降落。多架日军战机被美军作战飞行员摧毁,其中三架轰炸机被击落,剩余轰炸机都或多或少地负伤而逃。昆明民众庆贺美军的胜利,中国报社也广泛报道,飞虎队的神话就这样诞生了!缅甸公路在英美联合力量的保护下看起来尚为安全[1]。

缅南空战也进入了全新的阶段,稻夫菅原正计划12月23日对仰光进行一次大轰炸,明格拉东机场和仰光中心城区被确定为主要轰炸目标,从空中看,仰光大金塔提供了极为理想的导航标志。80架轰炸机和30架战机可供调遣,大部分的轰炸机都是双引擎川崎Ki-48轰炸机,该重型轰炸机为现代机型,能携带大量机组人员,速度可达300英里每小时。双引擎川崎Ki-48轰炸机组成的三个中队由一支机动性好的Ki-27中岛型战斗机中队——也叫97型战斗机,和一支Ki-30安斯型战斗机中队护航。安斯是一种战斗轰炸机,能携带600磅炸药,统一配置了固定机枪,后排炮手位于飞行员后方的恒温机舱中。

12月23日早晨,天气炎热,万里无云,偶有微风从南面拂来。日本战机从泰国机场和印度支那机场起飞升空。上午快10点时,明格拉东的指挥中心获知,敌人要发动两波空袭。消息传来时,第67飞行中队队长罗伯特·美尔瓦正与明格拉东总指挥官、英国皇家空军中校N.C.S拉特在一起。于是匆忙下令基地战机紧急升空。12架战斧战机和15架水牛战机升空,并爬升至最大制空高度。第一次预警40分钟后,日本飞机来袭了。[2]一支双引擎轰炸机(第62战队)中队飞往明格拉东方向,其后面蜂拥而至的是速度较慢的单引擎战斗轰炸

---

[1] D.福特:《飞虎队:克莱尔·陈纳德和他的美国志愿者,1941—1942》,华盛顿,2007,第98—105页。

[2] C.肖尔斯,B.卡尔,井泽守:《血腥的战场》(卷一),伦敦,1992,第241页。

机(第31战队)和战斗机群(第77战队)。而另外两个中队的双引擎轰炸机(第60战队和第98战队)则单独径直袭击仰光。

两架在做例行巡逻的水牛战机早已升空,最先对进犯明格拉东的轰炸机进行截击。在第一轮混战之后,中士巴奇弃机,战机上布满弹孔,他与那满是机油的玻璃窗一道弹出,坠落在海中。他脱下皮靴,用袜子擦去了玻璃窗上的油渍后,再次投入了战斗。①

战斧战机很快就爬升到足够的高度来进攻日本的进犯飞机。战机排成一排,用机炮向日军轰炸机扫射。R.T.斯迈斯发现有架轰炸机脱离了阵型,便从约200码(1码=3英尺)的距离处向其开火,他回忆道:

> 我很快盯住一架轰炸机,就一直朝其开火。我能看到炮火聚集到了敌军轰炸机机身和机翼根部。它投出的炸弹就在我面前爆炸,其油箱爆炸后成为一个巨大的火焰球,产生的冲击波将我的战机像一片叶子吹出很远。我竭力控制住自己的战机,努力飞离出爆炸领域,但我还是觉得自己的战机左翼被什么东西击中。我虽戴着氧气面罩,但还是不禁发出胜利的欢呼。我想,天哪,从现在开始,不管发生了什么,我都出了大名啦!我确实想的是一架轰炸机,根本没去想那六七个不知名的家伙。②

更多的战斧战机加入了战斗,查克奥尔德将一架轰炸机打得冒了烟,掉出了队形。"我给它来了一通炮火,那架轰炸机突然机尾冒着浓烟,偏离了队形,机头朝下栽了下去。我看到它几乎是垂直俯冲,很快就消失了。"③日军的另一

---

① C.肖尔斯,B.卡尔,井泽守:《血腥的战场》(卷一),伦敦,1992,第242页;H.L.汤普森:《新西兰皇家空军》(卷三),惠灵顿,1959,第272页。

② J.克林科伟兹:《飞虎队在中国,1941—1942》,莱克星顿,肯塔基州,1999,第71页。

③ D.福特:《飞虎队:克莱尔·陈纳德和他的美国志愿者,1941—1942》,华盛顿,2007,第116页。

架轰炸机也在海滨坠毁。虽然这架掉下来的轰炸机可能已经无法修复,但美国运输机塔尔萨之城上机枪手仍然提出了试一试的请求①。

此时,日军轰炸机已完成了他们在明格拉东机场的轰炸任务,并关闭了轰炸机上的投弹舱门。在机场,17人在袭击中丧生,还有些人受伤。大量的战机在轰炸中成为残骸碎片,作战指挥室被直接击中,完全摧毁。主吊架和油箱也被击中,跑道上满是弹坑。

但空中的战斗远未结束。在新一轮空战中,汉克·吉尔伯特的战斧战机被轰炸机的交叉炮火击中。这架战斧战机拖着火焰摔向地面,吉尔伯特是第一个战死的飞虎队队员。保罗·格林的战机也被日本的战机击中,但他在战机失控时就弹离了战机,跳伞逃生。他的降落伞也受损严重,在他快速降落时,遭到日军战机扫射。他迅速向地面坠落。格林落地时已经昏迷不醒。等他醒来时,他发现有名英国士兵正在端着枪瞄着战机。

空袭明格拉东机场的日军川崎Ki-21中队第62战队15架轰炸机中,有5架被摧毁。中尉佐部、新冈、岛田、四甘索和育良连同其机组人员全部丧生。所有剩余的轰炸机中队都有不同程度的受损。②

与此同时,另外两个中队的日本双引擎轰炸机已经到达仰光城中心。帕克·杜朋伊的6架战斧战机就在锡里安的上空盘旋,防卫来犯敌机,锡里安在仰光的下河区。不久之后就侦察到在接近17 000英尺处有一支训练有素、涂有绿色伪装的双引擎轰炸机群。领头这波空袭的轰炸机由第98战队的18架轰炸机组成,由上校臼井远山茂树指挥。

战斧战机分成两个部分对其发动攻击,其中一架战机被轰炸机炮火击中坠毁,飞行员牺牲。两架轰炸机被美国战机连续打中,坠毁。轰炸机上的3名

---

① C.肖尔斯,B.卡尔,井泽守:《血腥的战场》(卷一),伦敦,1992,第245—246页。

② D.福特:《飞虎队:克莱尔·陈纳德和他的美国志愿者,1941—1942》,华盛顿,2007,第117—118页。

日本人跳机求生。后来,其中一名日本飞行员的尸体在一个折叠的降落伞下被发现,找到时他僵硬的手中还握着一枚手榴弹。①战斗中,日本的其他几架轰炸机也受损,上校臼井远山茂树被坐在副驾驶位置的飞行员用机枪射杀。

第98战队对仰光城轰炸之后20分钟,第60战队也飞抵仰光。川崎轰炸机从23 000英尺高空扔下炸弹后,就掉头返回,没有遇到什么抵抗。

缅甸人和印度人都走上街头,看了这突袭的一幕。在日本轰炸机飞抵仰光时,地面上的一位见证者回忆说:

> 排成箭头队形的敌军轰炸机在阳光里时隐时现,人们爬出战壕抬头观看,人们站在马路上仰脸观看……有几次他们鼓掌欢呼:尾随轰炸机的英国(或美国)战机击中了日军轰炸机。轰炸机拖着浓浓的烟尾巴,然后爆炸起火,坠毁。另一架就像一支火箭发出耀眼光芒,然后就掉了下来。在天空中还有降落伞打开,我们看到这一切,疯狂地欢呼着。我们还看到这些要命的轰炸机在市中心狂轰滥炸,我们的战机没能阻止。

威力极大的炸弹在建筑中间和人群中间爆炸,飞溅的碎玻璃,倒塌的房屋让人们惊慌失措,有人摔倒,就被踩踏了。据印度店主回忆:"场面真是凄惨,妇女蓬头散发,怀抱婴儿,哭着、跑着,心里充满着恐惧……更可怜的是那些走散的孩子,他们追着逃难的大人,误将他们当作是自己的父母。"②据估计,空袭造成平民死亡达1 000人,另有1 000人严重受伤。码头瘫痪,劳工逃离城市,公共交通陷于停顿。主要码头附近的一个居民区被轰炸摧毁。仰光上空飘着一柱柱浓浓的黑烟。

---

① D. 福特:《飞虎队:克莱尔·陈纳德和他的美国志愿者,1941—1942》,华盛顿,2007,第119—120页。

② D. 福特:《飞虎队:克莱尔·陈纳德和他的美国志愿者,1941—1942》,华盛顿,2007,第121页。

因为人员逃生，许多民防设施都损毁不能用，不过在危机中，消防队员表现很好。一则官方报告这样评价民防设施：

> 少数（民防部门的）人员留了下来，他们在这次大屠杀中做出了超人的努力。但直到志愿者到来之前，大部分伤员无人照料。当时很多人受伤死去，还有人在送往医院后由于惊吓或流血过多而死亡。①

这次空袭让一部分人对飞机极为恐惧，有些人逃到了周围的丛林里，还有些人取道向北，逃往卑谬，一路上可以看到男人推着车，女人背着包，怀里抱着太小不能走路的孩子。仰光人住在脆弱的木质建筑里，也没有地下避难设施，现在他们知道自己赤裸裸地面对着敌军的空袭。当天下午，总督多尔曼·史密斯来到空袭现场，发现在炎热的天气里，到处散乱着尸体。

日本轰炸机掉头到泰国要经过马达班海湾的一片蓝色海域，他们要降低高度，以便加速飞行。日本轰炸机飞行员纪律严明，这给他们的对手留下了深刻印象。一头水牛战机的飞行员报告说，他对日本轰炸机的速度感到"十分惊讶，因为在他的印象中，小日本战机并不见得有多好"。②不止一位水牛战机飞行员报告说，日本采用的是德国在伦敦闪电战中使用的海因克尔111s飞行技术。川崎Ki-21轰炸机的鼻翼与纳粹德国空军的轰炸机鼻翼很相似。同时，一些日本飞行员竟还能用喷火的战术迷惑战斧战机的飞行员。

据日本的记录，此役日本有7架川崎Ki-21轰炸机被摧毁，另外还有一架双引擎轰炸机在返航途中坠毁。日本飞行员和机枪手声称在战斗中击落了41架盟军战机，盟军认为其对战果说法也有所夸大。水牛战机在此役中逃过一

---

① M.科利斯：《缅甸的最初和最末》，伦敦，1956，第56页。
② C.肖尔斯，B.卡尔，井泽守：《血腥的战场》（卷一），伦敦，1992，第243页。

劫,但4架战斧战机被击落,2名飞行员牺牲。①

12月24日,盟军的地面工勤人员在明格拉东的基地对损坏的战机进行了维修。经过前一天的激烈交战,以及紧张的巡逻任务之后,飞行员们终于可以得到休整。战役中牺牲的2名美国飞行员被埋在爱德华烈士公墓,位于明格拉东以南2英里处。仰光所有的生活常态均已不在,圣诞节的准备工作也被彻底打乱。空袭仰光的威胁远未结束。

菅原将军决定在圣诞节这一天再对仰光发动大的空袭行动。三个中队的川崎轰炸机——第12战队、第62战队一起加入空袭,第98战队休整。加藤上校的第64战队12月24日从马来亚飞往曼谷以增强空袭力量。这个中队有25架Ki-43s中岛"隼鸟"号战机。Ki-43s战机上配有可伸缩的起落架,这会让盟军作战飞行员误认为其是著名的"零式"战机。开往明格拉东的每架轰炸机上都携带一束鲜花,投弹时与烈性炸药一起投向机场。②中岛Ki-27战机中队与安斯Ki-30战机又一次共同参加空袭行动。这次圣诞节空袭的总强度比前两天加起来还要大。超过150架次的战机开往仰光。

圣诞节黎明时分,天空晴朗而又明亮;日本战机在泰国上空组织好了其轰炸机编队,那天早上,眼尖的日本作战飞行员从老远就能看到仰光的目标。毛淡棉市的雷达站发出警告:日本有大批武装战机正飞往仰光。尽管在前一次的空袭中盟军的作战指挥部受到损毁,明格拉东的第67号水牛战机中队和飞虎队的战斧战机在首都仰光上空还是很快就集结完毕,等待行动。3架战斧战机已经在空中巡逻,飞行员报告说前方有不明飞行编队。一部分日军战机飞往明格拉东,另一半则飞往港口。这次的空袭有日本战机护航,这对于盟军来

---

① C.肖尔斯,B.卡尔,井泽守:《血腥的战场》(卷一),伦敦,1992,第245页;D.福特:《飞虎队:克莱尔·陈纳德和他的美国志愿者,1941—1942》,华盛顿,2007,第126页。

② D.福特:《飞虎队:克莱尔·陈纳德和他的美国志愿者,1941—1942》,华盛顿,2007,第127页。

说,要击落日军两翼轰炸机则难上加难。

水牛战机中队派遣6架战机分两个批次升空,另派两架水牛战机在高空掩护。中士E.H.比布尔这样描述接下来的交战:

> 这一次又是因为预警系统的能力不够,我们所处高度不利且易受攻击,只得低速爬升,而日本战机编队在约5000英尺高度,甚至比我们更高更多。当我们到达日军轰炸机的高度时,一些日军战机则俯冲下来攻击我们。①

接下来的战斗中,4位水牛战机飞行员牺牲,A批次的中士J.麦克弗森在较高空飞行,B批次的另外3位飞行员在较低位置飞行。第5架水牛战机也被射中,被迫紧急降落。B批次的飞行中尉J.布兰德说:"最让我悲伤的任务之一就是去掩埋飞行官约翰·兰伯特和另外两名作战飞行员,没有棺材,甚至连毯子都没有用,因为当地医院就是这样要求的。"②明格拉东遭轰炸时,水牛中队的损失更大,基地机场上的3架水牛战机被摧毁,还有5架正在组装的战机也被毁坏,无法使用。

对机场的轰炸还对驻地的建筑造成更严重的破坏。跑道又一次被炸得坑坑洼洼,防空炮台直接被击中,"印度的机枪手尸体散布在周围数百码的地方,血肉模糊,一片混乱"。③韦维尔将军刚刚从中国回来,轰炸机袭击时,他那天黎明就已经离开了重庆。他的飞行员误入了泰国领空,飞机就降落在毛淡棉市,但旋即飞往仰光。韦维尔的飞机被迫俯冲以躲避战机射击。他回忆说:

---

① C.肖尔斯,B.卡尔,井泽守:《血腥的战场》(卷一),伦敦,1992,第249页。

② C.肖尔斯,B.卡尔,井泽守:《血腥的战场》(卷一),伦敦,1992,第250页;H.L.汤普森:《新西兰皇家空军》(卷三),惠灵顿,1959,第272—273页。

③ C.肖尔斯,B.卡尔,井泽守:《血腥的战场》(卷一),伦敦,1992,第251页。

"我不得不说我喜欢这个样子。我的同伴感到很害怕,而我却有点兴奋。"①

美国飞虎队相较于水牛战队来说,这个圣诞节要幸运一些。战斧战机也是分了两个批次起飞,乔治·麦克米兰的7架战机组成的方阵迎击日军的轰炸机编队,这支日军编队在轰炸结束后从仰光返航。护卫战机Ki-43与轰炸机贴得很近。一场咬合缠斗战开始了,2架战斧战机被击毁,并在田野中紧急迫降,作战飞行员,包括麦克米兰都幸存下来了,不过他们直到第二天才出现在基地。②

在仰光上空,圣诞节已经成为一场代价昂贵的空中较量。7架盟军战斗机被毁,4位作战飞行员牺牲,据说许多日本战机被盟军飞行员击落。飞虎队中队的指挥官向陈纳德上校报告说:"这有点儿像打野鸭子。"③总共10架日本战机在空袭中失踪,或者在返航途中坠毁。一架双引擎轰炸机降落在曼谷机场,机上3个机组人员已经死亡。第64战队指挥官加藤上校在他的日记中写道:

> 我在感到非常失望的同时,又有种强烈的责任感,我没有更加认真地训练我的队员。我向北岛上校表示歉意……一整天我都在屈辱度过,责任感让我备受折磨。④

令人惊讶的是,有个叫理康特的战机飞行员虽然从被击中的战机中幸存下来,但却被投进了牢房。对于日本军人来说,被活捉的情况是极其罕见的。日本评论家就不屑地指出:这个飞行员是朝鲜裔人。

---

① R. 列文:《陆军元帅韦维尔》,伦敦,1980,第159页;J. 拉蒂默:《缅甸:被遗忘的战争》,伦敦,2004,第43页。

② D. 福特:《飞虎队:克莱尔·陈纳德和他的美国志愿者,1941—1942》,华盛顿,2007,第129、135页。

③ 余毛春:《龙的战争:盟军行动和中国的命运,1937—1947》,安纳波利斯,马里兰州,2006,第39页。

④ D. 福特:《飞虎队:克莱尔·陈纳德和他的美国志愿者,1941—1942》,华盛顿,2007,第134页。

圣诞节过后，日军没有对仰光发动新一轮的大突袭，盟军认为这是他们的战机部队的胜利。这当然可以鼓舞士气，但实际上日本已经制订了对马来半岛和荷属东印度群岛重新发动更大空袭的计划。对缅甸继续发动零星的袭击，这样可以使英国空军保持防御状态，同时继续推进在新加坡的空袭。日军的第3和第5空军师承担这两地的空袭任务。

圣诞节这天的空袭造成60名平民死亡，40人受伤，与前两天相比，死亡人数大幅度下降，这在一定程度上表明，许多人在空袭期间已经逃离了这座城市，还有可能就是平民从空袭的惨痛经历中学会了如何在空袭来临时躲到壕沟和季风沟渠寻求庇护。到12月26日下午，从仰光向北到卑谬的路上满是印度难民，估计有100 000人。政府官员不允许难民在卑谬渡过伊洛瓦底江，而是要他们回到首都。

在缅甸的盟军空军司令悲观地估计，他现在的所有机型加起来只有不到30架的战机可以来抵御日军的战机群，这些战机显然就驻扎在仰光。12月底，两支印度防空作战部队在仰光着陆，分别部署在市区周边以及毛淡棉市，还以韦维尔的名义从其他地区借调一些防空增援力量。12月30日，飞虎队第2中队的17架战斧战机——"熊猫"飞抵明格拉东，缓解了第3中队的压力。

当仰光当局正忙着竭尽全力重新为城市布防的时候，赫顿将军在12月27日抵达仰光，就任缅甸军司令之职。他性格温和，但明显魅力不足。一个下级军官这样写道："他看上去更像一个花匠的头头，不像将军。"[①]赫顿生于1890年，1909年加入皇家炮兵队。一战期间，他在西线前线指挥野战炮兵连，受过三次伤，被授予战功十字勋章。战后，他担任了很多职务，最终在1938年—1940年间升任少将，到印度西部地区的奎达任职。之后，赫顿成为印度陆军总参谋总部的副总参谋，后担任总参谋，在战争早期的军队扩充中，发挥了重要

---

① J.伦特：《撤出缅甸，1941—1942》，伦敦，1986，第82页。

作用。对于韦维尔而言,赫顿勤恳可靠的性格似乎很适合于去改变缅甸防御的现状。

在仰光,赫顿所负的责任范围广泛,他既是缅甸军队的行动指挥官,又是缅甸战时办公室和总参谋部的负责人,他还承担与新德里、多尔曼·史密斯政府、皇家海军部队、皇家空军以及所有的外国盟军武装力量的联络任务。赫顿报告说:

> 仰光总部人员的能力明显不足,只有几个超负荷工作的军官在努力应对问题,但这些问题非其能力所及……没有值得称道的情报员……我们对发生在泰国边境上的事情常常一无所知,在国内情报方面也是如此。①

因为没有可靠的情报,很难预测日军主要的前进路线以及兵力。甚至有谣言传到仰光,说日本军队已经进入泰国北部。结果,中国军队开进缅甸东北部,以防卫缅甸和印度支那间的湄公河前线地区。②

来自东南亚其他地区的消息同样也让赫顿提不起精神。12月26日凌晨,英国在香港的驻军向攻击中国大陆的日军投降。在菲律宾,日本将美菲联军赶进马尼拉附近的巴丹半岛。这支联军很快就意识到自己被困,且离援军很远。在马来半岛,珀西瓦尔将军的军队已经丢掉了半岛的北部土地,只好在马来半岛中部努力构筑了一个新前线,覆盖吉隆坡。

---

① M.科利斯:《缅甸的最初和最末》,伦敦,1956,第59页。
② S.伍德伯恩·卡比:《抗日战争》(卷二),伦敦,1958,第24页。

第四章　入侵缅甸

1942年1月伊始，轴心国在二战中处于主导的有利地位，西方盟国与苏联的命运则岌岌可危。日本参战不久，英国首相丘吉尔便携高级军事代表团横跨大西洋前往美国会晤罗斯福总统及其政府工作人员。在阿卡迪亚会议上，美英双方领导人员达成协议，协议要点是将击垮纳粹德国作为其首要战略目标。为保证战略目标的顺利实现，维护自身利益，英国政府需随时听候美国政府的吩咐。美国政府试图通过在亚太战区下达新的命令来解除日本参战所带来的危机。华盛顿当局急切希望，最好能有一名英国军官担任最高指挥官，以调动东南亚全部盟军军事力量。无奈之下，丘吉尔及其参谋组人员勉强同意让一位英国将领掌管美、英、荷、澳司令部，其管辖地区从缅甸一直延伸到菲律宾，其中包括马来西亚和荷兰东印度群岛。韦维尔将军被任命为美、英、荷、澳司令部最高指挥官。

　　12月29日，丘吉尔给在德里的韦维尔将军发电报："除你之外，别无他人能有经验一次处理如此多的战场事务，指挥这么多的战斗。你要明白，大英帝国永远是你坚强的后盾。情况险恶，凶险未卜，希望你能好好表现。"[①]当韦维尔将军接到任命书时，一位同行军官在日记中这样写道："在上级下达的多次命令中，这次的任命对他来说是最棘手的一个，既没有给予他黄金手杖样的权力，却又要他创造奇迹。"韦维尔将军如此自我评论道："我已听说要抱一个宝

[①] M.科利斯：《缅甸的最初和最末》，伦敦，1956，第60页。

宝,但这是双胞胎啊。"①他建议将缅甸排除在美、英、荷、澳司令部管辖的地域范围。总督多尔曼·史密斯也提出同样的建议,在史密斯看来,印度治理下的缅甸地区呈现出了一种积极向上,充满活力的态势。②然而,美国政府却坚持要求美、英、荷、澳司令部管辖范围要包括缅甸地区,因为仰光和滇缅公路会直接关系到中国的利益得失。

为了与东南亚地区的美、英、荷、澳司令部部署安排保持一致,蒋委员长与宋美龄领导下的中国开辟了一个新战场。华盛顿为了表示其对中国战区的支持,特委派一名美军高级将领担任蒋介石的参谋长,因为华盛顿害怕中国战区的沦陷会让日军有机可乘,从而将大部队安扎在中国大陆。然而,此时的罗斯福政府却迟迟未派遣陆军前往中国西南战区支援。即使能支援的话,值此战争的可怕阶段,罗斯福政府所能派遣的军队是少之又少。

此时缅甸军的指挥司令总部设在爪哇,而不是新加坡或德里。韦维尔将军于1月5日乘坐飞机前往爪哇,而美、英、荷、澳司令部命令却于1月15日才开始执行。与此同时,在德里,要安排一位临时的最高司令官代为处理一切国家事务,时间要一直到1月16日艾伦哈特利将军被任命为印度军新司令为止。③该地区盟军高级指挥官似乎一直处在人员调动之中。如果韦维尔将军在德里,那他距仰光西北部2000英里,如果他在伦邦,则距爪哇东南部也是2000英里。由于缅甸、爪哇两国的信息传递会途经德里,而这样一来就会导致信息的延传,故一直以来两国交流甚少。英军参谋长曾电报提醒韦维尔将军要注意:

  值此关键时刻,我们重中之重的任务是尽可能地给予蒋介石政

---

① R. 列文:《陆军元帅韦维尔》,伦敦,1980,第161页;A. 德雷珀:《拂晓雷鸣》,伦敦,1987,第29页。

② I. L. 格兰特,灵山三郎:《缅甸1942年:日本入侵》,奇切斯特,1999,第42页。

③ G. N. 莫尔斯沃思:《天堂的宵禁》,孟买,1965,第209—211页。

府以支持和鼓励。我们要时刻与蒋介石政府保持一致以确保滇缅公路处于通行状态以及中国的战需物资供给来源不断。中国人的持续顽强抵抗是必不可少的,因为这会给我们带来好处,而美国人恰恰会对此结果做出强烈的反应。①

对于伦敦和开罗来讲,同意派遣一些陆军师从尼罗河三角洲起航出发前往参加对日作战,这有点勉强。而且,要实现这一目标,即参与到对日战争中去,也得花费一些时日。

在仰光,赫顿将军忙于执行其作为缅甸军新司令的职责。1月10日,他写道,从美国运往中国的10万吨《租借法案》提供的物资堵在了仰光码头。在腊戍(缅甸北部城市),垃圾堆满了整个城市。以下是赫顿将军的一些汇报:

假设没有任何货运船只再抵达仰光码头的话,清理运输物资存货也需花上几个月的时间。这些租借物资中有很大一部分是设备装置,像一些信号设备,如自动化设备、炸药、运输汽车等,缅甸此时急需这些设备作防御用。然而在目前的政策下,除非得到中国中央政府的同意,否则缅甸军是不可能碰这些物资的,当然,获得中国中央政府的同意是非常困难的。

对缅甸军队指挥官和参谋长来说,成堆的有价值的同盟军军事设备从他们眼皮子底下运过,而自己却什么也不能做,这无疑是件令人沮丧的事。

1月10日,总督多尔曼·史密斯连线伦敦总部报告说,自圣诞重大空袭后,仰光再次恢复平静。仰光的一家当地报纸如此报道:"这个城市的生活已恢复正常,白天抢劫再次猖獗起来。"在1月的时候,日军放缓了其对仰光空袭的步伐。此时最值得关注的是发生在耶洛奈夫机场的夜晚肇事逃逸袭击事件以及发生在缅甸南部的日军战斗机扫射事件。大英帝国的车队继续在无干扰情况

---

① B.普拉萨德:《撤出缅甸,1941—1942》,加尔各答,1959,第456页。

下从仰光港口起航出发。本月伊始,空军副元帅D.F.史蒂文森成为了驻缅甸地区的英国皇家空军司令。从埃及来的第113营队的布伦海姆Ⅳ轰炸机第16中队也登陆同古。[1]此时日军也期待着1月的下半月对空中部队进行增援,将第5空军师扩展到一个规模为150架飞机的永久性战斗力量。

驻仰光的英国高级官员希望发生在马来亚的战役能延缓,日军对缅甸的全面进攻进程或同盟军在马来亚的强烈抵抗至少能缩小日军对缅甸的进攻规模。然而,发生在马来亚北部及中部的战斗却导致了日军的快速胜利。由于英军在马来亚抵抗日军失败,这就表明日本在对缅甸战役即将发生。自1月中旬起,仰光当地的印度人开始成群结队地沿着朝卑谬(缅甸西南部城市)的公路逃亡,希望能在印度寻得避难所。这一次,他们再也不会因为任何人的劝说返回这个充满威胁的殖民地大都市。

由于缅甸军急需再派一个师指挥部前来支援,故印度军第17师指挥部被派往仰光。在这之前,已有两个师旅被分别派往马来亚和新加坡。在1月中旬,印度军第17师指挥部与位于缅甸东南部的特纳瑟利姆师部合并,合并师部的总指挥官是少将J.G.斯迈斯。

斯迈斯,生于1893年,于第一次世界大战前,即在完成他在雷普顿及桑赫斯特的学业后,参加印度陆军以及第15锡克人旅部。他于1915年在法国费斯蒂贝尔被授予维多利亚十字勋章。5月18日下午,他率领一个小分队,越过敌人火力横扫的数百码战区,将供应炸弹带到一个占领区的战壕,该战壕一直受到德军持续不断的炮火反攻击。斯迈斯同10名锡克教徒拖着两箱炸弹,沿着小溪匍匐前进,冒着炮火冲出横尸遍野的战地。由于弹片连发和小型武器的炮火攻击,小分队的成员伤的伤,死的死。直到夜幕降临,中尉斯迈斯、兰斯奈克·曼加勒·辛格和一个印度兵才抵达战俘营。斯迈斯后来说道:"我的确很幸

---

[1] C.肖尔斯,B.卡尔,井泽守:《血腥的战场》(卷一),伦敦,1992,第254页。

运。在行进过程中,有几发子弹打穿我的军装,一发子弹打穿我的军帽,并且至少有四发子弹从我的手杖边擦过。"①

斯迈斯于1916年回到印度,但他的冒险之旅还远没有结束。1919年英阿战争爆发及随后的期间内,西北边境新兴部落不断出现,斯迈斯又一次为国家冲锋陷阵。当车队在北部瓦济里斯坦托奇山谷遭到麦苏德部落伏击时,斯迈斯正任第43旅的少校。一场恶战之后,派出去的一支救援队成功地解救出了困境中的车队。印度医疗服务的队长亨利·安德鲁斯因其救助伤员有功,被追授维多利亚十字勋章。而斯迈斯同另一位军官因其解救车队的行为也被授予十字军勋章。斯迈斯后来在回忆录中写道:"我后来听说准将格温·托马斯原本建议我在维多利亚十字勋章上系上金属勋带。"②金属勋带或银质棒状扣,一般被系在一条奖牌线上以表示第二次获得了同一个奖项。

斯迈斯于1923年到坎伯利参谋学院学习,并在1931年—1934年,担任该校的印度军教练代表。在20世纪30年代中期,他服役于西北边境。当1939年9月对德战争爆发时,斯迈斯正在英国休假。在约翰·迪尔将军的周旋安排下,他成为了驻法国北部英国远征军队伍的一员。1940年斯迈斯担任敦刻尔克旅长一职。在那场战役中,作为一名印度陆军主要官员,他接受了这样的高级任命。斯迈斯为自己在两次主要战役中有过与法国与德军交战的经历而感到自豪。③

斯迈斯于1941年中回到印度,担任驻扎在奎达附近的旅部司令员一职。鉴于他参战的经验丰富,他很快被擢升为印度军第19师指挥部司令,该指挥部成立于塞康德拉巴德。1941年12月4日,他接受了担任印度军第17师指挥部

---

① J.史密斯:《里程碑》,伦敦,1979,第50页;G.科里根:《战壕里的印度兵》,斯代赫斯特,肯特,1999,第211页。

② J.史密斯:《里程碑》,伦敦,1979,第65页。

③ J.史密斯:《里程碑》,伦敦,1979,第149页。

司令一职的命令。第17师前指挥官,H.V.刘易斯少将,因在一次事故中膝盖受伤严重,不再适合服现役。①

斯迈斯是一个雄心勃勃,极爱表现的人。伦特队长曾在日记中这样描述斯迈斯:"这个男人,活泼开朗,得意扬扬,热情友好,短小精悍。在他身上有一股魔力,这股魔力吸引着像我这样的年轻军官为其服务,受其支配。"②在大家看来,斯迈斯性格活泼开朗,而他的同僚却看到了斯迈斯不同的一面。伦特晚年在回忆录中这样说道:"斯迈斯这个人,狂妄自信,甚至有点自负。"③斯迈斯的自信在以下事件中得以体现。斯迈斯回到印度后,他的身体状况变得非常糟糕。他患有痛苦的肛裂且感染上了疟疾。在奎达就被检查出患有内部脓肿,他被强制入院接受脓肿切除手术。更糟糕的是,斯迈斯住院时,当地发生了地震,所有建筑里的人员都被疏散,在疏散过程中,他的伤口裂开了。在伤口尚未复原的情况下,斯迈斯就离开了医院,这导致其坐立或行走时都疼痛难忍。④斯迈斯接受了新的任命职位,即担任师部司令员,因为他认为大致要花上6个月的时间才能让其编队做好远赴海外的准备。届时,他可能已恢复了健康。

斯迈斯将军抵达缅甸时,缅甸的军事局势处在一种动荡不安的状态。1942年1月伊始,斯科特的缅甸军第1师在掸邦进行军事部署,汇编成了缅甸军第1旅和印度军第13旅。缅甸军第2旅驻扎在特纳瑟利姆,主要分布于毛淡棉(缅甸孟邦首府)。1月14日,印度军第16旅队按照赫顿将军的指示,从军用物资储备地前往特纳瑟利姆。印度军第17师指挥部主要负责掌管驻扎在特纳瑟利姆的两个旅部。

斯迈斯的首要行动之一是派遣第16旅前往高格力县,前往毛淡棉的东部,守卫

---

① K.P.麦肯齐:《仰光监狱的管理》,伦敦,1954,第16页。

② J.伦特:《撤出缅甸,1941—1942》,伦敦,1986,第87页。

③ J.伦特:《撤出缅甸,1941—1942》,伦敦,1986,第97页。

④ J.史密斯:《唯一的敌人》,伦敦,1959,第169—170页。

泰国边境。自12月以来,阿伯内西中校的缅甸军第4步枪队一直在边境山脉把守,但该步枪队的大部分士兵都感染了疟疾。第16旅向该步枪队下达命令,作为交换,他们会将某边防航空兵团的三分之一兵力留在毛淡棉。从毛淡棉沿公路向东出发,到达泰缅边境,途经茂密的丛林,跨越了流向高格力县的60米长的河流。在距毛淡棉西南部100里处,有着第二条横跨边境山脉的线路——崇圣寺三塔山口。

1月16日,印度军第46旅在仰光登陆,前去与斯迈斯师部会合。该旅是第17师最后一支原装备旅,也是急需军事扩充。第46旅所有营部皆为战争需要而设立。例如,于1940年10月在卡拉奇设立的廓尔喀人第7团第3分队,拟定从第1营和第2营各征募200名士兵,另征400名新兵。[1]该部队统一穿着专为中东兵役设计的卡其布短裤和衬衫,已经经海路出发。许多印度士兵头顶美式钢盔,该头盔的特点是四周都缠有一根布条。该旅司令官,R.G.艾肯旅长,是边防步枪队的一名军官。像其他印度士兵一样,在1917年—1918年两年时间里,他是一名中东战争的退伍军人。在两次世界大战期间,他是边境探险队的成员。

由于印度已派遣所有的野战炮兵团去支援马来亚,所以缅甸军可用的炮兵团是少之又少。在战役的这个阶段,缅甸军只有第27军团可供调遣。缅甸军第1师有两个山炮连以及团总部。其中,团总部的另外两个炮兵连被派给了印度军第17师。对这两个步兵团来说,炮兵的力量未免太薄弱了些。

一个山炮台辖有4个3.7英寸的榴弹炮,它们从弹道射出后,最远射程可达6 000码。炮台可以拆散后由8头骡子驮运;炮管用2头骡子驮运,安装后必须将其拧紧后方可开火。当用火车或卡车装运山炮连同其他炮台装置时,骡子也得被一同装载。[2]

印度军第17师在特纳瑟利姆构筑阵地时,日军也在泰国集结军事力量,准

---

[1] J. N. 麦凯:《爱丁堡公爵的廓尔喀族第7步枪队的传记》,伦敦,1962,第168页。

[2] P. 卡迈克尔:《山炮连》,伯恩茅斯,1983,第3页。

备入侵缅甸。日军在马来亚的战役进展顺利,似乎并不需要进一步的增援。日本第15军的作战计划是以拉亨为突破口,入侵缅甸东南部,并以仰光为主要入侵目标。从拉亨到仰光的最短路线会穿过毛淡棉。拉亨距湄索附近的泰缅边境前线有40多英里。日本工程师开始着手修筑拉亨向西的铁路。日军未打算从泰国北部进入掸邦。

因在拉亨新成立了总部,饭田将军的参谋部计划率领第55师越过边境进入多纳山脉,向毛淡棉行进。第33师尾随其后,渡过怒江抵达毛淡棉以北地区。而后两师在仰光会合。除去其自身两个步兵师的兵力,第15军最后可能需要增援,尤其是中国军队已经介入日军的缅甸入侵,不过这将取决于东南亚其他地区的战争进程。1月22日位于东京的日军司令总部下令入侵缅甸南部。

竹内将军率领的第55师已从印度支那进入泰国并乘火车抵达曼谷。该师部队向北行进抵达拉亨,随后行军到泰国边境的湄索。第55师由两个步兵团组成,其第143团中的一个营已占领维多利亚角。该师主要负责基础运输任务,骡子、牛、马和大象为主要运输工具。重型火炮只好留在泰国。该师的两个山炮兵营各仅有6门大炮。

尾随第55师向前行进的是樱井将军率领的第33师,在过去一年中驻守在中国中部地区。该师从中国乘船抵达曼谷。因舱位不够,该师步兵团总部,1个步兵团和2个山炮营只好留在中国,这些军队会在后来的战役中重新加入他们原来的编队。第33师仅留下一支辖有9个营的山地炮兵团、1个工兵连和2个马队连作为它的运输兵力。其他工兵连队和运输连队受第15军团直属管辖。饭田将军部队计划只带上最基本的后勤补给出发。缅甸南部的水稻作物在12月收割,村里农民的粮仓在新年初就堆满了。对日军来讲,这是极大的裨益,因为日本士兵们习惯吃米饭,米饭是他们的主要食物。

因赫顿部队的顽强抵抗,日本对缅甸战争受到了拖延,战争即将进入一个新的更加危险的阶段。然而,日本新的攻势,第一步将直指土瓦,该地距毛淡棉南部甚远。土瓦是特纳瑟利姆海岸的一个大镇,有3万人口。大木少校的第112营第3分队的1500名士兵,与第55师分开行进,于1月3日离开曼谷,艰难地向丛林覆盖的特纳瑟利姆山脉前进。大木的士兵负载沉重,而且只能以马、牛和几头大象作为运输工具。在地形异常复杂之地,军队每天只能推进2英里,直到1月14日方才抵达特纳瑟利姆山的山顶。第二天,军队开始穿越草原前往马伊塔村,在那里有一条供机动车行驶的公路,离土瓦的车程34英里。

土瓦的驻军在马伊塔有一个哨所。缅甸第6步枪队有三个连,这个步枪队也是刚刚组建,现在就部署在村后方的山脊上。1月17日子夜、18日凌晨时分,日军袭击马伊塔,缅甸的步枪队很快战败,向北逃进了丛林。19日上午9时,日军抵达土瓦附近的机场。镇上发生了混战,但午后就撤军了。科顿中校携剩余的部队向北前往支援毛淡棉。英国皇家空军的迅速溃败撤离极大地挫伤了镇上守军的士气。

因防守很快崩溃,撤离方案都没有来得及执行,日本士兵缴获了大量的优质燃料。[1]在这一战中,日军死亡23人,受伤40人。被打散的缅甸第6步枪队在战争中将不会有什么作为了。第112营第3分队从土瓦出发,向北开始了往毛淡棉的长途跋涉。通往土瓦南部的丹老被切断,驻守在该地的一小队守军——缅甸第2步枪队——拆除了当地的锡矿和钨矿,随后从水路撤离。

昂山同他的一些同志与日本军一起来到土瓦,着手招募缅甸独立军。当这个消息传遍整个仰光后,当局严禁德钦党,逮捕了更多的激进主义分子。驻守在丹老的代理旅长F.H.亚诺尔德奉命撤退到仰光,他向总督多尔曼·史密斯报告:"我们将永远无法在丹老重新抬起头来。"[2]

日军主力先头部队于1月20日从拉亨出发。印度军第16旅部署在前线

---

[1] A.德雷珀:《拂晓雷鸣》,伦敦,1987,第38页。

[2] M.科利斯:《缅甸的最初和最末》,伦敦,1956,第65页。

的缅甸一侧的群山中。该旅由准将J.K.琼斯指挥,由贾特人第9部第1队、廓尔喀人第7部第1队,以及缅甸的第4步枪队组成。琼斯,55岁,身体健康,是廓尔喀第1步枪团的一名军官。第一次世界大战期间,服役于沃里克郡团。1921年,贾特人部队因表现出色,被冠以"皇室"称谓,这支军队杰出的战争表现有,19世纪发生的第一次和第二次英国—阿富汗战争,第一次世界大战期间法国与美索不达米亚的战争。

第16旅的总部设在离高格力县不远的一条轨道旁,高格力县是位于多纳山脉西麓的一个小镇。军队分批从毛淡棉前往高格力县,一部分坐轮渡,一部分走陆路,日本侦察机对路线进行了仔细勘察。高格力县地区向东是树木浓密、丛林覆盖的山地农村,大量蜿蜒盘旋的道路穿插其中。关口在苏克里村,离高格力县有20英里。苏克里村向东,道路随地势的急剧下降而变得很平缓,一直延伸到边境附近的平原村落里。泰国边境与马亚瓦力村相邻,距高格力县38英里。从多纳山脉的顶峰,可以通过望远镜看到位于麦塞特的泰国机场,晴朗的日子里更加清晰可见。日军抵达泰国边境并进行集结的谣言已经传到了准将琼斯的耳朵里。该旅的情报官是中尉雷蒙德·霍尔,之前是当地斯蒂尔兄弟贸易公司的一名代表。夜晚,多纳群山中的丛林中传来远处老虎的吼叫。

琼斯所率领的旅采取了动物、汽车相结合的运输方式。例如,廓尔喀人第7部第1队有52头骡子、6匹马、10辆货车、1辆水罐车和4辆摩托车。车辆均涂上沙漠的颜色,配备太阳罗盘,这些罗盘本来用于在中东没有参照物的蛮荒之地作导航使用的。[1]要一次性运输所有的部队人员和牲畜,卡车数量不够,但一个营至少可以运完自己的储备物以及重型装备。

通信也给英国在缅甸的编队造成了不少困难。中东开阔地带信号良好的无线电,在缅甸却几乎没有什么用,因为这里的树木浓密,潮湿气候只适合真

---

[1] J.N.麦凯:《爱丁堡公爵的廓尔喀族第7步枪队的传记》,伦敦,1962,第161页。

菌生长,而且充电电池短缺。旅总部只有铺设电话线,以便与各营部建立更可靠的联络。从边境到毛淡棉地区的民用电话线路是特纳瑟利姆地区内另一种较有效的沟通方式。

第16旅中的廓尔喀人第7部第1队部署在靠近边境多纳山脉的东边。缅甸第4步枪队占领了廓尔喀北部的铁路区;贾特人第9部第1队驻守在高格力县。高格力县向南40英里,伯克少校的廓尔喀旅第2连驻守阵地,监视着三塔山口的马路。

该旅的前线由埃里克·赫达维上尉的廓尔喀人第4连所控制。赫达维的廓尔喀人盘踞在乡村地区,它临近前线的马亚蒂村;贾特人的一个连队占据了通向马亚蒂南部的刻文格尔大道。工兵们正忙着准备拆毁横跨多纳山脉的主轨道。对高格力县西部地区卡奥恩多的空袭,炸毁了黄赛老河的主要码头,一艘蒸汽船被击沉。

日本第55师的计划是第112营第2分队直接跨越马亚蒂边境,而第112营第1分队越过边境几英里至北部,控制主干路的南面。第55师的侦察团越过马亚蒂南部边境,沿着从帕卢通往刻文格尔通的轨道前进。第143团留下做师部的预备队,在必要的时候时刻准备支援。

大批日本军在20日凌晨5点越过了边境线。赫达维上尉用民用电话向总部报告,说他的廓尔喀连正遭受攻击,9点30分电话中断。最后一通电话传递的消息是该连已经被包围,且弹药紧缺。营队指挥官,陆军上校怀特,和中尉霍尔乘护航舰前往查看,不料中途遇上埋伏,霍尔中尉在伏击中遇害。尽管东面赫达维阵地上的炮火声渐渐变小,但大多数第4连队的士兵都还在设法突围,誓死不当俘虏。[1] 黄昏时分,怀特带领着剩余的廓尔喀军队撤退到了临近苏克里的群山中,这里白天遭到了轰炸。

---

[1] B. 普拉萨德:《撤出缅甸,1941—1942》,加尔各答,1959,第96页。

当天瓦地的南侧也遭遇了敌军的袭击,当时第二中尉艾伦鲍尔正率领贾特军队的两辆巡逻车沿通往帕卢的公路巡逻。当他们转过一个弯时,发现约100码远的地方有日本军队,由3名骑马的军官和4头满载货物的大象带领着前进。这支军队属于侦察团。印度军队于是对其进行了猛烈的开火,大象显然被突如其来的混乱吓到了,一边咆哮一边逃窜到了丛林中。夜幕降临后,日军很快就在刻文格尔对印军贾特人军队展开了猛烈的报复,没过多久,贾特军就全军覆没,在黑暗中慌忙逃窜。①

1月20日夜到21日凌晨,苏克里前线硝烟弥漫,伤亡惨重。琼斯旅长接到斯迈斯将军的特许:如果感到旅队遭遇敌军包围,可撤离前线。漆黑的夜色中,恐惧的苗头积聚升起。缅甸第4步枪营的陆军中校阿伯内西这样描述当时的情况:

  这个丛林对这些年轻的士兵及英国、印度两国的军官来说非比寻常,因为在月光照射下,通过观察树丛中的黑影,可以发现潜行的敌方。这附近没有敌人。

1月21日黎明,虽然高格力遭受到日军密集的空袭,第16旅在36界碑处的主阵地依旧安然无恙。军旅总指挥部白天接到消息,位于刻文格尔的贾特人连队已丢失了阵地,这对第16旅来说无疑是个噩耗。因为这样,这条路线就处在了无人保护的状态。如果日军沿从巴鲁到刻文格尔一线向前推进的话,那么就可以通过苏克里绕道到南面的主干道,直接袭击高格力。下午6时,旅长琼斯下达命令,全军于夜间开始撤离。

贾特人连队负责为旅部提供断后工作,奉命将所有多余的车辆及储备都烧毁。不久,军中的流言和奇怪声响让年轻的士兵们感到极度恐慌,有人说轮胎在燃烧的过程中会产生有毒的气体。还有廓尔喀人士兵被错当成了日军而

---

① T.卡鲁:《漫长的撤退之路》,伦敦,1969,第63页。

遭到射杀。凶猛的大象代替了骡子运输军旅的无线设备。廓尔喀人的骡子听到突如其来的炮火声,受到了惊吓,挣开缰绳,消失在丛林之中。

旅部的机动运输车队晚上10点离开高格力,沿着公路朝西南方向行军了约8英里,抵达河边。到那儿后,需要摆渡过河。第一辆卡车,使用了唯一一艘重型蒸汽轮渡,因装满弹药而超载,所以当船只远离河岸时,轮船就开始下沉。最后,部队只好将辎重都遗弃在河岸上。①

在夜间的几个小时里,廓尔喀士兵、缅甸步枪营和贾特人连队向卡奥恩多方向行军,或者说是被迫行进。卡奥恩多位于高格力的西部,通常有从毛淡棉驶来的河船抵达高格力。阿伯内西命令向北行进的缅甸第4步枪营士兵自行回到毛淡棉。据贾特士兵的战时日记记载:因为那晚局势十分紧张,所以那晚发生了什么谁也不清楚,只有一片恐慌,也搞不清哪支部队殿后。军旅总指挥部的惊慌引起了更大的骚乱。廓尔喀人第7团的相关历史记载道:

>在卡奥恩多,疑虑重重,挥之不去。因无法过河,士兵聚集在河岸旁,大批脱离队伍的人会集于此,脱缰的动物因过于恐慌,不敢接近人群,狂奔起来。最后一批车辆和相关的设备,因无法搬运,最后被堆放在一起,放火烧掉了。②

1月22日早上,卡奥恩多的秩序多少有点恢复了正常。最后的部队和脱队士兵从高格力出发,沿公路到达此地。在卡奥恩多,剩下的运输车辆全部被销毁了,琼斯旅长将伤者和病人送往当前仅有的两艘船上。

第16旅的官兵在卡奥恩多搭乘当地的船只,沿着光影河南岸朝毛淡棉行进。琼斯请求毛淡棉当地政府派船前来接应行军队伍,但直到24日凌晨,才

---

① T.卡鲁:《漫长的撤退之路》,伦敦,1969,第63页;A.德雷珀:《拂晓雷鸣》,第35页;J.N.麦凯:《爱丁堡公爵的廓尔喀族第7步枪队的传记》,伦敦,1962,第164页;S.伍德伯恩·卡比:《抗日战争》(卷二),伦敦,1958,第29页。

② J.N.麦凯:《爱丁堡公爵的廓尔喀族第7步枪队的传记》,伦敦,1962,第165页。

有派遣船只前来接应这些疲惫的士兵。船只穿过毛淡棉河湾,沿河驶向马达班。日军在这个脆弱的时期幸亏没有发动空袭。一天之后,阿伯内西的缅甸步枪营也乘坐汽船到达此地。赫达维的廓尔喀连队在经历数日的冒险行程后,也到达此地与其他两军会合。霍德威因率领将士们走出困境有功而被授予十字军勋章。①一个廓尔喀士兵徒步走了60英里后与大部队会合时,已是伤痕累累,肚子上有枪伤,脖子上受到了刀伤。在崇圣寺三塔山口的少校伯克的廓尔喀连队最后也与他的营部会合。无线电台一直与伯克连队保持联系,实时播报战况。

琼斯的军队抵达马达班时,已经既无机动车辆,也无牲畜运力了;队形也是毫无章法可言。在仰光的赫顿将军开始时不确定日军是否会对其发动大的袭击,因为他们参战经验较少,无法做出正确的估判。整个旅队中,只有一支连队与侵略者有过正面交锋,值得称赞。因地势险恶,丛林分布茂密,年轻的士兵在脱离大部队后,根本无法投入战斗。第16旅原本的部署方式是这样的,将部队分成几个小分队,逐一剿灭敌军。贾特人的指挥官被罢免官职,赫顿原本也打算罢免琼斯的旅长职位,但斯迈斯劝其再给琼斯一个赎罪的机会。

日军在多纳山脉伤亡不重,只有第112营第2分队在沿从马亚蒂的小道行进过程中有20人死亡,50人受伤。竹内将军本以为敌军的攻击会更猛烈。日军于1月23日抵达高格力,在接下来的一天内,5架英国皇家空军布伦海姆型轰炸机轰炸了该镇,但并没有炸毁第55师的总部,该总部已迅速占据了居民区。

身处爪哇的韦维尔将军对此次发生在高格力县的战役兴趣不大。他如此说道:

结局很明显,敌军定会取得战役的初步胜利,因为驻扎在当地的

---

① T.卡鲁:《漫长的撤退之路》,伦敦,1969,第71页;A.德雷珀:《拂晓雷鸣》,第36页;J.N.麦凯:《爱丁堡公爵的廓尔喀族第7步枪队的传记》,伦敦,1962,第166页。

军队训练不够,准备不足,缺乏战斗精神。对此次战役来讲,初战失败会导致敌军士气大涨,我军士气大跌。①

马来亚战役表明日军的战斗力十分顽强,倒并非是日军的军事策略高人一筹。

---

① B. 普拉萨德:《撤出缅甸,1941—1942》,加尔各答,1959,第105页。

第五章　毛淡棉之战

在日军跨过泰缅边境,越过多纳山脉之后,毛淡棉市城区就面临直接的威胁。韦维尔将军给赫顿发电文称:"真难以理解,军队任你调遣,你却为什么守不住毛淡棉市,我们一直认为你能守得住。"①仰光的情报人员估计,日军至少有一个师的兵力越过了边境线。印度德里参谋总部正计划在缅甸南部驻扎约四个师的英国兵力,但仍然还有许多的事要去处理。

1月21日,赫顿征得韦维尔的同意,请求重庆当局向缅甸北部再调遣一个师的中国军队。随着日军侵略愈演愈烈,英国军队需要一切可能的援助。②缅甸军队担心这个殖民地首都可能失守,便提前采取一些预防行动,将储备物资、汽油等从仰光运往曼德勒。这是赫顿下的命令,由他的指挥官少将E. N. 戈达德去执行的。

空战和地面战争都在继续,听说第267部队正从中东赶往缅甸,英国皇家空军的士气大振。第267部队由三支飓风战机中队组成,飞行员来自世界各地的盟军部队,包括大量的加拿大人和一些美国人。最近,从中东还派来了一些布伦海姆轰炸机,并且立即就参与了对曼谷码头的轰炸任务。在缅甸,只有一个雷达站,位于毛淡棉市。1月15日,为了安全起见,雷达站搬迁到仰光,因为

---

① R. 列文:《陆军元帅韦维尔》,伦敦,1980,第173页。

② B. 普拉萨德:《撤出缅甸,1941—1942》,加尔各答,1959,第253页。

毛淡棉市是日军经常袭击的目标。[1]

1月的前三周,东南亚的日本空军作战活动主要集中在马来亚,但从1月23日起,其对缅甸南部的空袭节奏明显加快。第二天,在仰光附近,盟军的战斧战机、水牛战机以及2架飓风战机拦截的日军三菱双引擎轰炸机达6架次之多。让盟军作战飞行员高兴的是,他们的轰炸机竟然甩掉了日军的中岛Ki-27战机护航机,盟军战机于是对没有护航的日军光杆子轰炸机猛烈攻击。根据美国飞虎队队员鲍勃·尼尔的描述:

> 我和特克斯希尔的战机猛地向小日本战机俯冲过去,就在同时,我们也看到英国皇家空军的2架圆桶状的水牛战机从前面攻击他们。一名英国皇家空军飞行员在小鬼子战机编队中间开了一炮,其余的战机就开始逃窜。我们就像在靶场打移动靶一样,将其瞄准击落。我冲散了编队中最后的那架战机,特克斯希尔也击落了一架,另一位皇家空军队员也将一架轰炸机打得冒了烟。编队中领头的那架战机突然爆炸了,于是我们将火力对准日军的最后两架轰炸机。很难说到底是谁击落了它们,因为我们有4架战机同时朝它们开火。[2]

日本记录显示6架轰炸机中有5架都已被击落,日军战机最终赶来支援时,被盟军的战斧战机击落了3架。这对盟军的空军来说,可是个巨大的胜利。然而,那天日军还组织了一轮空袭,却没有被盟军察觉,空袭对明格拉东的空军基地进行了狂轰滥炸。但大部分日军的空军还是被仰光的英美防御部队拖住了,到晚上,仰光常会遭到日军小规模的空袭,这种情况一直持续到这个月底。

几位美国飞行员从中国来到了明格拉东,加入了战斧战机中队,他们经验

---

[1] 普罗伯特:《被遗忘的空军:英国皇家空军在战争中,1941—1945》,伦敦,1995,第85页。

[2] C.肖尔斯,B.卡尔,井泽守:《血腥的战场》(卷一),伦敦,1992,第264页。

很少，其中就有C.R.邦德。1月29日，邦德在仰光上空同日军战机交火后降落在机场。之后他回忆道：

> 我在滑翔过一座围墙时，看到围场内有一群人，飞近看时，却发现是一架坠毁的I-96战机。很明显，日本飞行员是从空中被击落的，他当时打算坠向隐藏在围场中的一架皇家空军的老式布伦海姆轰炸机，与其同归于尽，这也是最后一次尝试。他没有砸中，只差几英尺。一个皇家空军飞行员一手拿起皮头盔，日本飞行员的头还卡在头盔里，脖子断了，部分挂在外面，血肉模糊，另一只手向空中做了个"V"形的手势，对我咧嘴大笑，表示胜利，我也向他做了个"V"形手势，就飞走了，然而，我却对他笑不出来。[1]

据官方记载，从1月23日到29日，日军在行动中总共损失了17架战机，同时，皇家空军10架战机，飞虎队2架战机被摧毁。[2]锡里安的石油设施并没有受到日军轰炸。最终，因为没有多大用处，安置在这儿的防空高射炮不得不被拆除了。

日军的地面部队一刻也没耽误，向毛淡棉市进军，这儿是第55师部途经仰光的下一个目标。第143营第1分队从卡奥恩多沿光影河北岸向西推进，第143团大部则从卡奥恩多沿河南岸行军。第112团（Ⅲ营）和第55侦察团扑向农村地带，到达高格力县的西南部。第112团继而转向西向毛淡棉市挺进。侦察部队向西南纵深推进，意图夺取木东镇，因为从这儿，日军就可以从南面进入毛淡棉市。

毛淡棉是一个风景如画、宁静而又地域开阔的城市，除了仰光和曼德勒，它是缅甸的第三大城市。自1826年以来，该市就一直在英国的控制下，殖民统治的秩序良好。毛淡棉市有许多克伦族人，他们是最忠诚的臣民。毛淡棉市

---

[1] C.R.邦德，T.安德森：《飞虎队的日记》，大学城，得克萨斯，1984，第88页。

[2] I.L.格兰特，灵山三郎：《缅甸1942：日本入侵》，奇切斯特，1999，第70页。

属内陆地区,离萨尔温江东岸的大海有28英里远,比光影河与阿塔兰河在萨尔温江的交汇口处地势低。城镇中主要街道纵横交错,平行于开阔的河岸铺开。在河口的西部,是小镇马达班。

毛淡棉市曾经是葡萄牙的贸易站点,从镇上的殖民建筑上还能看到葡萄牙人的影响。坐落在棕榈树林里的石头房子年代久远,有铁艺阳台,其窗户两侧撑有大柱子,其做成瓦楞样的铁皮屋顶,都让游人们想起马六甲海峡或者果阿邦。码头周围的人行道上矗立着一尊维多利亚女王的雕像,雕像上方有一座哥特样式的雨篷,这尊雕像是1897年为了纪念女王钻石禧年而雕刻的。在木材场,大象们正在忙着搬运木头。

靠近城镇的山上有许多白色的宝塔,还有釉陶做成的佛像,装饰着镀金的铃铛,在微风中叮当作响,不舍昼夜。吉卜林用他的诗歌让毛淡棉市的宝塔举世闻名。城市的东部有丛林、稻田和橡胶种植园。

1月17日,印度第17师总部在毛淡棉市建立。从仰光开来的第46旅加入了斯迈斯的师部,目前驻守在锡当河以东作为后备军。到本月底,该旅才会启程出发。精疲力竭的第16旅已经在马达班登陆,该旅在多纳之役后,需要时间来休整。萨尔温江在这儿的河口东侧暴露无屏障,其防御任务由缅甸第2旅单独承担。理想情况下,这座城市漫长的边界需要有一个师的兵力才能长期驻守。

毛淡棉市不断受到日军轰炸,威尔伯福斯少校提到其中一次空袭:

> 头顶上出现了敌军一个战斗机中队。他们一架接一架地对机场进行低空轰炸、扫射。机场只有2架旧式的水牛战机,飞行员本来应该隐蔽到安全地带,但是,这两位勇敢的战士竟然跑进战机机舱,发动飞机准备战斗。我们看到,他们坐在驾驶舱,没有戴头盔,驾驶战机的样子很像勇敢的骑士。但是他们还没有起飞到树梢的高度,就

被日军的炮火击中,双双坠毁。①

空袭以及日军将要入侵毛淡棉市的传言使得大部分市区的人都逃往周边的农村。

准将A. J. H.布瑞克是缅甸第2旅的指挥官,第一次世界大战期间,他在法国和美索不达米亚服役,隶属于英军康诺特骑兵团,受过伤。布瑞克随后调到印度军队在旁遮普的团部,并参加了前线的一系列战斗。

缅甸第2旅由缅甸第7、第8步枪队,缅甸第3步枪队(总兵力不到两个连)、边防军第12团第4分队以及第12山炮团等组成。缅甸第8步枪队完全由缅甸的锡克族人教徒和旁遮普的穆斯林构成,很多士兵以前就当过军警,因此被认为是最靠得住的缅甸步枪部队。但缅甸第3步枪队都是新兵,据说军心不是很稳定。②边防部队士兵素质优秀,主要由来自不同连队的锡克族人、多格拉族人、旁遮普人穆斯林以及帕坦人组成。该旅还配备4门印度第3轻型防空部队的博福斯式双管高射炮,还有第60野战连的一些工兵。缅甸边防部队就驻扎在毛淡棉市东南部的空军基地附近。

1月23日,斯迈斯将军要求赫顿将他的师回撤至碧琳河,萨尔温江以西地区,但赫顿拒绝了他的请求,并命令其下属部队坚决捍卫毛淡棉市。斯迈斯之前曾建议,只用一个营的兵力守卫毛淡棉市,他认为这里只不过是个前哨,他甚至称毛淡棉市的位置"糟糕得像头猪"。③1月24日,第17师总部从毛淡棉市搬迁至斋托,但布瑞克准将仍然留在毛淡棉市当地指挥。第16旅奉命在市北面的萨尔温江西岸巡逻。

1月24日夜间至25日凌晨,韦维尔将军从爪哇乘坐四引擎重型轰炸机,飞

---

① I. L.格兰特,灵山三郎:《缅甸1942:日本入侵》,奇切斯特,1999,第72页。
② J.伍德伯恩:《帝国的陨落》,伦敦,1981,第364页。
③ S.伍德伯恩·卡比:《抗日战争》(卷二),伦敦,1958,第30页;A.德雷珀:《拂晓雷鸣》,伦敦,1987,第36页;J.史密斯:《里程碑》,伦敦,1979,第173页。

行 10 小时抵达仰光,对其做短暂访问。韦维尔会见了赫顿,命令他务必守住毛淡棉市,不能失守,越久越好。两位将军一致同意,为了防备日军袭击,需要疏散民众。韦维尔预计,日军使用小股兵力向丹那沙林地区进发,他是对的,这使得毛淡棉市的防御面临威胁。

在斯迈斯的陪同下,赫顿 1 月 28 日去了毛淡棉市,检查防御准备工作的进展情况,希望能将此地防御建成"第二个托布鲁克"(利比亚港口城市,二战时位于轴心国进攻方向的后方)。[①]并下令,一旦日军发动大的偷袭行动,艾肯准将的第 46 旅将在毛淡棉市指挥作战;这样,布瑞克准将就能放手处理屯驻地的民事和管理问题。

缅甸第 2 旅 4 个营所负责的防御区域有 12 英里,屯驻地缺少地雷,电缆线和沙袋也几乎用完。空中的日军战机对缅甸步枪队部署情况不是很熟,所以对毛淡棉市的主要市区狂轰滥炸,将市区烧成废墟。到了晚上,大量的野狗在荒凉的街道上哀嚎。周围村庄的村民被日军的入侵吓得惊慌失措,整个村庄已没有秩序可言了。佩利上校是毛淡棉市行政长官,他承认,忠心耿耿的村庄酋长并没有获取什么有用的日军方面的情报。[②]

第 15 军总部里,饭田将军下令第 55 师于 1 月 26 日攻击毛淡棉市。第 33 部跟进,并准备渡过萨尔温江进一步抵达帕安北部。前进中的日本军队在毛淡棉市南部 15 英里处与印度的机动部队发生交火。缅甸边防部队第 12 团第 4 分队的一个连队奉命布置在木东。这个连 1 月 29 日晚到 30 日凌晨与毛淡棉市失去联系,但几天之后,其又成功地与总部联系上了。

毛淡棉市守军的防御区域两边都是水,缅甸守军第 2 旅阵地的北翼和后方就是萨尔温江,这儿的河口宽阔平坦,地面是厚厚的泥沙。防区里最醒目的要数那段树林覆盖的坡地,上面到处都是佛塔,在阳光下闪闪发亮。高高的坡地

[①] J. 伦特:《撤出缅甸,1941—1942》,伦敦,1986,第 108 页。

[②] J. 伦特:《撤出缅甸,1941—1942》,伦敦,1986,第 102 页。

南北走向,站在此地,毛淡棉市区一览无余,市区西面是河口。缅甸第7步枪队驻守防区北部,缅甸第8步枪队防卫南翼。中校F.D.泰勒的缅甸第3步枪队(不足两个连兵力)扼守东面阿塔兰河后面的一条狭长地带。旅部的后备军是中校W.D.爱德华率领的第12团第4分队边防部队(不足一个连的兵力)。约翰休姆上校第12山炮连待命随时支援步兵团。

毛淡棉市机场在主要防区的外围,由缅甸边防部队的一支分遣队把守。这支锡克族人的分遣队由一名总督任命的军官指挥,此人一战期间曾经在法国斯迈斯团中服役。[①]介绍了这一情况之后,两人真是既惊又喜。

准备1月30日突击毛淡棉市的日本部队由两个步兵团、一个侦察团组成,10门75毫米口径的山炮可供使用,支援步兵团进攻。这些枪炮比英国的武器要先进,但发射的炮弹却较轻,仅有14磅。日本指挥官对毛淡棉市驻军力量不是很清楚,但仍决定立即攻城。

1月30日凌晨,毛淡棉市的驻军高度警惕。由于山地崎岖不平,加之大量的稻田和丛林覆盖,对防区之外地形的侦察就显得非常困难。驻守防区南部的缅甸第8步枪队接到一份报告,说机场东面的村庄里有日军活动。第4连的锡克族人士兵便去侦察,上午7点30分,他们看到了载有日军的4辆卡车,卡车一看就是盟军制造,它们都是日军在高格力县缴获来的。朗斯奈克瓦拉辛格非常紧张,用手持的轻机枪就朝着卡车队开了火。领头的卡车司机中弹,卡车失控栽进了沟里,第二、第三辆卡车也被射中,停止前进;只有第四辆竟然成功掉头,仓皇撤退。临近中午的时候,日军就对缅甸第8步枪队发动了攻击。但英军由于有山炮队支援,日军的进攻被击退,炮火也就渐渐停息了。机场人员被疏散,缅甸边防部队也撤到了安全的地方。

上午10点左右,日军发动攻击,其第112团和第143团从东面向毛淡棉进

[①] C.麦肯齐:《东方史诗》,伦敦,1951,第422页。

军。日军很快就渡过了阿塔兰河,占领西河岸姆幺林和甘特的几个村庄。缅甸第3步枪队被打退,乱了阵脚。同时,第46旅艾肯旅长经过了6英里的跋涉,中午时分到达毛淡棉,指挥防卫战斗。"小日本的进攻已经开始了,"艾肯写道,"我必须得指挥军队反击,尽管这支军队我没有带过,这个地方我从未来过。"[1]虽然布鲁克旅长中途被撤职替换,但他还是同艾肯密切配合,坚持战斗。

艾肯准将下午1点的时候到访了缅甸第3步枪队的指挥部,他命令营部回撤到阿塔兰河原前线以西2 000码远的地带,重新设置阵地。作为后备军的边防部队第12团第4分队占领了防区内那段较长的南北走向的山脊岭。傍晚时分,猛烈的敌军迫击炮将缅甸第3步枪队彻底打垮。但前进的日军在山脊岭处被边防部队咬住,同时支援的还有第12山炮连的炮火。边防部队的中校爱德华回忆道:"激烈的战斗持续了一整天,夜幕降临的时候,我们仍占优势,但小日本兵力人数在不断增加,如果我们没有援兵,要想守住毛淡棉几乎是不可能的事。"[2]

下午,斯迈斯向仰光的赫顿汇报,毛淡棉市的情况已经非常危险,他建议要么增加援兵固守,要么,也是可取的做法,就是撤军渡过萨尔温江。赫顿同意了斯迈斯的方案,让其决定撤军疏散的时机。日军的先头部队又发动了一次攻击,英军撤退行动只得推迟,其面临的危险进一步加大。

下午6点30分左右,位于一间平房里缅甸第8步枪队指挥部遭到了炮击,彻底毁了。夜幕降临的时候,艾肯下令,部队撤退到山脊南端新的阵地。他还收到一则不祥的消息,有人看到毛淡棉市北部河面上的船上有日本军队。当天晚上,原来位于毛淡棉宝塔附近山脊岭上的旅总部也搬迁到萨尔温江公园的一栋平房里。

大约晚上10点,日军从北边木料场附近的河段登陆上岸,这是日军第143

---

[1] J.伦特:《撤出缅甸,1941—1942》,伦敦,1986,第112页。

[2] J.伦特:《撤出缅甸,1941—1942》,伦敦,1986,第113页。

团的一支后备连。在黑暗中,日军出其不意,迅速地将缅甸第7步枪队的一个连打散。印军山炮连的博福斯防空高射炮根本没起作用,因为日军和撤退的步兵混在一起,让炮手无所适从。几个炮手被日军用刺刀扎死之后,4台高射炮中有2台炮的射击垛被拆除。

对于艾肯和布鲁克来说,情况已经非常清楚,必须要赶在日军炮兵控制渡口之前,迅速将防军撤离。同斋托的师部指挥部的电话连线一直没有中断。大约午夜时分,艾肯汇报,他怀疑毛淡棉市能否坚守到第二天。斯迈斯授权艾肯撤军,他下令让他的舰队在马达班待命,立即接送士兵渡河。

黑暗中,防区东部响起了零星枪声,但在这个方向日军没有发动大的攻击。旅总部在凌晨时受到了日军炮火的袭击,只得又一次掉头向布道街码头附近的电话局开进。前线河边的炮火照亮了整个夜空,使得本已筋疲力尽的士兵更加恐慌。

伊洛瓦底江上,15艘桨轮船组成的船队已经在马达班集合待命,准备协助撤军。缅甸此时也在经历着敦刻尔克式的撤退,只不过规模要小。船队大约凌晨3点抵达毛淡棉市,旅指挥部命令部队撤回到码头周围的一小片地区。8点钟,撤退开始。天亮之后,日军再次向防区突击,防区范围已经收缩得很小。很快,缅甸第7步枪队在北部地区失守。在防区的南端,缅甸第8步枪队的连队指挥部向日军还击,将其赶出了萨尔温江公园。[①]

1月31日上午,尽管日军近在咫尺,缅甸第2旅还是在毛淡棉市的河滩成功登船。缅甸步枪队里的一些士兵提前逃到了码头,这引起了不小的骚乱。有的伤员坐着担架,也有的扎着绷带,一瘸一拐地走着;码头附近周围地区的街道上还有小规模的冲突,山炮连也还在时不时开火还击。等工兵都完全登

---

① S.伍德伯恩·卡比:《抗日战争》(卷二),伦敦,1958,第32页;W. E. H.康登:《边防部队军团》,奥尔德肖特,1962,第32页;B.普拉萨德:《撤出缅甸,1941—1942》,加尔各答,1959,第115页。

上了船后,整支军队的士气才稍有提振。

边防部队、山炮连和缅甸第8步枪队是最后离开毛淡棉市的部队。旅指挥官说:"我认为如果没有边防军第4锡克族人队的杰出表现,如果仅靠第12山炮连的殿后,我们无论如何都不可能撤出毛淡棉市。"①休谟少校的大炮在装船时遇到了困难,防空部队的炮手第2中尉麦哈·戴斯和一支小队成功地将一架博福斯式双管高射炮拖到了邮局码头,但他们却不能将大炮装船。麦哈·戴斯又回到岸上,寻找落下的士兵,却被日军俘虏。②

上午10点后不久,旅总部人员以及设备乘上最后一艘船离开了布道街码头,但一路上,这艘船都遭到日军的炮击,一直到马达班。船队穿过河口竟然花了40~50分钟,让人特别焦急,有几艘船差点儿出了事。只有一艘轮船因甲板被日军发射的炮弹击中而沉没,日军在英军撤退后就迅速占领了码头。旅总部的詹姆斯·伦特上尉表示:"日军炮手的技术真是差得离谱,我们船只撤退得这么慢,竟然几乎没有受到损失。"③

其实,在英军撤退过程中,日军的战机一直都在头顶盘旋,但他们轰炸的是马达班西部的河口地带,而非毛淡棉市。如果他们轰炸毛淡棉市码头,那对于英国军队来说将是场灾难。没有看到皇家空军的影子,船上的人看到天空中日军的战机都惊慌失措,这次的撤退真是很侥幸。

艾肯准将说:"毛淡棉的撤退即使对于训练最好、经验最丰富的部队来说都可能是个严峻挑战,何况我们还不是最好、最有经验的部队!我认为这次行动是次巨大的成功,士兵作战和后勤都做得很好。"④撤军不能再拖了——如果艾肯要等到天黑,那撤军肯定会失败。缅甸第2旅撤离其四分之三的兵力,但旅

① W.E.H.康登:《边防部队军团》,奥尔德肖特,1962,第397页。
② M.法恩戴尔:《皇家炮兵团的历史》(卷六),伦敦,2000,第83页。
③ J.伍德伯恩:《帝国的陨落》,伦敦,1981,第364页。
④ J.伦特:《撤出缅甸,1941—1942》,伦敦,1986,第116页。

部所有的运输工具和防空大炮都扔了,骡子也给解了缰绳,任其走散,不过还是有些武器设备被运到了安全的地方,尤其是山炮连的大炮和步兵的迫击炮。

毛淡棉市伤亡的英军达617人,但大多数人员是失踪,几天后又被找到。缅甸步枪连的一些士兵没有再回军营,而是回家了。[①]

毛淡棉战役中牺牲的其中一位军官就是 A. R. 贾丁,他是负责布雷拆雷的维多利亚女王马德拉斯野战连的连长。在撤军的最后阶段,工兵炸毁了电站和电话交换机。参谋长官命令贾丁的部队防卫码头的周边地带,因为这附近就有日本军队。码头上所有的掩体就只是一堵赶工做成的防壁。贾丁受伤牺牲后,印军警官马利伽隽南接着指挥。混乱之中,工兵在后面掉了队,只好藏在码头防波堤的下面。

缅甸第3步枪队的泰勒中校和他的两个军官也掉队了。[②]这三个人和藏在防波堤下面的工兵正好遇着了。天黑后,据泰勒的描述:

> 我听到旁边的院子有奇怪的声音,再一看,发现工兵不见了。我挣扎着站起来,透过院墙看到他们正在费力地用汽油桶扎成筏,那个印度警官正在低声地指导着。筏子扎好后,他们就把它放到了水里。但警官显然对这个筏子不满意,于是将筏子拉上岸,拆开将漏水的汽油桶换掉。之后再一次放到水里,这次他满意地笑了。然后他朝我走来,并敬礼:"筏准备好了!先生。"我们爬上筏子,但我们不敢用桨,警官和他的士兵们脱去衣服跳下水,将筏子轻轻地推着前进,一直到安全地带。[③]

第二天,工兵和泰勒队伍就重新加入缅甸军队,又开始作战了。

---

① J. 伦特:《撤出缅甸,1941—1942》,伦敦,1986,第116页。

② T. 卡鲁:《漫长的撤退》,伦敦,1969,第77页。

③ C. 车尼威克斯,特伦奇:《印度陆军与国王的敌人,1900—1947》,伦敦,1988,第199页;R. P. 帕克兰-沃尔什:《皇家军团工程师的历史》,查塔姆,1958,第161页。

日军在毛淡棉市伤亡并不重,第143团的一个营死了14个士兵,第55侦察团20人死亡,11人受伤。在两天的战斗中,日军整个伤亡没有超过200人。

毛淡棉市的失守使几乎整个丹那沙林都落到了日本军手中。丹那沙林自1826年以来就是英国的领土,而且这儿的殖民存在已经被缅甸人所接受。但由于地处开阔的萨尔温江东部地带,丹那沙林似乎不可能构筑防御工事,第一个主要河上屏障在缅甸的南部。如果英军部署的防军力量再强一点,在毛淡棉市的防御坚持得更久一点,那日军可能会绕过这儿,从更北的地方渡河,他们有足够的牲畜来运输物资,可以不依赖于公路运输。

毛淡棉市落入日本手中,仰光在未来就不太可能收到空袭的预警情报了。在一个橡胶园机场附近,日军发现了一个地方藏有5 000桶汽油。在战争之初,这些汽油帮了他们不少忙,正是这些汽油,机场才得以运行。

1942年1月末,毛淡棉市的撤军绝不是英军在东南亚的唯一一次撤军。在马来半岛,吃了败仗的英军正准备进行最后一战,以保卫新加坡岛。在该地区的很多地方,未来事态的发展在某种程度上将取决于驻守新加坡的英军部队能否抵挡得住日军山下将军第25军的进攻。在离新加坡不远的地方,日本部队已经开始登陆荷兰属的婆罗洲、西里伯斯和安汶。有人担心,日军可能正在计划一直向南推进,直达澳大利亚的北海岸。

第六章　萨尔温江保卫战

在毛淡棉的战斗让英国情报部门意识到,日军第55师团实际上已活跃在缅甸的东南部。对英军来说,这是朝着正确方向迈出的一步,因为迄今为止,很少有人知道日本在泰国的作战计划。甚至有传言称在泰国北部清迈和清莱的日军已到达仰光,但消息是否可靠?赫顿中将领导的英军只好试图去确认。考虑到日军可能会从泰国北部攻入缅甸,斯科特的缅甸第一师留在了掸邦以应急。而事实上,在泰国北部并没有日军部队。而且不为英军指挥官所了解的是,日本第15军司令官饭田已命他的两个师沿内杳西进,入侵缅甸南部。

　　在韦维尔总司令的许可下,赫顿于1月底安排第二个中国师进入掸邦,中国远征军第6军第3师被纳入中缅边境的部队。同时为了解决在英国领土上组建外国军队的行政指挥问题,赫顿组建了中国联络团。

　　英军通过仰光港口在殖民地上集合部队,其速度要远快于日本军队通过陆路从泰国到达缅甸的速度,这正是英国守卫缅甸的策略。能够有望极大增强仰光地面战斗力的就是英属印度军的第48旅,这是一个由三个普通廓尔喀营组成的部队。该旅隶属于英属印度军第19师,并于1月31日到达缅甸。当廓尔喀人被动员参加海外服役时,他们并不知道自己的目的地在哪,当他们在马德拉斯坐上牛马拉车时,才明白自己将去参加对日作战。

　　在过去的两年里,第48旅人数在一定程度上削减了很多,1940年—1941年期间,两个廓尔喀团常规营组成了新的第3和第4营。不过,第48旅这三个团营都很幸运,因为他们主动参加了在西北边境省的瓦济里斯坦地区的长期服役。瓦济里斯坦地区正经历持续的部落叛乱。[①]招募的新兵都被编入这三个旅团中,这里的军官数量众多且经验丰富,同时步兵和轻机枪部队均已安排就绪,为即将到来的1942年初的战争做好准备。

然而,廓尔喀的军事专家们不得不匆忙学习新装备的专业知识,其他编队也是如此。其中三分之一的廓尔喀士兵在去缅甸之前都没使用过反坦克步枪或2英寸口径的迫击炮。由于其携带方便,设计紧凑,而且支持近距离高角度火力支援,迫击炮对丛林作战而言就显得非常宝贵。3英寸迫击炮在对炮手培训过程中要比2英寸迫击炮要求稍高,即它新的无线装置必须由信号员掌握。同其他英军和印度军队一样,一个廓尔喀营由4个步兵连、1个指挥部以及1个运输梯队组成,而指挥部又由6个专家排构成,他们分别负责信号、防空机枪、迫击炮、履带式小型装甲车、冲锋队、军队管理等六个方面。除了步枪和刺刀外,每个营还配备6门3英寸口径迫击炮,4门2英寸口径迫击炮,5把反坦克步枪,36挺汤普森微型冲锋枪和30挺布伦轻机枪。[②]

由于是在缅甸作战,第48旅的运输一半由机械承担,一半由牲畜承担。每个营有4辆布朗式装甲运输车、8辆卡车和1辆可涉水坦克,而52头骡子则承担另一半的运输任务。

47岁的印度陆军准将休米琼斯是该旅的指挥官,他曾在第一次世界大战期间参加过在法国和中东地区的战争,停战后又主动参加了1919年爆发的第

[①] 军团委员会:《皇家廓尔喀族的第五步枪队(边防部队)的历史,1929—1947》(卷二),奥尔德肖特,1956,第150—152页。

[②] 军团委员会:《皇家廓尔喀族的第五步枪队(边防部队)的历史,1929—1947》(卷二),奥尔德肖特,1956,第157页;J. N. 麦凯:《威尔士亲王第四廓尔喀族步枪队的历史,1938—1948》(卷三),伦敦,1952,第71—73页;C. N. 巴克莱:《皇后亚历山德拉的第三廓尔喀族步枪队的历史,1927—1947》(卷二),伦敦,1953,第17—22页。

三次英阿战争。后来,他完成了参谋学院关于中级军官高级参谋的课程,最近,他常被人们在新闻中所提及的,则是他在1936年—1937年瓦济里斯坦部落所参加的战斗。

与此同时,西约克郡第1军团和第28山地军团的指挥总部也到达了仰光。这样,英军在缅甸战场上已经有两个山地军团和缅甸辅警的一个炮兵连,从而满足炮兵在该领域排兵布阵的需求。印度军最后一支训练有素的军队——西约克郡军团,被安排去守卫仰光的东海岸。

2月初,盟军在仰光的空军力量已有35架战斧战机和飓风战机。多架飓风战机在休战不到一个月就到达了缅甸。在仰光北部的城市东吁的军事基地,第113中队有12架布伦海姆Ⅳ型轰炸机,第67中队有4架水牛战机。[①]

战机除了执行空战和轰炸任务,还对盟军指挥官们来说至关重要,因为他们只有靠战机才能频繁地穿越战区——路程遥远,走公路和铁路都不切合实际。2月2日,赫顿将军乘坐一架飞机飞往曼德勒东北部的小镇腊戍,与蒋介石会面。

两架莱桑德战机载着赫顿和他的助理奈杰尔·罗杰斯中尉——其中一架是常用来联络的那种轻型飞机。他们在明加拉布顿机场登机,战机由陆军中尉E.W.泰德驾驶。然而,在夜幕降临的时候,这架莱桑德战机却出现了引擎故障,飞行员不知所措,此时飞机燃料即将耗尽,泰德不得不将飞机紧急迫降在腊戍西南的铁路沿线旁。在迫降中,飞机的一只机翼撞上了一棵树,泰德在碰撞中昏迷,战机失火。赫顿也遭遇了撞击但并没有受伤,他试图将飞行员拉出驾驶舱,但泰德卡在了座椅里,于是将军不得不用自己的大衣拼命地去扑火,直到当地村民赶到现场把泰德从飞机残骸里拖了出来。受重伤的飞行员立即被送去了医院,但几天后还是不治身亡。

---

① C.肖尔斯,B.卡尔,井泽守:《血腥的战场》(卷一),伦敦,1992,第256页。

在赫顿所乘坐的飞机迫降后,另一架战机的飞行员中尉A.S.曼恩,决定在那架坠毁的莱桑德战机附近尝试降落。曼恩建议钱塞勒中尉在飞机着陆前跳伞,钱塞勒在黑暗中跳出了飞机并且成功地落在一棵树上。曼恩的这架莱桑德战机也因为燃油耗尽,被迫降落在了第一架坠落飞机的附近。①

赫顿和中尉钱塞勒前往附近的铁路,继续朝腊戍进发。2月3日,缅甸军队指挥官与蒋介石进行了颇有意义的会谈,英军总督多尔曼·史密斯电话告知伦敦:"这次会谈取得了巨大成功。"于是大家一致认为,中国第5和第6军在不久后都要进入缅甸。第6军将接管守卫掸邦的任务,第5军将要在东吁集结。一旦中国军队到达他们新的位置,缅甸第1师将离开掸邦,向东吁南部移动,与缅甸东南部的英军直接会师。中国军队能否履行这一承诺则是另外一回事。不过,在经过先前几个月的外交交涉后,能与蒋介石进行精心准备的高规格会面,确实是件鼓舞人心的事。让他们宽慰的是,赫顿和钱塞勒平安无事地返回到了仰光。

几天之后,蒋委员长和蒋夫人以及一小部分随从抵达德里,对印度进行了为期一周的国事访问。访问期间,蒋委员长公开对印度民族主义领袖表示同情,这与英国官方做法并不相符。这意在提醒英国,中国除了与英国有共同的敌人之外,在民族主义利益方面与英国没有任何共同之处。②马达班位于毛淡棉萨尔温江河口的西侧,它的公路和铁路自北向西通往萨通,并最终可达到碧琳和锡当河。斯迈斯将军主张英军由毛淡棉撤至马达班,然而赫顿将军却明确表示即使毛淡棉现在已经被萨尔温江下河河口东侧的日军所包围,英军也必须守住萨尔温江防线。

印军第17师守卫自马达班延伸至帕本的萨尔温江河段,该段长度超过100

---

① I. L. 格兰特,灵山三郎:《缅甸1942:日本入侵》,奇切斯特,1999,第80—81页。

② M. 科利斯:《缅甸的最初和最末》,伦敦,1956,第84页;G. N. 莫尔斯沃思:《天堂国的宵禁》,孟买,1965,第212—214页。

英里。并且为了防止日军两栖登陆,由马达班到锡当河80英里的海岸线也必须有军队负责防守。该军队2月1日的作战指令声明:"该师将阻止敌人任何的进一步推进行动,所有试图越过萨尔温江进行水路作战或从马达班进行陆地作战的日军都将遭到迅速的反击。"该师在之后的作战指令中进一步明确:守卫萨尔温江的各个关键点,如马达班、帕安、帕本等,若有丢失,军队必须进行强烈反击,坚决守卫。①

在赫顿返回仰光之后不久,韦维尔将军又对缅甸进行了一次短暂访问。他于2月5日自爪哇起飞,经过长途飞行到达仰光。韦维尔的访问在某些方面与前次赫顿的访问相似,他们都威风凛凛地到达缅甸——"似奥林匹斯山神圣降临"。②作为韦维尔的前参谋长,赫顿对于这个上司的建议十分重视。印度军队新任总司令哈特利,从未去过仰光,正忙于学习去适应他的这个新角色身份。韦维尔已经飞往缅甸,希望与蒋介石在腊戌进行会面,但蒋委员长在此之前并未接到任何关于韦维尔要来的消息,因此这次会面未能成功。

韦维尔于是在2月6日和赫顿一起参观了第17师在斋托的总部。韦维尔试图给他的下属们打气:"我们必须阻止敌人继续推进。进攻是最好的防卫手段。我们最终必然能夺回已经失去的丹那沙林那部分土地。"③他发现在干燥的季节,锡当河西河滩地非常有利于装甲车前行。故韦维尔向他的上级建议,第7装甲旅应该直接通过水田滩地转移到缅甸,而不是降落在爪哇,目前该装甲旅正在从尼罗河三角洲到远东航线上。这种做法可以保证仰光和缅甸在未来季风季节的关键几个月里的安全,同时军队也能够正面进攻,对敌人造成惨重的打击。④在2月7日凌晨的那天晚上,韦维尔再次登上专机,返回了设在爪

---

① B. 普拉萨德:《撤出缅甸,1941—1942》,加尔各答,1959,第469、471页。

② R. 卡拉汉:《缅甸,1942—1945》,伦敦,1978,第34页。

③ B. 普拉萨德:《撤出缅甸,1941—1942》,加尔各答,1959,第122页。

④ J. M. A. 格怀尔,J. R. M. 巴特勒:《大战略》(卷三),伦敦,1964,第466页。

哇的美、英、荷、澳四国军舰总部,几天后,也就是10日晚上,在新加坡,韦维尔在海堤坚硬的地面上摔了一跤,后背上两根小骨骨折,这使得他卧床近一周。

无论韦维尔还是赫顿都不希望印度军第17师过早撤退到仰光。赫顿后来说得简洁明了:"很明显,如果他(斯迈斯)已经放弃了萨尔温江,也许是在碧琳河进行象征性的抵抗之后,他就会尽快跑回锡当河。"[①]仰光是缅甸军队的唯一增援港口,除了横跨印度缅甸边境山区荒野中的一些崎岖小路外,没有公路或铁路能够从印度的东北部到达缅甸。韦维尔和赫顿认为,想要保卫缅甸,唯一可行的策略,就是使日军远离仰光,继而保持港口对盟军运输自由通畅。当赫顿看到斯迈斯的军队已经严重超负荷,他意识到当前缅甸作战需要大量的援助。在2月11日缅甸国防委员会会议上,赫顿说:"当前形势下,除了中国军第6军,没有谁能够拯救当前的缅甸。"[②]

在萨尔温江战役的背后,印度军第17师为即将到来的战斗做着准备,斯迈斯也对他的部队做了精密部署,守卫旅团一个挨着一个。即使如此,萨尔温江前线依然危险重重。

2月8日,斯迈斯命令第46旅立即负责防守萨尔温江前线守卫任务。该旅曾在英皇直属约克郡第2轻步兵团培训过。这个旅部以前属于斯科特在掸邦的师部队。约克郡人的指挥官,陆军中校阿德里安·比彻,是缅甸众多高级军官中的一员,他在法国和佛兰德以中尉军衔开始了他的职业军人生涯。为了防卫萨尔温江至帕安北面沿线,英军将缅甸第2步枪队分批送往帕本,同时还分别从缅甸第4和第8步枪队中各抽一个连队运往帕本,分别驻扎在瑞遵和格马蒙。

印度军第16旅是第46旅的后备部队。第48旅已经从仰光出发,在碧琳集

[①] S.伍德伯恩·卡比:《抗日战争》(卷二),伦敦,1958,第37页;J.伦特:《撤出缅甸,1941—1942》,伦敦,1986,第98页。

[②] M.科利斯:《缅甸的最初和最末》,伦敦,1956,第88页。

结后进一步向后方进发。

在毛淡棉的战斗之后,缅甸第2旅被运往斋托进行重组,斋托是位于碧琳和锡当河之间的一个村庄。横跨锡当河长长的铁路桥是萨尔温江和仰光之间最重要的咽喉要道。由桥向西,铁路就筑在一条抬升的路堤上,两边是一片开阔的水稻田。队长伦特注意到:"在路堤上可以一眼看到大桥,向东的山上有座宝塔,500码外是一尊大佛像。从那里向东望,除了丛林似乎什么都没有。"①

2月初,在毛淡棉沦陷后的短暂间歇期间,少将汤普森作为缅甸军队的首席医疗官,前往总部拜访了斯迈斯。汤普森很快发现,斯迈斯身体健康欠佳,所以他坚持让医疗委员会对其健康做检查,以评估他的身体状况是否能够继续服役。检查发现,他的肛瘘已化脓腐烂,这对于斯迈斯来说无疑是痛苦的。在斯迈斯师部的首席医疗官麦肯齐上校的要求下,医疗委员会在2月11日召开碰头会。据斯迈斯说:"我已经提前找过(麦肯齐),恳求他能够让我继续上前线。"②医疗委员会建议,如果有可能的话,可以让斯迈斯休两个月病假。委员会认为斯迈斯健康状况不能掉以轻心,而在仰光的缅甸陆军总部也并没有对此事采取进一步行动。为了让斯迈斯能够继续服役,麦肯齐给斯迈斯注射了一个疗程的士嘀宁。

由于汤普森的干预,斯迈斯这次也采取了不同寻常的方式,这轮治疗一结束,他立即给赫顿写信请病假,在信中他写道:"伤口只是在十天前才停止流血,但还在流脓。昨天汤普森坚持让麦肯齐看我的病情,但我并不觉得这是件多么重要的事。他并没有发现我的器官有毛病,不需要几个月的休息来养病。我讨厌请病假,在我整个职业生涯中我还没有请过病假。我觉得我可以请一个月假就够了……可以到印度换个能够坐着干的工作,几个月我的病就能够好。我绝对又能够胜任战场上的指挥工作(如果军队还需要我的话)……

---

① J.伦特:《撤出缅甸,1941—1942》,伦敦,1986,第128页。

② J.史密斯:《里程碑》,伦敦,1979,第199页。

同时,只要你同意,我会非常愉快地继续服役。对于病假,我只能说抱歉……"

而赫顿与斯迈斯交谈的内容至今仍不清楚。

日军饭田将军的第15军在缅甸南部首先展开了行动,行动的时间和地点由日军指挥官确定。为了准备下一阶段的进攻,饭田将他的部队总部搬到了毛淡棉市,离前线不远。日军第55师团奉命渡过萨尔温江并占领马达班,接着,部队沿公路和铁路前往萨通,并继续向前抵达碧琳河。第33师奉命直扑萨尔温江东岸,占领帕安,然后渡河向西推进,到达第55军侧翼。日军第15军团的弹药补给依赖于横跨达瓦那山脉一直延伸到泰国的一条狭长的通道进行运输。

日本决定不采取沿海岸两栖作战的策略,因为英国海军对这一策略有所准备,危险太高。在这一阶段,日本军舰还得突入爪哇海以及新加坡周围海域,但东印度洋和通往缅甸的通道仍然在盟军手中。日军15军团的指挥官们对他们的士兵约束很严,因为他们希望赢得缅甸人民的支持,企图在缅甸独立军当中培植一支铁杆盟友。

马达班是萨尔温江毛淡棉段西岸的铁路和渡轮总站。廓尔喀人第7团第3分队和英皇直属约克郡第2轻步兵团的一个连组成,由廓尔喀人史蒂文森中尉指挥,主要职能是防卫。第46旅的总部设在萨通,从马达班到那儿有37英里,该旅是英皇直属约克郡轻步兵团的主力部队。萨尔温江是优良的天然屏障,但前提是江河沿线时时刻刻要保持安全。马达班在2月的第一周里便遭到了炮击,有迹象表明日军正准备渡江。

在2月8日晚到9日凌晨,第143团的一个支队从毛淡棉沿河上行,到达位于莫比的萨尔温江西岸,莫比位于马达班以北11英里处。这些部队一直向内陆推进,并且在马达班以后8英里的地方设置了路障。2月9日,英军发现日军切断了通往萨通的通道。并且连接萨通和马达班的电话线路也被日军切断,英军与马达班的廓尔喀人部队的无线电通讯也中断。史蒂文森派了支巡逻队沿线查看,但队长斯托顿以及他的手下都中了埋伏被杀害,只有一个人逃回部队汇报了这一消息。

陆军准将艾金下达命令,要求马达班驻军撤退,但联络官再一次中了日军埋伏被杀害,命令的情报丢失。2月9日晚上,英军在马达班附近观察到日军正从城镇西边沿海岸向内陆推进,这是日军第112团的一支登陆部队。这支部队正在夹击包围马达班。对此,史蒂文森决定撤回他先前所下的命令,并命令将他的军队沿着丛林一路撤退,并于2月11日到达萨通。在史蒂文森军队撤退后,廓尔喀人的后卫部队也只仅仅抵抗了两天。

帕安在马达班以北25英里处,是一个大的村落,位于萨尔温江东岸。而帕安对面,也就是河西岸,是一个叫作库兹克的小村落。这个村庄在1月31日已经被廓尔喀团的一小股军队占领。萨尔温江在此地的江面宽度为800码,有轮渡在两个村落间来回摆渡。

廓尔喀巡逻队渡河到达帕安。2月2日,巡逻队与进入该地区的日军发生冲突,接下来的几天里,双方再次交火。巡逻队还发现一支日军在河流西岸到廓尔喀南部之间活动,他们显然是在侦察地形准备进攻。廓尔喀巡逻队员同时也注意到了帕安上游有敌人活动。日军对库兹克进行了轰炸,但英国皇家空军的布伦海姆轰炸机沿河流低空飞行,对帕安进行了三次轰炸,给盘踞在丛林中的日军造成了大量伤亡。2月8日,第46旅中的俾路支人第10团第7分队对廓尔喀巡逻队进行支援,使其压力得到缓解。[①]

俾路支人第10团第7分队是新募集的战时营,由两个旁遮普穆斯林连组成,一个连主要是婆罗门多格拉人,另一个连则是帕坦人。帕坦人第一连队由上尉W.B.凯莱负责指挥,他以前是比哈尔邦的一个茶农。多格拉人第三连队则由一个婆罗门多格拉人指挥,此人名叫思蕊·堪斯·库尔勒上尉,是名陆军军

[①] J. N. 麦凯:《爱丁堡公爵的廓尔喀族第7步枪队的传记》,伦敦,1962年,第170页。

团士官长的儿子,刚刚提升。旁遮普穆斯林第2、第4连队分别由第二中尉约翰·兰德尔和大卫·贾维斯负责,他们两人从学校毕业才一年半时间,要想提升为第一上尉,他们仍需要足够的军中锻炼才行。①

俾路支人军队的主要防御阵地是库兹克以北河对面稻田处的一片浅滩,碟形稻田横跨约有600码,边缘处地形已经较高,旁边就是茂密的丛林。印军士兵没有带刺铁丝网,只得在阵地周围挖了条狭长的战壕来保护。阵地南面是条通往杜因色的公路,杜因色是个小村庄,位于通往萨通的公路以西10英里处。

中校杰里代尔受命严守渡口,防止船只过往,并巡逻河岸以北10英里和以南5英里的区域。第12山炮连的一部分兵力加入到俾路支营,这大大增强了其军事力量。其余山炮连则仍坚守在萨通。如果日军进攻激烈的话,中校H.鲍尔将指挥在杜因色的第17团第5分队的多格拉人部队增援库兹克的俾路支分队。然而,多格拉人部队则部署在栋达米河两岸,这样可以拖住日军在两个方向的快速行动。多格拉人部队接到命令:要每天在库兹克巡逻通往俾路支省的这段公路。

日军第33师奉命从帕安附近渡过萨尔温江,第215团往库兹克村附近的灌木丛和森林处集结,而第214团在附近待命。日军按照计划,赶着牛车,然后坐船向帕安北部转移,但是在2月10日夜到11日凌晨,俾路支巡逻队在库兹克以南4英里靠近勃加的地方与日军遭遇。日军第215营第2分队通过乘当地缅甸居民划的小船已经渡河,猛攻盟军巡逻队基地棉因,第2连队急忙赶往支援第1连队。然而,第1、2连队的两排很快被日军超越。很明显,日军大部已经渡过萨尔温江。苏比达·梅尔·汗也在棉因战斗中牺牲,他是俾路支人。日军选择渡河的位置恰好在英军山炮射程范围之外。②

---

① T.卡鲁:《漫长的撤退》,伦敦,1969,第87页。

② J.汤普森:《缅甸战争,1942—1945》,伦敦,2002,第11页。

在2月11日的一整天时间里，俾路支及周边地区遭受了日军战机的俯冲轰炸。部队不得不躲在战壕里。与此同时，杜因色也遭受了轰炸。巡逻队员向中校代尔报告说，日本正在由勃加向库兹克推进。代尔在晚上给杜因色的多格拉人传达讯息，他估计当天晚上英军会遭受日军猛攻。消息很快传到了萨通的旅团总部。但旅团总部下午已经收到一条奇怪消息，称日军渡江时被阻，此消息多半是由日军通信兵自己散布出来的。

第3连队驻扎于俾路支西北翼；第2连队在西侧，只有一个排和几挺中型机枪；第4连队驻扎在北翼，已经损失了一个排的兵力；河对面的第1连队也只有几挺中型机枪，兵力很少。营部和山炮连驻扎在第1连队后方，靠近河岸边的路旁。两个排在勃加遭袭，其他排的兵力在离驻地很远的周边巡逻。在如此关键的时刻，俾路支人对这么多步枪士兵的服务根本跟不上。

2月11日，夜幕降临之后，第215营第1分队在第2分队一天前渡河的地方也成功渡河。日军在库兹克崎岖不平的路上向北推进。他们的计划是在黑暗的掩护下打英军守军一个措手不及。第215营第2分队打算从西南攻击俾路支人军队，而第1分队则负责切断库兹克到杜因色的道路。从该道路能够对俾路支周边发动进攻，这是条十分引人注目的路线。

深夜两点左右，月亮已经升上了天空，日军第215营第2分队的士兵们用准备好了的剑、刺刀和手榴弹来对付西部和西南部的英守军喊话。一旦开始攻击，侧翼的机枪随即开火予以支援。日军往前推进，他们在步枪的刺刀上涂满泥，防止军刀在月光下发光。他们在刺刀训练上投入了大量时间，因为这是现代军队武士道传统的重要体现。①

俾路支人并没有感到吃惊，他们在战壕里或蜷伏或蹲伏着，等待日军的进攻。营地的迫击炮向天空发射降落伞照明弹，黑暗的夜空被机枪口射出的火

---

① 灵山三郎，J. 农尼利：《日军口中的缅甸战役，1942—1945》，伦敦，2001，第33页。

舌照亮。但是,用山炮支援这样平坦的区域却很困难。前哨很快被日军占领,驻地西南角落的第3连队受到日军首轮攻击的压力。第2和第4连队也很快受到了来自西北部日军的攻击。日军依靠快速进攻向前突进,一旦守卫军火力开始密集便立即卧倒躲避。当他们靠得足够近时,便向守卫军扔掷手榴弹,同时日军还从河对岸炮轰俾路支。

第2连队由陆军中尉约翰·兰德尔负责指挥,他回忆道:

> 那天晚上,我们被日军第215团袭击,并被牵制在了萨尔温江。指挥官派遣我的一个排以及另一连队的一个排前去巡逻。天知道,我摸到了一个排的所在地,然后又摸到了机枪连……日本鬼子在没有炮火掩护的情况下,竟然开始了夜间袭击。当他们靠近时,他们尖叫着"万岁",一排一排地就冲了进来。威克斯冲锋枪(中型机枪)就在我的前方朝着日本佬开火,日本鬼子死伤无数。但他们还是像波涛一样涌进了指挥总部。一个家伙朝我挥舞着刀,我杀了他。我就站在那儿开枪了,第一次打偏了;我的连长和一个日本鬼子扭打在一起,而我的勤务兵则被手榴弹炸死了。[1]

第2连队的奈克阿米尔汗要被追授一等印度勋章,因为他在日军进攻时一直用冲锋枪反击,并坚守到最后。[2]

日军穿过两支连队守卫区域的间隙,攻入到守军驻地。日军队长铃木宙冲在攻击队伍的前头,他的军队也到达了守卫军周边的帐篷:我们往前冲,刺伤了几个帐篷外的士兵。当我们进入一个看起来有点像作战总部的帐篷时,我看见一个受伤的军官和几个他的随从笔直地坐在那里。他示意我们向他开枪,让他平静地死去。他的态度称得上是位真正军人所有,值得尊敬。我从心

---

[1] J.汤普森:《缅甸的战争,1942—1945》,伦敦,2002,第12页。

[2] T.卡鲁:《漫长的撤退》,伦敦,1969,第90页。

底敬重他,希望自己能做到像他一样。①

该营的总部遭到日军的近距离射击;先锋排进行反击,使射击暂时停了下来。代尔中尉的手腕、脸和腹部都受了伤,军队信号官考伯劳·查尔斯中尉和一个印度兵带着受了重伤的代尔,逃亡到河边的灌木丛里。营部指挥部和第1连队的残余士兵则匆忙冲过稻田,与第3连队的剩余兵力会合,这部分士兵自战斗打响就一直坚持着战斗。英军幸存者高度称赞队长库尔勒,由于他鼓舞人心的领导,他将被授予优异服务勋章。

日军第215团总部在部队攻下库兹克之后往前搬迁,破晓时分,充当步兵团的机枪连避开英军驻地的西翼抵达战场北边的河岸。然后,日军连队接着沿河岸向南继续攻击,消灭了俾路支人剩余的兵力。当太阳升起的时候,日军的轻机枪向驻地中任何有移动迹象的事物扫射;战场上的枪炮声逐渐消失,一名日本军官走上前,呼吁守卫军的幸存者投降。早上8点,所有的抵抗都已经结束。而印度军士兵仍在尽可能地伺机逃亡。考伯劳中尉躲在了周围的丛林中,但却在两天后,被一名日军巡逻兵抓获。②

库尔勒队长和尉官阿南特拉姆被日军抓获,手脚都被捆起来,但是,他们设法挣脱束缚并成功逃走;陆军少校邓恩也被日军抓获,但也逃脱。人们认为受伤的俾路支士兵都已经被屠杀。但也有例外,那就是部队军需官队长布鲁斯·图希尔。还有他的同伴,包括苏比达少校,都成功逃走,并跑进了附近的丛林里。那些军官到达萨尔温江以西3公里的公路上时,他们很快就被日军包围了起来。据图希尔回忆道:

> 这场战斗仅仅持续了几分钟。如果这些日军是德国人的话,并且射击技术高超,那这场战斗可能持续不会超过几秒。第一颗子弹射在我的腿上,恰好是在脚踝的正上方,几分钟后,第二颗子弹从我

---

① J.拉蒂默:《缅甸:被遗忘的战争》,伦敦,2004,第54页。
② C.麦肯齐:《东方史诗》,伦敦,1951,第430页。

的肩膀处擦过;第三颗子弹向我的脸上飞来,害我掉了14颗牙并且擦破了我的下巴,然后从我的左脸颊擦了过去。当我与这飞快的子弹擦肩而过时,我真害怕自己小命就此不保。①

巴哈杜尔·拉姆·巴哈少校在试图扔手榴弹时,被日军刺死了。图希尔隐约看见一个日本人站在他藏身之处的上方,他以为自己必死无疑,但不知怎么地,他竟幸免于难,并得到了救治。囚徒们用电话线和竹子做成担架,抬着图希尔过了河,并抵达帕安,随后他被监禁在毛淡棉的监狱里。

代尔中校、6名武官、6名连队指挥官在库兹克被日军处死。同时,日军对外宣称还有12名连队指挥官失踪。战斗结束后,兰德尔中尉在两名士兵的陪同下,花了两天的时间才到达安全区域。兰德尔事后评论说:"我们就像羊羔一样被监禁在那里,面对凶神恶煞般的小鬼子,我们随时都可能死亡,不需要什么原因。"在库兹克和棉因,营部损失了289名士兵。这场月光下的战斗就是一场残酷的肉搏战。②

俾路支部队既无炮兵支援,又无铁丝网防护,被一个一流的有经验的对手打败了。日军第215营第1分队封锁了俾路支部队通往萨通的逃跑路线,还在沿途抓获了许多逃犯,俾路支第235部队军官以及士兵们被日军团团围住。③日军称缴获的粮草武器弹药等是丘吉尔先生送上的礼物。所有参与库兹克战斗的日军伤亡人数仅100人。

只有5名俾路支部队军官和3名连队指挥官从库兹克战斗中逃了出来,他们又重新加入到萨通旅团的残余部队中,其他逃回来的士兵和打散的巡逻队

---

① A.德雷珀:《拂晓雷鸣》,伦敦,1987,第66页。

② J.汤普森:《缅甸的战争,1942—1945》,伦敦,2002,第12页;拉菲丁·艾哈迈德:《俾路支团的历史,1939—1956》,阿克菲尔德,东苏塞克斯,2005,第60—61、251页。

③ 灵山三郎,J.农尼利:《日军口中的缅甸战役,1942—1945》,伦敦,2001,第247页;拉菲丁·艾哈迈德:《俾路支团的历史,1939—1956》,阿克菲尔德,东苏塞克斯,2005,第61页。

员凑在一起,使营队兵力人数达到250人,但是这比军队刚开始作战时人数的三分之一还要少。

旅团总部命令多格拉人部队夜间驰援库兹克,以缓解其压力,但仅在栋达米河东岸集合就花了很长时间。部队天亮后才从杜因色出发,到2月12日上午11点刚过,又停了下来。很显然,这个时候库兹克的俾路支人部队早已被日军消灭,从库兹克逃回的士兵向多格拉人部队报告了他们晚间遭遇的惨痛经历。

2月13日,日军空军和炮兵对杜因色及其渡口进行了狂轰滥炸,多格拉人的士气动摇了。次日,萨通的陆军准将艾廷向师部总部报告说,日军正打算穿过他第46旅的北侧,而此时,沿萨尔温江的前线已经完全溃败。

第七章　碧琳河之战

即将担任印度第17师团指挥工作的是一张新面孔,这个人就是有冲压机之称的陆军准将 D. T. 考恩,之前在德里担任军事训练部主任,目前已经抵达缅甸,并已经参加到师总部的工作中。自从陆军部队在高格力县遭遇不幸之后,考恩就从印度被派往缅甸,可能接替陆军准将琼斯的工作。琼斯后来成功留任,斯迈斯将军任命考恩作为其参谋长,这一职务由师部总部的陆军准将担任并不常见。考恩的"冲压机"绰号是部队特有的幽默结果,与在海边表演的潘趣和朱迪两演员所获赠的"傀儡"绰号相似。大家认为考恩比较靠得住,但他对师部总部的第一印象还是让他很是吃惊。他后来写道:斯迈斯非常紧张,而且不安,他的反应根本不像我所了解的斯迈斯。①

日本军队大部渡过萨尔温江流域,斯迈斯2月12日派考恩去见赫顿,争取让赫顿答应将部队集中到碧琳河。赫顿不赞成这个提议,2月13日他知会斯迈斯,说只要可行,他会负责沿萨通到杜因色一线区域的防卫任务。同一天,赫顿将军还向韦维尔将军要求,在缅甸建立军团级作战指挥部。赫顿将军责任重大,负责与美、英、荷、澳四国总部联络,还有在抗击日本侵略中承担紧急任务的印度部队、缅甸政府、缅甸战时办公室、中国远征军、英国皇家海军和英国皇家空军等事务他也管理。在缅甸,还需要一个助理中将,这样就能更加密切地与师部司令官斯迈斯和斯科特联络。

2月14日,日本军没有对杜因色发动袭击,但是傍晚时分,斯迈斯命令他的

---

① J. 拉蒂默:《缅甸:被遗忘的战争》,伦敦,2004,第54页。

军队撤离碧琳河一带,他担心日军会从部队北侧进军,赫顿在斯迈斯撤退行动完成之后才得知这一消息。赫顿知道后很生气,因为斯迈斯的行动没有事先告诉他。但是如果不撤兵,军队会遇到真正的危险,部队可能会被日军布置的口袋吞吃。赫顿事后也承认撤军很及时。斯迈斯的总部命令第46团在2月15日凌晨前撤离萨通,需要400辆汽车才能运送英国军队撤出城。[①]

英皇直属约克郡第二轻步兵团担任萨通的后备军,他们本来打算坐火车集合,但火车迟迟没有来,他们只好步行向西北方前进。火车的工作人员浑然不知战局安排,而是将火车开过新的前线,前往萨通。还没到萨通,火车工作人员就意识到了所发生的一切,幸运的是,几个小时后火车还是安全返回到英国辖区。萨通已经荒无人烟,火车上的工作人员在这儿救了两个约克郡士兵,他俩是由于贪杯而掉队的。

驻扎在高格力县、马达班市、毛淡棉市和库兹克市第17师团的一些旅和营在同日军作战,不过其他的部队都离其较远,无法进行有效的援助。如果这些部队一旦在碧琳河流域集结起来,那就能更有效地抗击日军。第16旅驻守在碧琳河一线,而且附近还有第48旅作为后备兵力。第46团渡过碧琳河向西撤退,在斋托对军队进行了重组,斋托位于碧琳河和锡当河之间,是师团总部所在地。缅甸第2旅渡过锡当河回撤,为的是监视良礼彬地区北面的河道。此时,缅甸第2旅里只剩下第3和第7步枪队。第3步枪队也不满员,但担负着守护锡当河大桥的重任。[②]在碧琳河以北,缅甸第2步枪队仍远驻扎在帕本,为了抢占前沿阵地,缅甸第4和第8步枪队与总部也隔得很远。

碧琳河位于锡当河以东30英里,但没有锡当河宽。斯迈斯后来写道:"碧琳在地图上看,的确让人印象深刻,但在那年月,它几乎是条干涸的水沟,贯穿缅甸

---

① I. L. 格兰特,灵山三郎:《缅甸1942:日本入侵》,奇切斯特,1999,第94页。
② M. 法恩戴尔:《皇家炮兵团的历史》(卷六),伦敦,2000,第85页。

浓密的丛林,无人可以穿越。"①当然,这说法有些夸张,碧琳河的大部分地点都可以渡过,而且枯水季节,河水有膝盖深。不过,这条河道上有一些开阔的沙滩地,可以为自动化武器提供射击场地,而且可以作为大炮和迫击炮发射地。碧琳河的主要军事价值在于它的位置独特,它正好位于河口的南部,北部是丛林覆盖的山丘,这样此地就成了马达班的公路和铁路必经的咽喉要道。碧琳地区多山,遍地是丛林和橡胶树,往前15英里则是崎岖不平的山地。

印度第16旅的指挥官是琼斯准将,自一个月前在多纳山区发生了战乱以来,他是首次负责处理战事。他制订了作战计划,将他的旅部同英皇直属约克郡第2轻步兵团、缅甸第8步枪队和贾特人第9团第1分队部署在自北向南一线,扼守碧琳河。廓尔喀人第7团第1分队作为后备军。多格拉族人第17团第5分队以及缅甸第8步枪队的一个连在河东侧负责前哨,地点在萨通公路两旁的高地上。2月16日,这些部队就开始进驻自己的位置。第16大队的支援炮兵队由第5和第12山炮队以及两支缅甸辅助小队组成。给第5山炮队都发了新枪,他们在库兹克一战中丢了些旧式武器。第28山团的指挥部也和斯迈斯的师部合在了一处,指挥所有的炮团行动。

2月16日,赫顿到访了位于斋托的第17军指挥总部,他向斯迈斯明确表示,没有缅甸军总部的允许绝对不能从碧琳河撤退。应该在东面尽可能远的地方拖住日军,以保证仰光港口畅通。韦维尔也在他的爪哇总部提醒赫顿,不要做任何没有必要的退让。他致电赫顿:

> 我不知道什么原因导致在碧琳河流域部队不战而退,我对于你和斯迈斯的判断力和战斗力有足够的信心,但千万要记住:不断撤退对士兵特别是印度士兵士气会有巨大伤害,这在马来亚一战中已有显现。大胆的反击式防御常常能够赢取时间,效果好而且代价小,对

---

① J.史密斯:《里程碑》,伦敦,1979,第177页。

于日本军队尤其适用。①

新加坡已沦陷,大英帝国举国上下,尤其是帝国的殖民地地区像缅甸、澳大利亚,对其投降非常震惊。

日军旋即向萨尔温江西部推进。2月12日晚到13日凌晨,第33师的第214团在帕安北部的8英里处渡过萨尔温江,循着丛林中的小路继续前进,14日晚,日军就到达了碧琳河,离碧琳村庄北部仅有7英里远。当天晚上,日军派一个连的兵力通过竹桥渡河,并进入阿宏瓦村。第二天,即2月15日,第214营第1分队渡河并在帕亚村和旦英贡村之间的河西岸挖建战壕。在英国撤下来的军队完全占领该地域之前,日本人就已成功地在碧琳河一线取得了立足点。

与此同时,第215团和缅甸第33师部的其他团,在库兹克之役后已经进行了重整,继而沿着杜因色向北的这段铁路向西北前进至碧琳。第55团师从马达班向萨通推进,不过行军速度并不快。

碧琳村向北沿着碧琳河西岸有一条小路通向亦农。2月16日早晨,英军派遣英皇直属约克郡轻步兵团一个连兵力到亦农守卫河上的滩地。但英皇直属约克郡轻步兵团的重要兵力还是在巴耶利到丹英贡一线驻防。约克郡人的部队越过水稻田和6英尺高的甘蔗田,在既定的区域建立了前线阵地,这时他们却发现,日本人已经抢先到达了那里。一小股日军在村边一口水井旁洗脸的时候看到了他们,很惊讶,并立即散开,不过,他们的支援力量就在附近,而且人数众多。

丹英贡村周围都是丛林和树木,现在由英皇直属约克郡轻步兵团第4连队负责守卫。队长E. D. 沃德勒华兹骑在马背上侦察发现日军已经占领村庄。英军用3英寸迫击炮向丹英贡村发动进攻,但面对茂密的竹林里日军的防御工

---

① V.斯科菲尔德:《韦维尔:士兵和政治家》,伦敦,2006,第249页;T.波科克:《战争时期的将军:沃尔特沃克爵士的公私生活录》,伦敦,1973,第55页。

事,他们收效甚微,几乎毫无进展。①夜幕降临,英皇直属约克郡轻步兵团在丹英西南方驻扎了下来,但日军在第17师所建防线上的据点相当牢固。2月16日,在碧琳前线的南端,多格拉人部队与日本巡逻部队虽有零星交火,但没有发生其他的正面冲突。

那天晚上,琼斯准将给他的后备营廓尔喀人第7团第1分队下达命令:于2月17日凌晨准备进攻丹英贡。廓尔喀人部队上午8点20分在第5山炮连的协助下向村庄发动进攻。一个连向丹英贡村北侧进军,另两个连则直接攻击村庄。攻击气势很强,但遭到了日军机枪和迫击炮的阻击。接下来到处都是短兵相接的战斗,日军力量之强超出英军当初的预料。A.O.L.伯克上校和17个廓尔喀人士兵在战斗中牺牲,队长瑞伊及25个士兵受伤,还有30个廓尔喀人士兵失踪。②

整个行动中斯迈斯将军都在密切监视。他从第48旅中分出廓尔喀第4团第1分队,将其派往第16旅,准备对丹英贡村再发动一轮进攻。下午5时30分,廓尔喀人组成的部队在山炮和迫击炮的掩护下发动进攻。第1连和第4连攻打丹英贡村,而第3连推进支援两个连的北翼。攻打村庄的军队身陷竹林,有的被日军炮火阻止在其中,有些则迷失了方向。第3连则成功占领叫313高地的一座小山,没有遇到什么抵抗。这座小山覆盖着茂密的丛林,从山上看河对面,视野很好。一个炮兵观察军官和他的团队就在这座小山上建了个炮台。③进攻开始后,廓尔喀人士兵就为晚间战斗挖战壕。廓尔喀人第4团第1分队的指挥官是陆军中校W.D.A.伦泰恩,一个高高瘦瘦、戴眼镜的男人。他不想在上次进攻失败的地方再遭遇一次不必要的失败。再往北,日军第2营当

---

① C.麦肯齐:《东方史诗》,伦敦,1951,第432页;A.德雷珀:《黎明雷鸣》,伦敦,1987,第81—82页。

② J.N.麦凯:《爱丁堡公爵的廓尔喀族第7步枪队的传记》,伦敦,1962,第174页;B.普拉萨德:《撤出缅甸,1941—1942》,加尔各答,1959,第144页。

③ B.普拉萨德:《撤出缅甸,1941—1942》,加尔各答,1959,第144页。

天就渡河在西岸切断了通往亦农的通道。派出去进行侦察的履带式小型装甲车被机枪和迫击炮的火力驱散。第214营第2分队就驻扎在该营第1分队的北翼。佐久间上校所指挥的第214团其余兵力则驻守在附近。

同时,在前线的南端,第215团正在向碧琳村行军。2月17日下午1时,第16旅总部下令,多格拉人第17团第5分队从河东侧公路两旁的阵地前哨撤退。上午在巡逻时,英军就已经看见在碧琳村东北几英里的地方有日军出没。多格拉人部队下午2点15分开始撤离,但随后发生的事情并不在计划之内。根据该军的战争日记:

> 从北面进军的日军越过营地所在和桥之间的公路,缴获了5辆卡车。现在,该营的撤军路线改为从公路桥以南的铁路桥,向东到更远的河滩地。然而,撤退时日军紧随其后,他们从营地北面的高地上向我军准确地开炮轰炸。[1]

日军的炮火导致多格拉人部队在向后撤退时士气极为低落,他们甚至恐慌逃窜。贾特人部队的战争日记如实陈述:多格拉人部队撤退时"毫无秩序可言,丢枪弃甲,有的甚至将战靴都丢了"。[2]多格拉人部队撤经碧琳,被送到后方进行休整。但有一部分多格拉人部队和缅甸第8步枪队则落在了河的另一边,被随后赶来的日军第215营歼灭。[3]

赫顿将军为了重新鼓舞士气,在碧琳之战的当晚就命令陆军上校B.R.戈德利指挥贾特人部队。贾特人军队所负责的前沿阵地有3英里长,从碧琳村南面的公路桥向正南一直到尼内培尔的铁路桥。在这儿,河里的沙滩有150码宽。下午5时,工兵炸毁了这儿的公路和铁路桥,贾特人用三个步枪队的兵力驻守在前线,留一个连做后备军。印度兵蜷缩在战壕里,有的蹲着,有的躺着;

---

[1] B.普拉萨德:《撤出缅甸,1941—1942》,加尔各答,1959,第145页。

[2] B.普拉萨德:《撤出缅甸,1941—1942》,加尔各答,1959,第145页。

[3] C.麦肯齐:《东方史诗》,伦敦,1951,第433页。

营地里通信设备匮乏,作战命令难以有效传达。然而,日本并没有大规模地追击多格拉人部队,贾特人部队也只受到了日军零星的步枪和迫击炮的攻击。

夜色降临之后,第215营第2分队派出了一支人数众多的巡逻队渡河进入碧琳村,这让担任守卫任务的缅甸第8步枪队惊慌失措,他们被日军绑着带出了阵地。贾特人的左翼连向营部总部报道说在村庄发现了日军。但日军自己撤出了村庄,危机很快也就随之过去,这是因为第33师指挥官樱井将军在战场的北端看到了日军的作战良机。

从战争的规模考虑,斯迈斯将军决定将碧琳前线阵地划分为两个区域。第48军将接管自碧琳村向南一线,第16军将继续控制前线以北区域。2月17日晚到18日凌晨,第48旅总部和廓尔喀人第5团第2分队进驻碧琳村西部阵地。旅长休·琼斯指挥缅甸第8步枪队和贾特人军队。廓尔喀人第3团第1分队则在"白沙河"位置守卫此处的大桥。

2月18日上午,廓尔喀人第5团第2分队向碧琳河进军,填补贾特人部队的左翼缺口,保卫碧琳村庄的安全。①缅甸第8步枪队兵分两路,分别驻守碧琳村北部和西部。

斯迈斯2月18日上午来到前线,之后返回斋托,下午向赫顿汇报。斯迈斯报告说,第16旅决定与日军决一死战,但此次日军所集合的兵力似乎比第一次所看到的更多。②

2月18日,丹英贡周围的第16旅的前线战况变化不大。从313高地,英军将炮口直接瞄准日军阵地;在碧琳河附近,布伦海姆轰炸机对目标进行了两波轰炸。几乎看不到有日本空军力量。英军的履带式小型装甲车队企图再一次抵达亦农,接回驻守在那儿的英皇直属约克郡轻步兵连,霍顿少校被迫击炮弹击中牺牲,他的部队也没能突破路障。旅总部使用飞机给亦农的军队传达讯

---

① B.普拉萨德:《撤出缅甸,1941—1942》,加尔各答,1959,第147页。

② S.伍德伯恩·卡比:《抗日战争》(卷二),伦敦,1958,第102页。

息,在河中的沙洲,被控英军收到了这个讯息:英皇直属约克郡轻步兵连奉命撤至白沙河。

2月18日晚至19日凌晨,日军对丹英贡的轰炸将那些疲惫不堪的军人从梦中惊醒。迫击炮发出的圆形火舌点亮了漆黑的夜空,伦泰恩连队的廓尔喀人旋即对其进行了回击。据说日本在攻击时还使用了中国的鞭炮。"这些鞭炮(见廓尔喀第4团的历史)发出的声响让人恐慌,因为这些噼噼啪啪的声音离守军较远,却会让人觉得这可能是迫击炮弹或炸弹,觉得敌人可能就在我们的阵地附近。"[1]轰炸之后,日军步兵团旋即向前推进,但至黄昏时分,中校伦泰恩将其连队撤回,攻击接近尾声。日军在所占领区域构筑工事。

2月18日夜间至19日凌晨,英军同日军在前线的南端也发生交火。在河岸附近,廓尔喀人第5团第2分队的士兵躲在暗处,射出的火力很猛。他们可以看见河岸附近人影穿梭频繁,有个地方,日军正赶着一群牛朝河里走去,廓尔喀人士兵终于看穿了日军把戏,于是便停了射击。

那天晚上,廓尔喀人军队将巡逻回来的贾特人连队误认为日军,对其开火,持续时间不长,但造成贾特人5人死亡,8人受伤,2人失踪。这次交火使中校戈德利相信日军就在他的阵地附近。在前线其他地方,贾特人士兵与一支日军巡逻队也交上火,之后他们仓皇撤退。第二天早上,戈德利当着苏贝达尔和另外两个指挥官的面,用竹条狠狠惩罚了这些士兵。[2]

同时,日军第33师团也在碧琳河与斯迈斯部队发生激战,第55师已从马达班沿海岸线一直在向前推进。第55师第112团留在毛淡棉市以维护这儿的秩序。该师部的另一团,第143团,沿马达班铁路和公路进军并占据萨通。这个团向西行进,坐小船渡过碧琳河,于2月18日晚在早卡里南岸登陆,碧琳河

---

[1] J.N.麦凯:《威尔士亲王廓尔喀族第四步枪队的历史,1938—1948》(卷三),伦敦,1952,第83页。

[2] B.普拉萨德:《撤出缅甸,1941—1942》,加尔各答,1959,第148页。

后方的第17师阵地就面临着被敌军从南面海上迂回包围的危险。

斯迈斯的指挥部收到日本登陆海岸的消息后,就派廓尔喀人第5团第2分队前往调查。2月19日,廓尔喀人部队在图昂尊与日军发生交火。第一连也在阵地的沿海一侧巡逻,当这支军队到达唐格尔村时,正好碰到一棵大树倒在路中间,接下来就与日军发生交火,印军苏贝达尔·塔帕在冲突中死亡。消息传到营部总部,连队指挥官陆军中校R.T.卡梅伦很快就带领一支3英寸迫击炮小分队和两支布朗式轻机枪队到了现场。卡梅伦是"一个身材高大结实、外表冷峻无情的单身汉,浑身透着很足的精气神。红脸庞、暴脾气,喜爱喝威士忌,其实看不出来他心地却很善良"。他经历了在加利波利的战役。

卡梅伦组织清除了道路,占领了唐格尔村部分路口,这个村子就在图昂尊以东的铁路边。英军迅速向公路的左右两边推进,打退了日军士兵。该营的战争日记记录:排长们每人都拿起冲锋枪,为他们年轻士兵树立无畏的领导榜样,很快,士兵就积极响应。[1]下午4点,卡梅伦命令士兵们撤回营部总部。第二天,在沿海侧面日军没有丝毫动静,廓尔喀人觉得他们的进攻还是起了作用。[2]

在北面,日军仍然躲在碧琳河西岸的战壕中。英皇直属约克郡轻步兵团至今已有15人死亡,114人受伤。斯迈斯从师部后备军中调取边防军第12团第4分队,以加强该地北部的防卫,并下令:对威胁包抄第16旅的日本军进行反击。2月19日下午,两个连向日军进攻,将其赶出那块丛林覆盖的山坡高地,从这块高地可以俯瞰巴耶利。天气又热又干,这对英军来说一直是个问题。冲突再加上日本迫击炮造成大量人员伤亡,边防部队中有12人死亡,40人受伤,3人失踪。

赫顿将军从仰光指挥部赶到了碧琳,他就战场情况向韦维尔将军和其他

---

[1] B.普拉萨德:《撤出缅甸,1941—1942》,加尔各答,1959,第154页。
[2] 格兰特:《缅甸》,第98页;军团委员会:《皇家第五廓尔喀族步枪队(边防部队)的历史,1929—1947》(卷二),奥尔德肖特,1956,第160页。

指挥官做了如下总结:

> 目前的情况是,第17师团扼守碧琳河一线,已对敌人造成严重威胁,除非敌人有新的生力军,否则敌人不可能在这儿站稳脚跟。不过,第17师疲惫不堪,而且出现了许多人员伤亡。万一在不久的将来敌人要发动新的进攻,我不能确定,即使竭尽全力,他们能否守住现在的阵地。如果战况进展不利,敌人可能会轻易突破锡当河一线,那么疏散仰光居民就变得迫在眉睫……也许可以最好的可能是,我们能够利用东岸桥头堡守住锡当河一线。

赫顿补充道:要长久地守住锡当河一线,或者要发动进攻,在缅甸需要5个师的兵力,同时殖民地还应该有中国的军队。①

日本指挥官也在对局势进行评估。日本人对他们敌人的整体印象是:他们有能力守住碧琳河阵地。饭田将军写道:"在碧琳周边,我们遭遇到了来自英国本土军队顽强的抵抗,尤其是英皇直属约克郡轻步兵团,战斗力非常厉害。"第214团的记录上有对碧琳行动的描述:

> 第214团是一支一直同中国军队作战的军队,第一次遭受到飞机大炮的攻击,第一次同一支有现代化装备的军队交手……该团的坦克和装甲车进行近距离攻击效果很好,所以他们并没有觉得英军有多可怕。真正让该团士兵惊讶的是英军炮火火力之猛,数量之多。这是他们从来没有经历过,也从未想象过的。日军强调要节约弹药。炮兵打击目标,要努力做到百发百中。相比之下,英军发射的炮弹密集得就像犁地的犁头一样。

西方军队靠的是火力,远非是刺刀拼杀。

樱井将军带着他的第33师继续拓疆,近乎不顾一切。2月19日上午,该师

---

① B. 普拉萨德:《撤出缅甸,1941—1942》,加尔各答,1959,第457页。

第214团在巴耶利和丹英贡前线北端展开行动。在碧琳村附近驻有第215团部分士兵,该团其余兵力作为后备军。但第55师开始到达沿海侧翼之后,樱井下令,上校原田的第215团大部向北行军。该团奉命于19日夜晚到20日凌晨渡河进入阿恩瓦,到达第214团的北翼的站点。这一部署将会对英军在碧琳的左翼造成威胁。[1]

很显然,正如英军指挥官所说,日军对第17师的两翼都造成了威胁。如果该师继续驻守沿碧琳的沿线阵地,就存在有被日本切断退路的危险。2月19日一早,赫顿将军到访斋托的师部,他授权斯迈斯,允许他向西撤退到锡当河——锡当河位于碧琳河以西30里左右处。2月19日晚,斯迈斯下令第二天部队后撤17英里,撤到斋托。当晚就准备撤退,这是分两步撤退到锡当河中的第一步。

第48团给第17印度师殿后,保护其从塞拜物河一线撤退。第16旅有步行军,也有摩托化部队,他们首批撤离到驻守有第46旅的斋托。日本可能已经截取到了无线电讯息,知道斯迈斯的师部要从碧琳河撤军,但尽管如此,第16团在夜里还是成功地打破了日军的封锁,朝斋托进发。2月20日深夜两点,运输队和伤员出发,4点30分,步兵团开始撤离。第16旅经过长途跋涉,到达斋托附近的目的地,博亚葛伊的橡胶树林成了疲惫不堪的士兵们休息的最好之处。[2]

夜间海岸附近升起的大雾在第二天早晨倒帮了大忙,第48旅士兵在其掩护下顺利离开碧琳河。缅甸第8步枪队第一个撤离,黎明前就全部撤出。然而,贾特人部队的撤退要麻烦一些。上午3点,一辆履带式小型装甲车开到贾特人总部,给戈德利中校传令:向旅总部报告讨论准备撤军事宜。戈德利拒绝参加,因为夜间早些时候,他的营部被日军巡逻兵刺探过,这些日本兵是在被拆毁的大桥附近渡河的。无线电出了故障,最终制订的旅部撤退方案直到上午10时左右才到达戈德利手中。贾特人部队大约在中午时分撤出碧琳前线。

---

[1] S.伍德伯恩·卡比:《抗日战争》(卷二),伦敦,1958,第64页。

[2] S.伍德伯恩·卡比:《抗日战争》(卷二),伦敦,1958,第64页。

英国皇家空军的布伦海姆战机和飓风战机对沿河的阵地进行了轰炸,但造成的伤亡不大。[1]

第48旅其余兵力在塞拜物河滩上等待贾特人部队。傍晚,准将休·琼斯收到了来自斯迈斯的一封信:

> 你对你部情况及当地形势了如指掌。因此我授权与你,你可以自主择地而栖。但我认为,你应尽力于天黑前拿下塞拜物河以西地带,我调遣部分卡车予以协助。越早进入斋托越好,因为我们还不清楚沿河区日军方位,可能在两翼还有其他部队活动。你成功撤回之后,我们会给你休整时间。[2]

负责殿后的部队没来得及撤离,就在铁路旁与日军遭遇,在塞拜物附近,琼斯和他的少校在找丢失的地图时也碰到了交火。塞拜物河上的桥已被工兵拆除,军队一路向西,有的步行,有的乘车。深夜两点,廓尔喀人第5团第2分队到达斋托,8点,缅甸步枪队和廓尔喀人第3团第1分队很快也到达。

2月20日,赫顿向韦维尔汇报,"激战之后就命令碧琳河后方的第17师撤退,操作起来难度很大,军队士兵疲惫,伤亡巨大,大部分士兵已经打得很好了"。[3]碧琳河之战支援了第15军团的进军行程。从很多方面看,尽管有惊慌,有困惑,但撤退中不可避免的还是安排了周密的殿后行动。有一个例外情况就是,第17师所有营的兵力都同日军第33师的两个团和第55师的一个团交过火,而且打得很好。

碧琳河之役中缅甸军的伤亡人数不多,在师一级规模看,能让人接受,比如,在激战中廓尔喀人部队只有7位士兵死亡,在斯迈斯师的死亡、受伤和失踪

---

[1] B. 普拉萨德:《撤出缅甸,1941—1942》,加尔各答,1959,第155页;C. 麦肯齐:《东方史诗》,伦敦,1951,第434页。

[2] S. 伍德伯恩·卡比:《抗日战争》(卷二),伦敦,1958,第64页。

[3] 内阁办公室:《主要战争电报和备忘录,1940—1943,远东》,伦敦,1976,第75页。

的总人数大约是350人。日军主力第214团死亡25人,包括第二营指挥官,第215团死14人,第143团和其他团的死亡人数未知。

2月20日,日军并没有对斯迈斯的殿后军队穷追猛打,这让原本艰难的撤退容易多了,要知道,现在的缅甸气候是典型的湿热难耐。但印军第17师的危险远未结束。樱井很快明白英军要从碧琳河撤军,他会马上命令第215团穿过丛林抄小路直扑碧琳桥,第214团主力尽快从碧琳向西行军至斋托。2月20日天黑之前,樱井的先头部队离英军殿后部队的东北方只有几英里远。唐恩尊西北3英里处,英军飞行员发现第55师日军在铁路上正赶着大象运送物资。[①]

2月20日,当第17师从碧琳撤向斋托的时候,赫顿将军正在仰光开会。总督多尔曼·史密斯和空军少将斯蒂芬森也在出席人员之列。赫顿在会上说,锡当河东面的战况岌岌可危,敌人要是再发动新一轮攻击,那该地的防御就会崩溃,仰光就会处在危险境地。

第二天,载有第7装甲旅车队的护航队伍抵达仰光。这是败退阴霾中的一线亮光,让人鼓舞。装甲旅将使得英国指挥官在战场上有了机动部队,这样可以有效避开行动迅速的日本轻步兵队。然而,赫顿认为,新增的兵力对前线战局的暂时稳定作用可能不大。会议同意接收护送装甲旅的护航编队,但是遣回了其携带的船只。史蒂文森补充说,正在考虑在印度东部和缅甸中部重新部署英国皇家空军力量,仰光附近的机场将作为战机起落的场地。

设在爪哇的伦敦战争办公室里,韦维尔将军和来自德里的印度指挥官接到了赫顿发来的电报,电报中赫顿向他们转告了他在会上所表达的观点。赫顿补充说,他已经在仰光开始了疏散撤离工作,对仰光城的重点设施以及炼油厂的爆破计划也在制订当中。[②]

[①] B.普拉萨德:《撤出缅甸,1941—1942》,加尔各答,1959,第156页;S.伍德伯恩·卡比:《抗日战争》(卷二),伦敦,1958,第65页。

[②] S.伍德伯恩·卡比:《抗日战争》(卷二),伦敦,1958,第79—80页。

第八章　斋托的乱局

2月21日凌晨,印军第17师的三个旅驻在斋托附近。从碧琳河到斋托的撤退已经使军队筋疲力尽,因此后半夜,这支疲惫之师就露宿在了村庄周围的橡胶树林和丛林里。

前一天晚上,威灵顿团的第二杜克营抵达斋托,加入到斯迈斯的师团。杜克斯军队中的约克郡人,在白沙瓦的海外军人服务站,即印度西北部开伯尔山口附近的一个军事站,做短暂停留后,于六天前在仰光登陆。坐火车到达马德拉斯需要一周时间,然后乘船又用了一个星期后才到达仰光。在从马德拉斯出发的航行途中,士兵们用反坦克步枪的子弹向大海射击,练习使用这种陌生的武器。海上船舶上的电台播放了新加坡战败的消息。杜克斯从仰光被派到设在明格拉东的营部指挥棚,小棚旁边的公路已被当作战斧战机起落的辅助跑道。长官还可从军用仓库里租用吉普车。①

杜克斯从明格拉东抵达斋托后,营部里负责发布信号的队长 A. D. 弗斯就注意到:

> 我们周围就不断有人在开火,应该用的是小型武器,可能这根本算不得什么。我坐着新吉普车前往旅部总部报到。向西到锡当河大桥这一路上,可以看到车流人流不断。天几乎黑了,我问站在一辆卡车前的军官,这儿离前线是否很近。他不耐烦地回答:"亲爱的小伙

---

① C. N. 巴克莱:《威灵顿公爵团的历史,1919—1952》,伦敦,1953,第11—14页。

子,这儿就是前线。"①

杜克斯加入了第46旅,这里有一个步枪连被派去协助保卫锡当河大桥。可能有些人做事后诸葛亮,批评说当时最好应该将整个营都派到河东岸的桥头堡阵地上去。

斯迈斯将军的总部现在得计划下一阶段如何撤退到锡当河。这条始自丹那沙林的全天候道路的尽头在斋托。从斋托到锡当村间的小道有15英里,穿过稻田的部分就有几英里,接着小道延伸到卜亚吉橡胶林北面,橡胶林正好位于小道和向南的铁路之间。然后这条小道穿过茂密的丛林一直到达摩卡普林村。茂密的丛林里已经有了路的雏形,因为未来就打算依此为路基建一条完整的道路。丛林里的小径有40码宽,虽然崎岖不平,但两旁的灌木和树木都已被清除。②沿途几乎没有水,小道上泥土松疏,足有几英寸厚。行军的军人和车辆过后,扬起漫天尘土,这很容易被敌军的巡逻机发现。

始自碧琳的铁路沿着海岸线走向与摩卡普林村的道路会合。从那个村庄开始,再向北1公里后,铁路将拐弯向西,连接到了锡当河上的大桥。公路也自摩卡普林村处向北延伸,在高地附近转向东北方,一直到山脊北侧的锡当村。只有在村庄附近的桥北,有一艘小马力的渡轮在来回摆渡。

锡当村南部、桥的东面,就是一条500码长的山脊,山的西侧有座宝塔,在东端则有座宏伟的佛像。锡当铁路大桥有11节铁轨长,但没有为车辆铺设隔离的车行道。河床特别宽,桥南北很长。河道雨季水流湍急,但旱季则相对平静。锡当桥东端裸露的地方只有缅甸第3步枪队防守,这支队伍有250人,是杜克斯的连队。

危险很明显,日本可能从正在撤军的第17师北翼插过去,直扑这座位置重要的桥梁。曾在斋托待过几天的准将艾肯,2月20日就曾建议斯迈斯,让他的

---

① G. 阿斯特:《丛林战争》,霍博肯,新泽西州,2004,第60页。
② I. L. 格兰特,灵山三郎:《缅甸1942:日本入侵》,奇切斯特,1999,第114页。

第46旅加速回防,守卫这座防卫空虚的大桥。艾肯曾经收到建议,尽管含糊其辞,但称在东北面的丛林里发现有日本人。艾肯的旅损失很大但已经得到充分休整,最近还没有参加什么战斗。斯迈斯不同意这个建议——据队长兰特回忆说:"他(斯迈斯)说,他必须坚守斋托作为后方阵地,以让其他旅部都通过。他同意艾肯的看法,认为敌人很可能要从他的北翼包围,但他已经派出侦察部队,随时为他提供敌军进攻的预警情报。"①在决定下一步行动之前,斯迈斯想知道,从碧琳撤退的军队是否遭到敌人紧追不舍。作为防备,2月20日晚些时候,斯迈斯下令,第二天上午,边防部队第12团第4分队和一支野战连的工兵回撤,以此加强锡当桥头堡的防卫。

斯迈斯曾派出到斋托北部丛林担任守卫任务的那支军队隶属于缅甸边防军,其中有两个连的兵力被部署在东北走向的这条小道沿线,从斋托一直到斋托东北6英里的金姆村。缅甸边防军命令要在这一沿线驻守两天时间,之后沿通往摩卡普林村的丛林小路撤回,同时,继续对斋托—锡当铁路北部的丛林进行巡逻。②

在第17师主力渡过锡当河之前,必须将部队的汽车运输过桥。这说起来容易做起来难,因为铁路桥尚不具备运输机动车辆的能力。有些车辆可以用锡当村附近的渡轮运载,但大多数车辆都需要使用这座桥。改造桥梁的工程拖到现在,是一个重大失误,现在当局决定桥梁禁止火车通行,这样工程师才能着手改造任务。

此时师部的皇家工兵部队长官上校A.E.阿米蒂奇的手头有许多紧迫的任务。第60野战连已经渡过锡当河,被派回改造沃河上的那座桥梁,好让第7装甲旅的坦克能够通过。第24野战连奉命过桥,并征集河上所有民用船只以及舢板船。缅甸协助武装第一建筑公司承接了将铁轨桥梁转换成机动通道这一

---

① J.伦特:《撤出缅甸,1941—1942》,伦敦,1986,第134页。

② B.普拉萨德:《撤出缅甸,1941—1942》,加尔各答,1959,第161页。

艰巨任务。公司计划将铁路两边的枕木移除,铺成平行的道路,路足够宽,能让车辆小心通过。这一重要任务没有24小时是不可能完成的。

2月21日,新的一天充满了戏剧性。黎明时分,斋托的师部总部遭到狙击手射击,这表明日本人离这儿并不远。露宿在斋托周围的部队晚上睡得很沉,他们不清楚附近还有哪些部队。日军的巡逻队大喊大叫着从东部和南部涌来,朝着营地开火。这些日军隶属于第143营第1分队,是从碧琳河口沿海岸线进军到这儿的。廓尔喀人第3团第1分队队长A. H. 麦克雷回忆说:"我们被附近的机枪声吵醒了。很快就一片混乱。一些好战的哨兵兴奋地端起布朗枪就开火,他们并没有意识到是躲在里面,外面有其他部队在保护。子弹从四面八方乱飞。"①惊慌失措的士兵向斋托周围的丛林胡乱开枪射击。日本突袭小组很快撤退。麦克雷发现他的高级副官,苏贝达尔·阿玛尔·辛格腿部受伤,需要治疗。

命令适当调整后,边防军第12团第4分队的士兵乘机动车开往大桥,这和前一天晚上的计划吻合。上午10点,斯迈斯率领其余边防军,以及其随军总部也随即赶到,总部打算在摩卡普林采石场附近休息,这儿有俾路支人的少量部队守卫军需物资和师总指挥部后方指挥所。摩卡普林采石场离大桥不到五六英里。马莱尔科特拉野战连和师部供给以及运输部队就跟在斯迈斯指挥部之后。第48旅先头营奉命先向达摩卡普林采石场进军,其余将士跟进。

在斋托,第46旅成为师部的殿后军,该旅步兵团和配套的山炮连调整阵地以保护卡塔河一线并监视穷追不舍的日本军队。卡特河是位于斋托西部边缘的一条小河。2月21日,第16旅在距斋托西北3英里的卜亚吉橡胶园里待了一天。师部计划三个旅在2月22日渡过锡当河,师部的两个旅在2月21日原地待命,而第三支旅队——第48旅——向西短距离行军。沿海铁路线的通行效

---

① C. N. 巴克莱:《皇后亚历山德拉第三廓尔喀族步枪队的历史,1927—1947》(卷二),伦敦,1953,第26页。

果未引起重视,这可能使军队无法渡过摩卡普林采石场南部那条小河。

值得注意的是,2月21日,至少有一个旅没有走完从斋托到锡当桥这段距离,因此桥头堡驻军力量并不强。斯迈斯对快速撤退的命令感到泄气,因为工兵们仍在进行将锡当桥改为公路桥的工作。根据英皇直属约克郡轻步兵团的记录:"这次在斋托的停驻让指挥官们既吃惊又担心。随着日军穿过丛林小径稳步向前推进,他们觉得尽快撤回到锡当桥至关重要,这要日夜兼程行军。日本未能迅速沿碧琳—斋托公路追击师部,这使得斯迈斯和其他作战指挥官似乎有些麻痹。他们认为没有必要这么急匆匆地赶往锡当桥。"

与此同时,日本人正忙着制订下一阶段的行动方案。樱井将军的第33师承担着占领锡当大桥的任务。第214团的第1、2营奉命沿碧琳到斋托公路向西推进,他们在碧琳之役中首当其冲,但却因此而进展缓慢。第214团第3营、第215团对斯迈斯的师部构成新的直接威胁。这些日军沿着轨道向碧琳—斋托公路以北进军。第215团经过肯马,意在直接插向大桥。第214团第3营正计划跨过铁道,从斋托跑步行军到肯马,拦腰破坏掉斋托到桥之间的轨道。直到2月22日上午,这支日军在丛林里的侧翼行军都没有引起注意。第55师的先头团仍沿海岸向西前进,速度慢但队形较整齐。

2月21日上午9时,第48旅休·琼斯旅长给他的指挥官们开了一个会议,安排一天的行军计划。经过一番讨论决定,廓尔喀人第4团第1分队带领该旅行军到摩卡普林采石场;廓尔喀人第5团第2分队跟进,并于夜间在离采石场不到4英里处驻扎;后备营廓尔喀人第3团第1分队在离采石场不到7英里处宿营。沿途缺水,这些军人渴得昏昏沉沉。第12山炮连、旅指挥部和运输大队随步兵团一起行军。①

上午11点,该旅开始行军。天又热又干,卡车低速颠簸向前,行军部队用

---

① C. 麦肯齐:《东方史诗》,伦敦,1951,第437页。

头巾或衣物包裹着头,借以挡住灰尘。路上有些地方,难民和牛车不得不挤到一边,给行军部队让路。丛林里的树枝遮盖到路上,空气又湿又闷,压得这些军人喘不过气来。因为缺水,人人都口渴难耐。行军、马匹和车辆路过激起的灰尘从空中清晰可见。

从营地向西北约1英里处是一片稻田。行军后不久,廓尔喀第3团第1分队的步枪队在经过稻田时遭到4架日本战机的扫射。[1]部队和骡马沿着红色的土路前行。下午,廓尔喀人部队又遭到3架带有飞虎队标志的战斗机扫射。5点30分,该营终于到达摩卡普林采石场,师指挥总部就在附近。中校伦泰恩汇报了盟军的进攻情况,并出示了一架战机扫射时投下的美国造弹壳作为证据。空中联络官持怀疑态度,他认为日军可能使用了在马来亚缴获的英国皇家空军飞机,或者是他们不熟悉的泰国军机。[2]

廓尔喀族第5团第2分队的步枪队是纵队中的另一个营队,正午也遭到空袭,到了下午,则每隔一段时间就被空袭。有些空袭飞机上涂有英国标志。战机从树梢高的上空向下扫射,使得队伍不时停下行军步伐,曳光子弹透过树枝射向地面,士兵们只好躲进战壕或者大树背后。在空袭中,少校E.F.汤森、队长A.C.伯德都受了伤,还有8个廓尔喀族士兵或死或伤。[3]

廓尔喀族第3团第1分队的士兵就紧跟在旅部大队后边。据队长麦克雷回忆:

> 行军进展缓慢而乏味。这条路尘土覆盖很厚,斋托郊区已成一

---

[1] J.N.麦凯:《威尔士亲王第四廓尔喀族步枪队的历史,1938—1948》(卷三),伦敦,1952,第87页;B.普拉萨德:《撤出缅甸,1941—1942》,加尔各答,1959,第163页;。

[2] B.普拉萨德:《撤出缅甸,1941—1942》,加尔各答,1959,第164页;C.麦肯齐:《东方史诗》,伦敦,1951,第438页。

[3] 军团委员会:《皇家第五廓尔喀族步枪队(边防部队)的历史,1929—1947》(卷二),奥尔德肖特,1956,第163页。

片废墟,有些地方还在燃烧。过了一会儿,我们走出丛林,在约一英里宽的平原上四散开来,然后又回到旁边的公路上,这条公路弯弯曲曲地穿过小树林。在过平原的时候,我们看到我们的战机和敌人的战机在紧咬厮杀。小日本战机很快就仓皇逃跑,过了一个小时左右,一切又归于平静。队伍在炎热的天气里缓慢行军。很快又传来了战机声。是英国的战机——至少,上面涂有英国标识——但几分钟后,战机就向部队开火,遇到什么打什么——接下来的时间就像是在地狱中度过——每隔几分钟,就有战机出现,向队伍扫射,队伍只好停止前进,躲进丛林,用步枪和布朗式轻机枪朝战机开火。①

关于这次空袭,廓尔喀人第3团第1分队的队长金洛克写道:

> 在狂轰滥炸声和横飞的弹片中,整个大地在哀嚎颤抖:受伤骡子的吼叫声、战机的轰鸣声与受伤将死士兵的呻吟声、哭声夹杂在一起。附近一辆救护车在燃烧,火势凶猛,锡克族人司机被机枪拦腰打中,车中所有人都死亡了。两位年轻的廓尔喀族士兵坚定地站在一片空地上,面前被烧焦的救护车上架着一挺有三脚架的布朗式轻机枪,他俩正朝着头顶呼啸而过的战机不停射击。②

空袭使骡马挣脱缰绳,将它们驮运的军粮、迫击炮和无线通信设备扔在了一边。给救护车护航的当地机动车司机逃进了丛林,满载药品的救护车钥匙也随之不见了踪影。

在第48旅向西行进时,第16旅在卜亚吉采石场待了一天,也遭到了友军空袭炮火的误射。廓尔喀族人第7团的记录表明:"起初我们以为他们是泰国的飞机,其标志与我们的相似,但是布莱尼姆却攻击我们,我们明白了,他们一

---

① C. N. 巴克莱:《皇后亚历山德拉的第三廓尔喀族步枪队的历史,1927—1947》(卷二),伦敦,1953,第26页。

② A. 德雷珀:《拂晓雷鸣》,第93页。

定是在新加坡战败后被日本人缴获的飞机。"英国皇家空军的扫射轰炸"完全超出了我们这些灰心丧气的士兵的想象"。①廓尔喀人第7团第1分队的中尉D.H.韦斯特说:

> 这些攻击对印度（和廓尔喀族军队）的影响不可低估。这些士兵已经能够识别我们的战机和小鬼子的战机了,但带有我们标记的战机却向我方开火,这完全使他们困惑不解,越是如此,英国军官越是困惑,难以给出令人满意的解释。②

杜克斯第2营的弗斯队长说:"二战中我所经历的炮火洗礼是来自惠灵顿（布伦海姆）轰炸机,它就在我头顶上空约200英尺处,朝我猛烈开火射击。"③夜幕降临时,对第17师的空袭才告一段落。

斯迈斯的师部遭受盟军飞机轰炸扫射,是一个悲剧性的事件。出了什么问题？地面上部队与盟军作战飞行员没有直接的无线电联系,这无疑是不行的。陆军军官曾使用铁路电话试图告诉英国皇家空军总部,他们的战机正在攻击友军,但讯息并没传到重要人士手中。有人猜测,是不是飞行员已经奉命对地面上向锡当河以东移动的任何人和物都要进行攻击？或者,英国皇家空军已获得讯息,知道军队会沿海岸行进,而日本则走内陆的公路和铁路？机组人员返航回来说,那些车辆看起来很像是英国人的,但他们又听说日军早些时候在战争中可能曾缴获过英军车辆,所以难辨真假。

有消息称,英国指挥官已收到的空中侦察报告,说在斋托北起通往肯马的路上有一支由300辆敌军车辆组成的车队。第17师总部接到了报告,命令英国皇家空军对其进行空袭。空军副元帅史蒂文森欣然领命,将所有可用战斗

---

① J.N.麦凯:《爱丁堡公爵的第7廓尔喀族步枪队的历史》,伦敦,1962,第176页。

② J.拉蒂默:《缅甸:被遗忘的战争》,伦敦,2004,第59页。

③ G.阿斯特:《丛林战争》,霍博肯,新泽西州,2004,第61页;K.P.麦肯齐:《仰光监狱的管理》,伦敦,1954,第26页。

机和轰炸机都派出进行攻击。机组奉命攻击的目标是地图上南北向以东区域,离斋托较近,但在村庄以东。

然而在实战中,对于以每小时300英里的速度低空飞行的飞行员来说太困难,他们需要在天空中分辨丛林中的敌人,尤其是当他们不断地在天空中扫描日本战斗机时,更是难上加难。碧琳和锡当河之间所有的丛林看上去大同小异。受飓风和战斧护送的双引擎轰炸机的布伦海姆在下午每隔一定的时期,就错误地攻击了斯迈斯的行军到摩卡普林采石场或者躲在卜亚吉橡胶园的分部。安装了飓风八机枪使飞机成为了一个有效的对地攻击机。之后,飞机从最初的任务返回基地,他们重新武装和重新加好燃料对斋托周围的丛林进一步攻击。

一个特殊的盟军战斗机飞行员参加了对锡当河及碧琳河之间道路的三次袭击。日本飞机对第一次进行了干扰,第二次扫射了50辆卡车。在第三次时,"我往北飞向在我先前的任务中见过很多卡车的主要道路。这一次,我将飞机降到了树梢的水平高度,然后我发现了日本人(英印)摩托队列。我从一端扫射到另一端。有些车辆已经着火,又被英国皇家空军轰炸机炸毁"。地面上的部队开火还击,许多英国和美国飞机返回基地时,机身上满是弹孔。对于战士来说这是一次可怕的令人难忘的经历。

空军少将斯蒂芬森起初不相信联军受到空袭的报告。后来他在调度报告上写道:"经过详尽的调查我都未能得出明确的结论。事实上,我们的飞机是否在这个时间和地点轰炸了自己的部队。"有人怀疑在英国皇家空军的军队中混杂着针对布莱尼姆轰炸机的日本军人。[1]但是,在斋托运输地区的原始报表显示只有英国的行动踪迹。这时去往碧琳的方向没有日本汽车。事实上,很少有日本货车经过毛淡棉市的西部,除了抓获运输工具,道路被占领等原因外,还因为此段道路崎岖难走,难以返回泰国。

---

[1] C.肖尔斯,B.卡尔,井泽守:《血腥的战场》(卷二),伦敦,1993,第272页。

2月21日下午,日军的空袭虽然正在进行,但斯迈斯所派遣的缅甸边境部队经斋托北到摩卡普林轨道进入丛林,取得了很大进展。如前面所述,缅甸边境部队被分成了两支连队编制,2月20日开始就已部署在北起斋托东到肯马的轨道边。第一支连队驻守在斋托和肯马之间,第二支连队则驻守于肯马丛林的北部。缅甸边境部队指挥官命令驻守原地一直到22日下午,然后撤退前往摩卡普林。然而,南边的纵队则在2月21日下午2点30分左右遭遇到大批日军,北边的纵队此时也正好碰上日军巡逻军。两支纵队各自沿丛林小径撤退,不料第二天再次与摩卡普林附近的日军遭遇。缅甸边境部队然后向北从锡当河桥北7英里处渡过锡当河,前往勃固。师部总部很晚才获取到关于这些冲突的消息,直到2月21日晚才对战况的进展有所了解。[1]对于正规部队而言,及时获取战况信息的重要任务应该是第一位的。

2月21日黄昏,由师部、第48旅总部和廓尔喀第4团第1分队在摩卡普林采石场与俾路支部队会师。尽管空袭不断,廓尔喀人第3团第1分队和第5团第2分队也顺利按计划行军。更重要的是,边境部队第12团第4分队和马莱尔科特拉山地连也已经达到了锡当河大桥,这些部队与桥头堡的缅甸第3步枪队和杜克斯的连队会合。

中校爱德华的边防部队已经先于他的侦察营去了锡当桥附近的河东岸。在抵达桥上后,爱德华很失望,他发现这里没有任何防御工事。可是他计划将军队驻扎在塔佛岭,靠近桥的东端附近。这个方案虽然较科学,但并没有付诸实施,发生在摩卡普林与斋托之间轨道上的空袭大大推迟了边防军纵队的行军速度。空袭以及道路难走,使行军时间比预期的更长。结果,夜色降临时,边防营只好露宿在佛塔旁。当地指挥官决定让缅甸第3步枪队在较高的地势过夜,边境部队可以在第二天上午转移到其他地方。[2]

---

[1] B.普拉萨德:《撤出缅甸,1941—1942》,加尔各答,1959,第164—165页。

[2] W.E.H.康登:《边防军团》,奥尔德肖特,1962,第339页。

晚上7点，师部皇家首席工程师、上校阿米蒂奇给马莱尔科特拉山地连做指导，这支山地连隶属于印度国防部，也是驻守河东的唯一一支山地连队，在做拆毁锡当河铁路桥的准备。马莱尔科特拉是位于旁遮普省一个王侯的领地。天刚擦黑，工兵们就摸到了大桥附近。师部的运输队都已经在锡当桥和摩卡普林村之间的公路上集结完毕。

2月21日，仰光的赫顿将军向韦维尔汇报："碧琳一线的撤军已经完成，没有受到太大的压力。敌人的伤亡严重。"但这仅仅是战时在英军指挥部之间传递的一条重要信息。在爪哇，韦维尔前一天就收到赫顿充满忧郁的电报，电文警告说仰光可能要失守，韦维尔很是惊讶。韦维尔21日早晨就回复，"锡当河到底是什么原因失守的？……这些突如其来的悲观报告到底怎么回事？"临近中午时，韦维尔给赫顿发电报：

> 表面看来，没有任何理由决定放弃守卫仰光而一味后退。您对敌方已有了解，敌方不仅疲惫而且伤亡很大。没有任何迹象表明他们还有很强的战斗力。您必须停止所有的撤退行动，并在合适时机予以反击。整个远东战争的命运取决于最坚决和果断的行动。你现在几乎没有受到空中抵抗，因此您应该尽一切力量对敌进行空中打击。[1]

当晚，韦维尔又给赫顿发了份电报：

> 你应该立即制订作战计划，使用装甲旅和所有可用武装力量发起反攻。尽一切可能渡过锡当河，在河东岸对敌反攻。必须制订打击敌方的方案，狠狠地打击敌人，以防其成功渡河。在你们坚决的打击下，敌方将会很快撤退。[2]

韦维尔要不顾一切地保护仰光，他开放仰光的港口，接受可以保护缅甸的

---

[1] S.伍德伯恩·卡比：《抗日战争》（卷二），伦敦，1958，第81页。
[2] 内阁办公室：《战争电报和备忘录，1940—1943，远东》，伦敦，1976，第75页；B.普拉萨德：《撤出缅甸，1941—1942》，加尔各答，1959，第461页。

任何援军。

伦敦的参谋总部也一直在阅读赫顿的报告。2月21日,他们做出指示,应该保护仰光,只有这儿才是给中国提供补给的路线,如果仰光变成孤岛,拖延日本的要塞将会失守。参谋总部还下令,缅甸的防卫必须从美、英、荷、澳司令部交由印度司令部部署;总部还觉得,韦维尔在爪哇信息太闭塞,无法掌控2000英里之外缅甸瞬息万变的战争局势。①

赫顿对前两周战况评估的电报,读起来令人沮丧。回到2月18日,印度总督林利思戈侯爵就曾致电给印度国务卿的阿梅里奥:"我们的军队战斗意志不强。我丝毫也不怀疑,这在很大程度上是由于缺乏上层的鼓舞和激励。"作为回应,埃默里致电总督多尔曼·史密斯:"我听说过有人怀疑赫顿的能力,他是否是一位合适的指战员。你认为他是合适的人吗? 你有什么样的担心?"

首相丘吉尔也读过阿梅里奥总督的电报副本。丘吉尔通过电报问韦维尔:"帝国首席总参谋部(艾伦·布鲁克爵士)想知道你的想法。如果你同意总督的看法,他将立即派遣(中将哈罗德爵士)亚历山大。"②亚历山大是英格兰南方总司令部的成员,最受首相青睐。

韦维尔立即回复丘吉尔,缅甸军表现不佳是他最大关注的:

> 真正有驱动力和灵感的领导很少……赫顿表面看起来平静,但他意志坚强,而且遇事绝不会慌乱。不过他缺乏个人激励的力量。我选中他来重组整个缅甸的军事领导是必要的,我认为他会做得很出色,而且也会是个果断而娴熟的指挥官。我没有理由认为一定要撤换他,但亚历山大的泼辣性格可能为部队带来刺激。我上次访问仰光时多尔曼·史密斯也谈到了赫顿,他很看好赫顿,并且说赫顿给

---

① S.伍德伯恩·卡比:《抗日战争》(卷二),伦敦,1958,第81页。
② S.伍德伯恩·卡比:《抗日战争》(卷二),伦敦,1958,第82页。

他留下了深刻印象。①

起初韦维尔不愿更换赫顿,但反复阅读赫顿最近的报道过后,韦维尔认为把亚历山大放在仰光会更合适。虽然让亚历山大从战时的英国到达东南亚会花费多天的时间。

韦维尔2月21日把他的推荐信送往伦敦,这时从战争办公室传来一条消息,通知他,亚历山大已经收到了他的命令,正前往缅甸。丘吉尔后来承认:"如果我们不能派遣军队,那无论如何我们应该选派合适的将领。"赫顿于是被更换,因为他似乎对他的同龄人过于悲观,这可能会影响军队的士气。赫顿留在缅甸当了亚历山大的首席参谋长,这就等于承认,战争的失败并不能说是赫顿指挥不当造成的。②

这时,赫顿并不知道他的职位正在被审查。2月21日,赫顿飞往缅甸东北的腊戍,与蒋介石举行另一次会议。赫顿所掌管的事务繁多,包括就一些具体的事务同联盟成员举行高层协商。赫顿急切希望中国军队能够尽快抵达,以缓解他的军队压力。他收到消息说,蒋介石在从印度返回的旅程中很可能降落在腊戍。但正是赫顿将缺席总部会议的这一天时间,后来说明对赫顿来说是多么重要。③

---

① J.伦特:《撤出缅甸,1941—1942》,第152页;L.艾伦:《漫长的撤军,1941—1945》,伦敦,1984,第51页。

② R.卡拉汉:《缅甸,1942—1945》,伦敦,1978,第34页。

③ B.普拉萨德:《撤出缅甸,1941—1942》,加尔各答,1959,第162页。

第九章 锡当河大桥

2月21日夜幕降临的时候,印度第17师的大部向锡当河推进的距离,与拂晓时分相比,并没有增进多少。与之形成鲜明对比的是,日本军队花了这一整天的时间,穿过丛林,迅速向着斋托—锡当以北推进。斯迈斯的师部面临的危险极大,因为第48旅正沿着莫克帕琳石场和博雅戈伊橡胶园之间的一条小路艰难跋涉,第16旅在博雅戈伊,第46旅仍在斋托的西部市郊地区,彼此都难以照应。师部的作战计划目标是,让步兵的各个旅于22日抵达锡当桥。一旦他们的作战交通工具成功运往桥西,他们便能过桥。估计锡当河处的铁路改造成能够通过机动车辆的公路的工程将在2月21日夜到22日凌晨完工。

入夜后,一名军官从军队总部来拜访了斯迈斯。斯迈斯回忆道,军官当时来是有重要消息通知的。说总部当时接到消息称,日本兵可能会在次日早晨在锡当河西边的空地上空降,然后企图从另一侧占领锡当桥。[1]斯迈斯同时得知,第7装甲部队正在仰光登陆。

同斯迈斯交谈的军官很可能是H. L. 戴维斯派来的,他是赫顿将军在仰光总部的参谋长。有可靠报道称,日本军的伞兵会在泰国空降,这一提醒对于斯迈斯来说,确实是明智之举,可以起到预防作用。派遣到马来亚第25军团的伞兵团一周前已成功抵达苏门答腊岛的巴邻旁港,但第15军团的伞兵团却由于一次船上爆炸事件沉入了中国南海。虽然军队人员最后获救了,并带到了曼

---

[1] J. 斯迈斯:《战争中的领导权,1939—1945》,伦敦,1974,第169页。

谷,但他们的降落伞却在爆炸中损失殆尽,而且没有备用伞可供使用。①

莫克帕琳石场距离师部的总部很近,第48旅的总部人员和廓尔喀族人士兵已经在此滞留了一夜。斯迈斯派人去找廓尔喀人的陆军中校伦泰格恩,他的部队受命加速西进,并渡河保护锡当河大桥免受伞兵袭击。②廓尔喀族人士兵上午4点就开始行进了,伦泰格恩中校还要等杜克斯连的士兵过桥之后带上他们一起前行。

在博雅戈伊橡胶园,陆军准将琼斯和艾金在头天晚上见了面,并讨论了当前形势。第16旅和第46旅的许多高级军官都迫切希望立即挺进锡当桥。然而,第48旅却被困在了前方的路上,第46旅同时也是师部的殿后部队,不能对任务不管不顾。师部总部尚未下达明确的指示,于是两位陆军准将决定夜里按兵不动。黎明之前,运输车辆以及运载布朗式轻机枪和机枪手的履带式小型装甲车将会出发,6点钟的时候将由第16旅护送,随后由第46旅殿后部队护送。

2月22日深夜1点,陆军准将琼斯和艾金收到师部总部的无线电消息,称日军一支大部队正经由他们北翼的丛林向前进军。前一天缅甸边防部队派遣军与斋托北部丛林中的日本兵发生了冲突,这则消息送到师部参谋组的时候,已经很迟了。有人建议琼斯与艾金尽快派兵前往锡当桥,但博雅戈伊橡胶园的陆军准将却觉得,深夜改变作战计划会使士兵产生困惑,他认为这样做是毫无益处的。于是他们最终决定在天亮前再等上几个小时。③

深夜两点,那些摸黑行走在锡当桥上的汽车在途经改造过的铁道公路时,

---

① I. L. 格兰特,灵山三郎:《缅甸1942:日本入侵》,奇切斯特,1999,第113页。

② 军团委员会:《皇家第五廓尔喀族步枪队(边防部队)的历史,1929—1947》(卷二),奥尔德肖特,1956,第163页;C.麦肯齐:《东方史诗》,伦敦,1951,第439页。

③ B.普拉萨德:《撤出缅甸,1941—1942》,加尔各答,1959,第165页;S.伍德伯恩·卡比:《抗日战争》(卷二),伦敦,1958,第68页。

还是翻了车。起初,车队行进得很顺利,然而几个小时后就发生了意外。一辆载重3吨的卡车开的时候偏离了桥上的铁道枕木,卡在了大梁中间。所幸梁很高,才使得卡车不会迅速翻到河里。上校阿米泰吉监督着工兵们借着灯光和月色清理了路上的障碍物。这样一来,又拖延了宝贵的两个小时。[1]

东方的地平线上开始渐露晨光时,伦泰格恩和廓尔喀人部队抵达了锡当桥。但廓尔喀人部队中的一个连队在黑暗中迷了路,尚未抵达。"感谢上帝,你终于来了,尽快将桥修好"[2],陆军准将科恩对伦泰格恩说道。桥梁北面有一条狭窄的羊肠小道,廓尔喀族人士兵过了小道,然后加入了河西岸的杜克斯连队。也就是说,东岸那狭窄的桥头堡阵地仅仅有边防部队第12团第4分队及缅甸第3步兵队把守。

2月22日,明亮的阳光下,等待过锡当河大桥的车辆排了一条长龙。早上6点半,卡车撞击所致的障碍被清除干净,大桥得以重新通行。一名军官这样描述莫克帕琳和锡当河大桥之间的场景:"所有车辆,包括各小组的装甲车,都混在了一块儿。它们全都首尾相接排成长龙,路上很多地方还排成了两排。"[3]从博雅戈伊而来的车辆到达后也加入了交通堵塞的队伍之中,许多车辆还都超载。

拂晓后,斯迈斯将军过桥到了西岸,他想看一下廓尔喀族人部队的第4团第1分队部反降落的阵地位置,并为其抵达的部队人员选定地点。[4]师部的总部辎重等很快也过了桥。第48旅的指挥部是在早晨8点过的桥。[5]

斯迈斯将军所不知道的是,日军企图从锡当桥切断印军第17师的阴谋几

---

[1] J.汤普森:《缅甸战争,1942—1945》,伦敦,2002,第18页。

[2] C.麦肯齐:《东方史诗》,伦敦,1951,第439页。

[3] B.普拉萨德:《撤出缅甸,1941—1942》,加尔各答,1959,第166页。

[4] J.斯迈斯:《战争中的领导权,1939—1945》,伦敦,1974,第170页。

[5] B.普拉萨德:《撤出缅甸,1941—1942》,加尔各答,1959,第169页。

乎快要得逞。此时第33师第214团所走的正是从碧琳至斋托的公路,214团打算继续行军,前往莫克帕琳。第214团第3分队正穿过丛林,打算封锁斋托和莫克帕琳之间的道路。河岸上,第55师第143团正沿着铁路线形成的廊道行进。

然而,锡当桥的直接要害却掌握在第215团手中。2月22日凌晨的几个小时,一支由第215团第1分队、支援炮兵队和工程师派遣队组成的高级护卫队抵达了英卡多贡,此地距离锡当桥四五英里处。该营指挥官慕加塔上校决定立即对锡当桥发起突袭。他向部队下令,不要再等候其他的士兵,即刻向前挺进。

锡当河村坐落在锡当河大桥的正东北、佛塔和宝塔山的北面。日军行至锡当河村时遭遇了猛烈的火力攻击。哈什莫多中尉率领的第1连队直接向南,来到了宝塔山的斜坡上,并迅速占领了背阴的一面。宝塔山上的缅甸第3步兵队在日军突袭下溃不成军。日军同样想在宝塔山占领据点。

锡当河大桥上,下一批等待过桥的部队是第10团第7分队,他们都是俾路支族人。上午8点半,俾路支族人部队越过铁路来到了锡当河大桥东面,这时,一阵炮火从东北方向的丛林中直击过来[①],一些俾路支族人士兵被炮火击中,其他人都四下逃窜了。还有些人向锡当河前进,沿着河岸向锡当河大桥方向摸索。炮火似乎是从靠近桥东头宝塔山的斜坡处打过来的。这意味着日军已经占领了要地。兰德勒中尉和俾路支族士兵向锡当河大桥上的边防部队指挥官报告了这一情况。兰德勒依然不为所动,对于师部要害地点的保护工作,他们什么都没有做。

站在宝塔山南面的山脊上,可以俯瞰整个锡当河村。日军第215营第1分队从山脊处成功袭击了村庄,并沿其在宝塔山的大本营继续向前,进军到锡当

[①] S.伍德伯恩·卡比:《抗日战争》(卷二),伦敦,1958,第68页。

桥。战地急救队的急救站迅速被日军控制,惊恐的士兵们赶在日军的前头,冲向了锡当河大桥。分队医疗队总负责人麦肯锡上校和他的助理马克里尔德少校,还有其他很多人都成了俘虏。麦肯锡回忆说,那个俘虏他们的日军中尉朝他们挥舞着手枪,用流利的英语对他们吼道:"把手都举起来!不许放下去!给我滚过来!"[①]斯迈斯之前和麦肯锡曾经有过简短的交谈,他在那儿连一杯茶都没有喝。当炮火燃起来的时候,他正走在桥的中间。[②]冲上来的日军几乎都到了桥上,但很快持有自动化武器的印军赶到,一阵炮火之后,日军中有的人中弹倒下,有的则被击退逃窜。

日军的袭击使锡当河村的机动轮渡服务完全瘫痪,河东岸的浮动码头无法使用。日军发动袭击时,印军第12山炮连的一部分士兵刚刚乘坐蒸汽船过了河。船行至河西岸时,遭到迫击炮和各种小型武器的攻击,并且起火。印军枪手们还是救下了他们携带的辎重并带入了丛林。一位名叫奈克的士兵因为其英勇表现,而获得印度军队勇气奖,不幸的是,他在此次战役中受伤过重,三天后就牺牲了。

头天晚上,英国军官们制订计划,第二天一早就将边防部队第12团第4分队派往宝塔山作担任战斗行动的主要力量,但计划没有及时执行,山脊地区还是很快丢失。不过,边防部队就驻扎在周边的防御地带,而且已做好随时采取行动的准备。第1连和第2连奉命向山脊地区发起反攻,夺回缅甸第3步兵团刚刚丢失的阵地。印度军队在3英寸口径的迫击炮掩护下,迅速前进,冲在最前面的第1连上尉S. H. J. F.曼克肖受了重伤,他的腹部被机枪打中,生命垂危。曼克肖在撤出阵地之前,被其领导长官授予军功十字勋章。后来,他成为印度军队的一名元帅。边防部队在夺回宝塔山的战役中有50名士兵牺牲。前线部队进击宝塔山的企图失败,因为到现在为止,日军有三个连的兵力,在两

[①] K. P.麦肯齐:《仰光监狱的管理》,伦敦,1954,第30页。

[②] A.德雷珀:《拂晓雷鸣》,伦敦,1987,第97、100页。

个中型机枪排的支援下,在这一区域驻扎了下来。[①]

上午10点,斯迈斯命令第48旅旅长休·琼斯统率所有驻守在桥头堡的士兵。师部的主要兵力都后撤到阿布雅,以确保同仰光保持联系。休·琼斯指挥着士兵部署在大桥的东面。缅甸边防部队在宝塔山挖了战壕地道。杜克斯部所在的第4连奉命占领桥东南边的巴格楼小山,手足无措的缅甸第3步兵和俾路支人士兵在河岸附近按照新的序列重新整合。廓尔喀族人第4团第1分队第3连队迷失了方向,直到早晨才从南面沿着河岸抵达了锡当桥。

前一天,为了防止它们落入日本军手中,300多艘舢船和当地船只在河西岸集合。快到中午时,大部分船只都被师部那位精疲力竭的总工程师阿米泰吉上校下令摧毁了。士兵们用斧头劈开船底。工程师们也忙着在桥上绑炸药。[②]

与此同时,更多的日军向锡当河大桥逼近。第215营第2分队也到了皮因卡,并准备好援助第215营的第1分队,该营已经占领了宝塔山。第8连已经撤退回防,但第2营军兵向南仍穿过丛林向莫克帕琳前进。当天稍晚时候,第8连驻守在其大本营的右翼。

由于日军进攻桥头堡的行动已经展开,从斋托向西北方向的路上,廓尔喀人第5团第2分队和第3团第1分队就近埋伏。卡梅伦中校的第5团第2分队5点钟已经拔营前行。部队的机动车辆在队列的前面开道,日出前顺利过了桥。廓尔喀人第3团第1分队则沿着一条小路紧随卡梅伦的部队,卷起仆仆风尘。卡梅伦骑着一辆自行车,赶在廓尔喀人队伍的前面,身边一小队侍卫陪同。他发现在莫克帕琳附近,停着一队机动车辆,前面的道路似乎在某个地方给日军阻断了。第48旅的总部和廓尔喀族人第4团第1分队都还见不到影

[①] W.E.H.康登:《边防部队兵团》,奥尔德肖特,1962,第399页。

[②] R.P.帕克南-沃尔什:《历史皇家队的工程师》,查塔姆,1958,第162页;B.普拉萨德:《撤出缅甸,1941—1942》,加尔各答,1959,第167页;C.H.T.马克,J.P.沃伦:《炮手的故事》,爱丁堡,1973,第133—134页。

子。廓尔喀族人的第5团第2分队已经到了莫克帕琳车站,这样的话,距离锡当河大桥也就只有2~3英里了。①

卡梅伦决定保住莫克帕琳以及村庄东头的高地。由于之前出现的意外,驮着武器装备的驴子都逃进了丛林,廓尔喀族人部队现在手头没有大炮等武器。他们还不清楚附近究竟有多少日军。第2连最先采取行动,尽管村庄的房屋都设了围栏,院子还是很快就被攻陷,印军军官兰巴哈多古隆冲在排的前面,却中弹阵亡。廓尔喀族人士兵继续推进,到达莫克帕琳北边一个叫作前哨山的地方。前哨山的外围有个布满灌木的村庄,曲曲折折地通向宝塔山南坡前面的一个山涧。第1连和第3连奉命向这个山涧进军,但由于灌木实在太过密实,这支连队不久彼此失去了联系。廓尔喀人部队也被日本军迫击炮和枪火的攻击堵住,无法向前。

廓尔喀人第3团第1分队临近中午的时候到达了莫克帕琳火车站,还带了两个半山炮连的炮兵。G. A.巴林格中校,还有卡梅伦在上午10点半在宝塔山成功会师。毫无疑问,到目前为止,宝塔山地域还掌握在日军手中,通往锡当河大桥的路被完全掐断。巴林格和卡梅伦对这一带的地形十分生疏,他们也不知道路西头的巴格楼小山其实是控制在杜克斯部的一个连队手中。两人决定,让廓尔喀人第3团第1分队士兵去攻占前方灌木丛生的山脊地区,廓尔喀人第5团第2分队进行重组之后,再包围莫克帕琳东北方那片丛林的右翼方位。

驻守在河东面的那第2个半山炮连的炮兵已经在莫克帕琳火车站抢占了火力据点,炮手们为了支援廓尔喀人部队向前推进,从上午11点半就集中火力,对准宝塔山开火,一直持续了25分钟。山炮连的第5连、第12连,还有第28

---

① 军团委员会:《皇家廓尔喀族的第五步枪队(边防部队)的历史,1929—1947》(卷二),奥尔德肖特,1956,第164页;C. N.巴克莱:《皇后亚历山德拉第三廓尔喀族步枪团的历史,1927—1947》(卷二),伦敦,1953,第28—29页。

连的10门山炮都参与战斗。麦肯锡上校和马克里尔德少校,还有早晨被困在这儿的英国医疗队的军官们,在士兵的护送下来到了日军占领的地域,从这儿可以看到锡当河村全貌。据麦肯锡回忆道:山上的大炮开始轰炸时,"有枚炸弹就落在离我们很近的地方爆炸了,两个日本鬼子当场完蛋,还有两个受了伤。马克里尔德随身带有一个医疗包,我们照顾伤员。我们首先对两人进行了急救处理,发现其中一人的胳膊已经被炮火完全打烂了"。[1]伤员们都被抬到了担架上,当场死亡的就匆匆埋了。整个下午,麦肯锡和马克里尔德都不得不几次躲藏起来,防止被附近的战斗中的流弹射中。

与此同时,廓尔喀人第3团第1分队在强大的火力掩护下继续前进,第2连的目标是宝塔山,第3连的目标则是佛山。第4连则跟随进行掩护,营队总部和第1连仍留在前哨山作为后备军。营队副官金洛克上尉记录道:

> 轻型机枪断断续续地扫射,伴随着炮弹的咆哮声和爆炸声,一阵阵浓烟飘上天空。炮火密集的时候,廓尔喀族人部队的士兵在前面的斜坡上狭小的战壕里发现了日本鬼子,便朝他们大声叫喊。有的鬼子被射杀,有的被盟军士兵端着刀赶回去了。但是,当他们到了山坡的时候,日本鬼子躲在山背面挖的战壕里用重机枪开火了,他们被火力阻住。[2]

中尉费伊的第3连抵达山脊的顶部,离石佛像很近,但日军用机枪向整个坡顶扫射,费伊因此受伤,需要撤退治疗。彼得·史蒂芬斯上尉的第4连也追随着前面的几个连加入了进攻当中。第4连士兵加入廓尔喀人的部队,这支部队现在正被敌人的火力压制在山坡顶上。史蒂芬斯又领导发动了一次攻击,占领了山的北面,当他正端着布朗式机枪扫射的时候,臀部中弹牺牲,攻击只好

---

[1] K.P. 麦肯齐:《仰光监狱的管理》,伦敦,1954,第32页。

[2] J. 汤普森:《缅甸的战争,1942—1945》,伦敦,2002,第18页。

停止。①

当廓尔喀族人士兵正从莫克帕琳向北攻击的时候,驻守在大桥上的英军指挥官们搞不清楚在他们周围发生了什么。第48旅的休·琼斯准将和廓尔喀族人第4团1分队的伦泰格恩中校在河的西岸碰面,决定过桥去看看东岸桥头堡的情况如何。桥大约走过了四分之三,这时,两位军官看到,桥东面大约30码远的一个沙袋垒成的防御碉堡遭受到了猛烈的炮火轰击。接下来,一支惊慌失措的军队飞速向大桥跑去。其实,打炮的是山炮连,主要是为了支援廓尔喀族人第3团第1分队的进军。炮手们竟然没有意识到在桥附近驻守的是友军队伍。炮击之后,休·琼斯准将命令,桥头堡和宝塔山的部队过桥撤回到河西岸。河对岸的炮火火力保护了这座大桥。

休·琼斯准将下令边防部队的安提瓜·拉赫曼负责这次撤军,指示如下:

必须返回,在河西岸侦察有利地形,我记得和廓尔喀族人第4团第1分队的副官回去过。我们遇到了杰克·斯迈斯,他向我们挥舞着手枪,他认为我们是从桥对面逃跑的。我们很是花了一些时间解释,他才相信了,他的脾气的确很暴躁。

情况更加复杂,日本不久就从佛山的阵地出发,对大桥又发动了一次进攻。只是一支由步兵和工程师组成的小股力量,企图攻下大桥,但当他们前进到开阔的地带时,被宝塔山上驻守的山炮连的炮火压制住了,不能前进。炮弹在树木的旁边爆炸,弹片和木屑横飞,洒向了山下的日军军队。炮击刚一停下来,日军的进攻又开始了,正好与廓尔喀族人第3团第1分队第2连的士兵正面遭遇,这个连队刚刚在友军炮火的掩护下从东南面赶到宝塔山。印军战争日志中记录了第2连的这次突击战:"这一地区发生的小型战斗中,印度军官冈甘

---

① C. N. 巴克莱:《皇后亚历山德拉的第三廓尔喀族步枪队的历史,1927—1947》(卷二),伦敦,1953,第29—30页。

陉和陆军士官长苏尔巴哈多尔·拉纳表现沉着冷静,非常优秀。"①日军被击退,第2连的两个排抵达了桥东头,却发现了附近到处都是被打散的英国军队。

下午3点30分,危险的时刻已经得到缓解。斯迈斯下令在河的东岸重新建立桥头堡。廓尔喀族人第4团第1分队的两个连加速过桥,抵达宝塔山。他们又一次迎头遭遇到了正从相反方向赶过来的一支日本军队。日军很快被赶跑,廓尔喀人士兵在宝塔山终于有了个坚实的立足点。这时,廓尔喀族人第3团第1分队和第4团第1分队好像发生了交火。桥头堡重建之后,杜克斯的连队又一次占领了巴格楼小山山头。边防部队和缅甸第3步枪队在宝塔山上廓尔喀人部队驻地的后面建立了阵地。师部的总部仍然联系不上,其各个旅部肯定正在从斋托出发向大桥进军。

莫克帕琳以北,前哨山上廓尔喀族人第3团第1分队的指挥部里指挥官们等待前线占领山脊区战役的进展消息,金洛克上尉回忆说:

> 博林格上校突然转向我,说:"布鲁斯,我想要你前去看看,看看前面的那些连队到底在干什么。"我想,就是这样,这就是我的结局,很明显,这其实无异于判我死刑,因为我知道,在我们和那些连队之间的那片丛林里驻守的是日本兵。我还是稳了稳情绪,然后向他敬礼:"是,长官,当然可以。"我只走了几步,博林格上校就将我喊回来了:"我改变主意了。我觉得我最好还是和情报部门的士兵一起去吧,我想亲自看看发生了什么。"②

大约下午2点,博林格和苏贝达尔少校加甘·辛·塔帕和一小队士兵一起出发了,他们遇到的第一支部队是第2连队的后备排。根据团部的作战记录:

> 尽管排指挥官提醒说,前面的路上埋伏了许多日军的炮兵,但博林格长官还是选择了一条最短的路,并且下令后备排和他的护卫队和他一起出发。走

---

① B.普拉萨德:《撤出缅甸,1941—1942》,加尔各答,1959,第170页。

② A.德雷珀:《拂晓雷鸣》,第103页。

了一小段路之后,他们就碰到了几个日本鬼子,很快鬼子举起双手投降。博林格叫士兵不要开火,将这些小鬼子俘虏了。就在此时,鬼子趴倒了,藏在后面的轻机枪开火了,博林格长官,还有好多随从的士兵都牺牲了。其余的士兵四处逃窜,有的在苏贝达尔少校的带领下回到营指挥部。①博林格的部队已经与日本军队交上了火,这股日军当时正向宝塔山南面村庄里扫荡。

博林格牺牲之后,F.K.布拉德福德少校接任指挥官。他统率驻守在前哨山的第1连、廓尔喀族人第3团第1分队总部连、廓尔喀族人第5团第2分队的两个排。第3连指挥官中尉费伊被送到后方疗伤的时候,他带去了一个消息,说廓尔喀族人士兵守住了佛山的一部分,但日军却牢牢地占据了背面的山坡。布拉德福德开着履带式小型装甲车赶到莫克帕琳火车站,同卡梅伦中校交换了对局势的看法。当时,在师部几乎没有无线电设备可用。前哨山向南,火车站上挤满了运输的车辆。偶尔有炮弹落在车辆的旁边爆炸,一些车辆就起火燃烧起来。

廓尔喀族人第5团第2分队的东北边整个下午都是枪炮声不断。随着时间的推移,日军越积越多。大约下午1点半的时候,日军的重迫击炮直接击中盟军团部的救护站,第2连尉官南戴拉尔盖尔受伤严重。下午晚些时候,第1连和第3连的士兵对日军展开反攻,使日军陷入了困境。但是,盟军也很难继续推进,守住阵地。

随着锡当河和莫克帕琳地区的战斗越来越激烈,在斋托西北面的博雅戈伊橡胶林附近待了一晚上的那几个旅,沿着小路前进,重新加入了师部的队伍当中。第16旅在黎明时分第一个走出橡胶林,小路崎岖不平,十分难走,整个队伍进展缓慢,但该旅还是在下午抵达莫克帕琳。缅甸第8步枪队第一个到达,紧随其后的是贾特人族人部队、英皇直属约克郡第2轻步兵团和廓尔喀族

---

① C.N.巴克莱:《威灵顿公爵团的历史,1919—1952》,伦敦,1953,第30页。

人第7团第1分队。前方的枪声表明,一场战斗已经开始了。为了防止遭到埋伏,盟军对队伍所走的最后一段路做了仔细的侦察。

第46旅紧随第16旅之后。接到命令的时候,第46旅部队已经离开了前一天晚上所驻守的阵地,正沿着凯代河行进。廓尔喀族人第7团第3分队在前头带路,紧随其后的是多格拉族人第17团第5分队和杜克斯第2旅的主力部队。缅甸第4步枪队沿着铁路走的是条单独的路线,在旅部主力部队的左翼。原计划是用一天的时间,走完这段15英里长的土路,土路的两边是灌木丛和小丛林。

上午9点半刚过,杜克斯旅因为有士兵失踪而推迟了行军的时间,第46旅也停止了行军。此时,部队所处的位置大约在斋托和莫克帕琳的中间。第16旅又继续向前走了一段路,这使得它和其他旅拉开了大约1英里的路程。日军在这1英里的路上迅速用三根树干建了个路障。第214营第3分队利用丛林中的路径从北方猛扑向小路,那个路障就是日军该营的连队设置的。其他的连队则占据有利地形,埋伏在盟军部队必经的路旁。

廓尔喀族人部队的主力部队在进入日军的埋伏圈时,遭到了日军的炮火攻击。廓尔喀族人部队迅速从前面和侧面对路障展开反攻。接下来的战斗中,该营被打散,分成了几个小队,史蒂文森中校在混乱中也被打散了,几天后才又重新回到英军的队伍中。C.D.卡佛上尉牺牲。廓尔喀族人部队拿下了路障,不过却在沿途遇到了越来越多的日本人的袭击。哈里斯上尉的第4连向西面挺进,穿过小树林抵达河边,并从此地沿河行军,于傍晚时分抵达大桥。①

日本军队从北面的丛林对第46旅的其余纵队展开猛烈的攻击。纵队被打散,进入路边的丛林掩藏,并且绕过了路障。天黑之后,旅长艾金和一队人马抵达莫克帕琳车站,盖伊伯顿少校带领一队残部向北突围,乘小船渡过锡当

---

① J.N.麦凯:《爱丁堡公爵的廓尔喀族第七步枪队的历史》,伦敦,1962,第178页。

河,到达河北岸。根据杜克斯旅的弗斯上尉回忆:"前往莫克帕琳村的这段行军路程真是很可怕……没有吃的,没有喝的,还要背着沉重的武器弹药,头顶烈日炎炎,路上尘土飞扬,身边还有子弹横飞。"①缅甸第四步枪队沿着铁路行军,安全抵达莫克帕琳。那一天,没有听到关于盟军对斯迈斯师部发动空袭的报道。不过,盟军一架飓风战机被击落,坠进锡当河,但被谁击落,情况不明。飞行员顿斯福德伍德幸存,而且没有受伤。②

第46旅被打散后,日军第214营第3分队也沿该小路后撤至丛林中,重新休整。日军该营在此次战斗中41人死亡,100人受伤,靠近营地的战斗十分激烈。小路的日本军队刚刚撤完之后,英军、印军和廓尔喀族士兵便从路边的灌木丛里出来,又继续沿着这条小路向莫克帕琳进军。

日本第214团的主力此时已经到达斋托。白天,这个团曾经遭遇过第46旅的部队,之后,该团取径另一条路线穿过丛林继续前进,再没有加入战斗。

在撤军的过程中,杜克斯旅的中校H.B.欧文和一小股士兵与其大部队分开,直接向锡当河进发,他们认为,英军也会很快渡河。夜幕降临后,欧文和他的士兵渡过河,然后在附近的村庄里寻求庇护。但是他们随后遭到了缅甸人的袭击。欧文被杀,他的勤务兵在躲开对手的大刀砍杀之后逃跑。

琼斯准将和他的第16旅下午抵达莫克帕琳之后,成了在场的最高指挥官,他下令一定要守住前哨山阵地。缅甸第8步枪队的一名军官回忆道:

> 我们从南面到达莫克帕琳……军队人数很多,可群龙无首……我们在火车站的南面,铁路的西面。但小鬼子一整天都在袭击铁路的东面……过了一段时间后,高格力准将(琼斯)出现了……他将事情组织得井井有条。我们很高兴他能来。我们计划在莫克帕琳周围

---

① J. N. 麦凯:《爱丁堡公爵的廓尔喀族第七步枪队的历史》,伦敦,1962,第178页。
② C. 肖尔斯,B. 卡尔,井泽守:《血腥的战场》(卷二),伦敦,1993,第272页。

形成一个包围圈,现在我们位于西南角的位置。①

廓尔喀族人第3团第1分队在佛山南部斜坡上的几个连队仍然孤立无援,他们的准将琼斯对锡当河大桥的情况所知甚少。他无法用无线电联系上师部总部,但第46旅在东南部的小路上遭到敌人猛烈攻击,被打散的消息还是传到了莫克帕琳。琼斯决定,在莫克帕琳的周围形成夜间环形防御带。师部的所有三个旅的兵力必须赶在天黑前重新安排,廓尔喀族人第5团第2分队扼守防御带的东翼,因为他们白天曾在这里作战过,缅甸第8步枪队驻守马路两边,及莫克帕琳火车站南面400码远的铁路,英皇直属约克郡第2轻步兵团与缅甸第8步枪队一起,驻守在路堤后面,缅甸第4步枪队驻守在防御带的西翼。日本鬼子则龟缩在巴格楼小山的东南面。廓尔喀族人第3团第1分队继续驻守前哨山,廓尔喀族人第7团第1分队和杜克斯旅的两个连在莫克帕琳火车站作为后备军驻守。其他抵达莫克帕琳的兵力增援至防御带的南面地带。琼斯那天晚上制订方案,准备拂晓时分再次对佛塔和宝塔山发动攻击。②

2月22日,赫顿将军这一天的大部分时间都在研究锡当河桥附近的战况。他之前乘飞机去腊戍打算和蒋介石会谈。然而,会谈没能实现,因为总司令在最后一刻取消了本来打算在腊戍做短暂停留的计划。赫顿晚上乘飞机回到仰光。刚到仰光,他就收到韦维尔发来的电报,并指示只能由他本人解密电文。电报内容如下:"考虑到缅甸兵力增加,战争指挥部已决定任命亚历山大将军为缅甸最高司令官。他上任后,你仍然是参谋总长。请保守秘密,等亚历山大上任。"对于赫顿来说,这个消息很让他吃惊,而且打击很大。但是,考虑到亚历山大到达缅甸很可能要花很长的时间,在未来几天,他还是缅甸军队的最高指挥官。

2月22日,缅甸军队的领导权又重新划给了印度德里当局,远东盟军所能

---

① C.麦肯齐:《东方史诗》,伦敦,1951,第441页。
② B.普拉萨德:《撤出缅甸,1941—1942》,加尔各答,1959,第174页。

打的牌实在是有限。韦维尔致电伦敦、德里和仰光:"我已经不再负责缅甸的事务……靠防御的方法,缅甸和仰光都守不住,那里不再是作战前线。只有早一点采用反击式防御,才能有成功的希望。澳大利亚的第7师是这样,第7装甲旅也应该是这样。"韦维尔接着说,"当然,我们的东方舰队可以防止日本在仰光骚扰我们……我们必须和这些日本鬼子战斗。缅甸的地理位置虽然不理想,但对我们来说,这却是我们最后一次机会:这能向小日本和世人展示,我们确实打算战斗。"①自抗日战争爆发以来,盟军一直在溃败撤退。

在仰光,赫顿面对的是一堆的电报,还有报告,同时,他也没有去腊戍。这一堆文件中,有一份是来自斯迈斯的报告,时间是当天的下午2点:

> 锡当河东岸的战斗正在激烈地进行,敌人用重型枪炮对我们桥头堡猛烈攻击。到目前为止,只有廓尔喀族人第4团第1分队的准备比较完整,其他营中弹药所剩无几。情况看起来很严重。第16步兵队和第46步兵旅也联系不上,但显然他们肯定也在激烈地同敌人战斗。②

赫顿打电话给斯迈斯的总部,安排第二天上午11点在从勃固到瓦屋的路上同其会面,这条路离锡当河大桥西面仅有几英里的路程。

---

① B.普拉萨德:《撤出缅甸,1941—1942》,加尔各答,1959,第462页。

② A.德雷珀:《拂晓雷鸣》,伦敦,1987,第107页。

第十章　炸毁锡当桥

2月22日入夜之后,斯迈斯将军离开锡当桥西行前往7英里外的阿比亚分区总部。后一天他将要和赫顿在勃固会面。休·琼斯准将负责桥头堡的战略指挥,他奉命死守锡当桥,不能让其落入日本人之手。斯迈斯将军的参谋长考恩准将则在将军离开后继续留守锡当桥,稍迟时他与F.C.辛普森中校换班,辛普森中校是第17师的总参谋长,之后考恩便前往阿比亚与斯迈斯会合。斯迈斯将军在过去的三天里几乎无意入眠,已筋疲力尽。

理查德·奥吉尔少校的马莱尔科特拉工兵团连队负责在桥上设置炸药包。晚上6点,奥吉尔少校汇报,前两座桥跨已准备爆破。尽管炸药储备不足,导致无法全面炸毁锡当桥,但第三座桥跨也可随时爆破。锡当桥总共有11座150英尺长的桥跨。

休·琼斯准将并不清楚东部桥头堡的战况,他也无法用无线电联系上两边桥头堡总部的琼斯和艾金准将。麦克雷是廓尔喀第3团第1分队第2连队的队长,由于他的连队在白天时进入了桥头堡,所以他带来了一些莫克帕琳附近的交战情况。同样,廓尔喀第7团第3营的队长哈里斯到达锡当桥时汇报了第46旅遭遇埋伏战的消息,另外一些掉队的士兵则诉说了他们为了到达桥头堡一路厮杀的绝望境地。

事实上,廓尔喀第3团第1分队的先行连队距离布达山东坡只有几百码,而贾特兵团第9团第1营夜行大约也只需要几百码便可到达平房山的前锋。廓尔喀第3团第1分队的比夏普连长在白天时离开仰光的医院想要重新加入自己的部队。他主动请缨领导一支夜行巡逻队去找寻他的部队,此举也是在情在理。但是琼斯准将拒绝了这一请求,不允许再派出任何巡逻队。①莫克帕琳的指挥官们也对他们的哨岗与河岸中间的那一片可以向北延伸至锡当桥的土地漠不关心。战争进行到这个阶段,交战双方都深陷缺少睡眠、食物和水的困境,同时饱受湿热的热带气候的折磨。

2月23日下午两点,休·琼斯准将向奥吉尔询问,如果日本人从东岸直接射击强攻锡当桥,他的工程师能否保证在白天就完成炸毁桥梁的任务。很明显,奥吉尔并不能提供与敌方火力相当的行动保证。根据边防军团的记载,敌方当晚并没有对桥头堡实施猛烈的打击,但是零星的威胁活动不断,有一个日本机枪手在凌晨3点半左右就开始扫射铁路,切断了锡当桥的东路。②射中桥梁反弹回的子弹爆出阵阵火花。当锡当桥开始经受正面攻击时,筋疲力尽的高级军官们变得更加恍惚不安。虽然炮轰桥梁对日本人并无益处,但实际上轻武器乃至迫击炮都无法对锡当桥造成根本上的破坏。

进入深夜,在黎明来临前的几个小时,战火带来的烟雾已十分浓厚。③凌晨4点15分时,琼斯准将在西岸召开了一次军事会议。他与廓尔喀第4团第1分队的指挥官们和边防军商议之后,认为是时机向斯迈斯将军请求下达炸毁锡当桥的命令了。琼斯准将认为第16旅和第46旅已溃不成军,无力突破日军的围困,而桥头堡在黎明时一旦遭到日军猛攻便会沦陷。加之目前也无法保证在白日能守住或是炸毁锡当桥,他觉得在黎明前炸桥是必须之举。④

凌晨4点半,第48旅总部的一位参谋官致电阿比亚分区总部请求下命令炸毁锡当桥,当时与该参谋官通话的考恩回忆道:

---

① I. L.格兰特,灵山三郎:《缅甸1942:日本入侵》,奇切斯特,1999,第132页。
② W. E. H.康登:《边防部队兵团》,奥尔德肖特,1962,第400页。
③ M.法恩戴尔:《皇家炮兵团的历史》(卷六),伦敦,2000,第88页。
④ L.艾伦:《缅甸:漫长的战争,1941—1945》,伦敦,1984,第40—41页。

休·琼斯与伦泰格恩和爱德华进行了一次会议,深思熟虑之后他们的结论是需要炸毁锡当桥,因为他们认为以军队目前的情况无法抵抗日军任何强度的攻击,而且在他们看来,有能力过桥的官员和士兵已经都过来了。这些信息是休·琼斯委任的官员在电话中告知我的,因为琼斯已去往前线部署军队的撤离任务。①

斯迈斯将军对事件的回忆如下:

凌晨4点半时,庞奇·考恩叫醒了我,琼斯准将来电说道,夜里桥头堡驻军部队的压力不断增加,他与指挥官们商议之后认为无法保证能在黎明的强攻之下守住桥头堡,如果不在夜幕的掩护之下炸毁锡当桥,他也许就再也无法炸毁这座桥了。因此他希望得到我的允许撤回桥头堡驻军并立即下命令炸毁锡当桥。②

斯迈斯将军不到5分钟便做出了决定——炸毁锡当桥。他之后解释道:"如果我们不爆破锡当桥,一整支日军部队就会大步挺进仰光。"斯迈斯和考恩也许都认为他们大部分部队都已越过锡当桥,而事实并非如此。

凌晨5点,休·琼斯下令撤离桥头堡驻军,平房山前锋的连队也加入撤离的军队穿过黑夜向锡当桥前进,他们在相对平静的守夜任务中只有两员伤亡,因为在那样的情况下他们多少都已经被交战双方所遗忘。③边防军和廓尔喀第4团第1分队也同样向锡当桥方向撤离。爱德华在凌晨5点20分才下达撤军命令,以便工兵团有时间做最后的爆破准备。最后一支撤离锡当桥的军队是来自总部的一支冲锋枪兵团。一名亲历者写道:

我们在西段的沙堡后集合。听到了一连串可怕的爆破声,看见

---

① S. 伍德伯恩·卡比:《抗日战争》(卷二),伦敦,1958,第71页。

② J. 斯迈斯:《战争中的指挥权,1939—1945》,伦敦,1974,第172页;C. 麦肯齐:《东方史诗》,伦敦,1951,第446页。

③ C. N. 巴克莱:《威灵顿公爵团的历史,1919—1952》,伦敦,1953,第120页。

了空中耀眼的火花和喷天的热气,爆破物碎片如雨般落下,炸桥行动结束了。之后便是全面停火后一阵死一般的寂静,登山鞋踏在钢板上的脚步声是我们有些人向前走了几步想要确认锡当桥是否已经被炸毁,那震耳欲聋的轰隆声仿佛震惊了全世界。而在我们视线范围之内,两座桥跨已经垮下,但还能看到桥的顶梁在汹涌的河水中露出一角。①

两座桥跨已经落入河中,第三座也遭到了破坏。三座桥跨上的炸药包都被同一根导火索连接以便同时引爆。一根储备的保险丝被提前点燃,巴世尔阿穆德汗中尉负责按下雷管箱的活塞:"点燃保险丝后我跳进了一个洞坑并电子引爆了炸药,之后就听见巨大的爆炸声,周围的树木上的叶子都纷纷落下,我的洞穴也被尘土覆盖了。"②

大约黎明时分,距离炸毁锡当桥已经过去了半个钟头,考恩离开了分区总部前往锡当桥方向,与休·琼斯还有伦泰格恩在河岸边会面。不过一会儿,休·琼斯就收到了来自贾特兵团的消息,苏贝达尔玛雅·辛格自愿渡河传达消息并且设法弄到了一条小船,信息是加密的并且标上了"乔纳致庞奇",消息中说道:"我准备在破晓时分开始进攻锡当桥,琼斯准将决定在夜里放弃交通工具从莫克帕琳西行穿过矮树丛前往河岸,这样军队就可以沿着河岸向北步行至锡当桥。今夜早些时候考恩发来了加密莫尔斯电码的无线电报:'兄弟,我们在东门迎接你。'休·琼斯接到苏贝达尔的消息后惊骇不已,几近崩溃,已经站不稳脚步。"根据考恩的回忆:"休·琼斯接到消息后便崩溃了,之后我让伦泰格恩暂时接管我们这一边的军队指挥工作。"兰道尔副官后来在桥边见到了休·琼斯准将,他回忆道:

休·琼斯面色苍白,处于崩溃的状态,边防军团第12团第4营的

---

① C.麦肯齐:《东方史诗》,伦敦,1951,第446页。
② A.德雷珀:《拂晓雷鸣》,伦敦,1987,第111页。

唐尼爱德华中校搀扶着休·琼斯。三个礼拜后我在伊洛瓦底江的医疗船上又再次见到了休·琼斯,他的头发已经完全花白。①

赫顿的总部得知了桥被炸毁的消息。天亮之后,廓尔喀第4团1分队和边防军便进入防御模式,驻守在残破的锡当桥西岸的两边。

夜里在桥被炸毁前,不时有日军的迫击炮和轻武器向莫克帕琳附近开火。南边的约克郡人则被一个日本骑行侦察兵发现,日本人夜里还继续深入到了莫克帕琳周边防御带的东南翼附近。②

廓尔喀第3团第1分队的布鲁斯·金洛奇队长在紧张的一夜之后回忆道:

> 破晓之光刚划过东方的天空时,从锡当河方向便传来了三声巨大的爆破回响声,瞬间我们便意识到锡当桥已炸,我们的生命线也被切断了。混乱声消去便是死一般的寂静。双方都不再开火,所有生物那一刻都屏住了呼吸。突然间日军就像一队兴奋的猿猴,张牙舞爪地嘶喊欢呼。而我们满腹的怒气,认为其他所有人都已经渡河,只留我们自生自灭。

金洛奇在另一次访问中又说道:"我的怒气不是针对敌方,而是我方的高级军官们,那些炸毁了锡当桥的高级军官们。我们感觉到他们已经方寸大乱,留下残局让我们茫然无助。"③莫克帕琳附近的丛林里的大多数军队都听到了爆炸声,有些情况下是看到了天空中的火光。

早晨7点半,金洛奇在前哨山附近遇到了一支日军小分队,他们正沿着铁路向南前进,并没有注意到金洛奇的军队。于是金洛奇他们迅速用布朗枪驱散了日军,在铁路旁留下了一堆残兵。不过金洛奇命运多舛的早晨还没有结束:

---

① A.德雷珀:《拂晓雷鸣》,伦敦,1987,第111、144页。

② B.普拉萨德:《撤出缅甸,1941—1942》,加尔各答,1959,第175页。

③ A.德雷珀:《拂晓雷鸣》,伦敦,1987,第112页。

很快就有一架日军的侦察机从我们头顶上方掠过,高度低到我都能清楚地看见飞行员戴着护目镜在向下搜寻。我们所有人都向其开火,我也耗尽了我的冲锋枪的弹药。我们可以看到子弹打在机身上,然后飞机飞过哨塔时突然倾斜然后坠毁,腾起一阵巨大的烟雾。我们开始欢呼,就像是鼓掌庆祝足球队获得了最终的胜利。[①]

各部队都有士兵声称射出了致命攻击。

炸毁锡当桥发出的巨响同样震惊了日本人。由于日军第215团的两个营在前一天攻打了桥头堡和莫克帕琳,所以他们和英军一样,伤亡惨重,弹药不足而且体力不支,饱受干渴的折磨。2月23日他们是没有进攻桥头堡的打算的,哈拉德上校也已经下令让第215团继续留守布达山,一部分第215团第2营的士兵撤回哦尼卡岛宫进行重组,不过还是有两个班的兵力留在了莫克帕琳附近。第二天清晨日军准备对莫克帕琳发动新一轮的攻势。

而在莫克帕琳的琼斯准将没有得到任何锡当桥将被炸毁的消息。当他意识到桥被摧毁之后,他认为最好的决定就是让他的部队白天按兵不动,夜晚再设法渡河。锡当河距离南桥有1 000码之多,但是在旱季时,这个距离就缩减了一半。

廓尔喀第3团第1分队的战士们依旧驻扎在布达山南坡的灌木丛后寻找掩护。但是当清晨过去后他们的位置就不再安全,于是他们向前哨山撤退,可是在那里他们遭到了日军迫击炮的埋伏被重创,只有几个人重新归队。[②]

隐藏在附近的灌木丛中的日军不时向莫克帕琳附近地区发动攻击。缅甸第4步枪兵团溃散后许多人都向锡当河奔去。英皇约克郡轻骑团的指挥官上校基根由于受到迫击炮袭击而身负重伤。大约中午的时候,装载布伦海姆轰

---

① C.车尼威克斯,特伦奇:《印度陆军与国王的敌人,1900—1947》,伦敦,1988,第206页。

② C.N.巴克莱:《皇后亚历山德拉廓尔喀族第三步枪队的历史,1927—1947》(卷二),伦敦,1953,第33页。

炸机的英国皇家空军在莫克帕琳附近投掷炸弹造成了进一步的伤亡。①之后在另一次事故中一个弹药储藏所起火,火势蔓延至丛林和路基旁边的交通工具,一些装载了弹药的货车又再次爆炸。②

大约下午2点时,琼斯准将下令撤回锡当河,已经没有必要再等到夜幕降临了。这是许多部队收到的最后一条来自琼斯指挥部的命令。艾金准将也在莫克帕琳地区,尽管他已经没有什么像样的部队可以指挥了。铁路附近的木屋子都被点燃以掩护部队撤退回河边。山炮兵团的枪手和驾驶者们都认为他们的装备已经无用,释放了骡子来为自己打掩护。他们用迫击炮炸毁了剩余的弹药,也放弃了一切交通工具。

部队穿过灌木丛和丛林大举向河边移动。一些伤员们则被运载或是跛行至河岸。一些残肢断臂、身负重伤的士兵们则无法被移动,他们只能被留在莫克帕琳地区的救护车或救护站里,后来也就杳无音讯。大体上,日军会射杀或刺死无法前进的伤员和体力衰竭的战俘。③

日军2月23日并没有出现在南河岸,晚上也没有发现日军的踪迹。这就让临时的渡河计划事半功倍,但是想像毛淡棉战役那样成功撤离的希望依旧渺茫,因为根本就没有船只可以渡部队过河。不过旱季的时候,锡当河的水流也相对较为平缓。5月至10月是缅甸的雨季,那时的锡当河则是水流湍急,汹涌澎湃。但是尽管锡当河水面平静,深处的暗流也足以置人于险境。

河岸边有许多可以让部队集结的浅滩。低矮的峭壁也为部队提供了一定

---

① C. N. 巴克莱:《皇后亚历山德拉廓尔喀族第三步枪队的历史,1927—1947》(卷二),伦敦,1953,第34页;S. 伍德伯恩·卡比:《抗日战争》(卷二),伦敦,1958,第72页。

② 军团委员会:《皇家廓尔喀族第五步枪队(边防部队)的历史,1929—1947》(卷二),奥尔德肖特,1956,第169页。

③ 军团委员会:《皇家廓尔喀族第五步枪队(边防部队)的历史,1929—1947》(卷二),奥尔德肖特,1956,第170页。

程度的掩护。体格较好的士兵们负责制作木筏,伤员们则优先乘坐。制作木筏时,竹子、从莫克帕琳的房子里拆下来的门、家具还有茅草都派上了用场。可以游泳的人尝试了渡河,有一些溺毙了。来自尼泊尔山地地区的廓尔喀人最不熟水性。即便是对身体强壮的游泳者来说,这也是一段漫长耗力的征程。因为汽油罐的浮力很好,一些人便把它们绑在胸前。很多士兵在入水前都丢弃了自己的军靴。

艾金准将记录了当时河岸边的情况:

> 一片混乱和狼藉,成百上千的士兵丢弃掉他们的武装和衣服跳入水中。有一些人则带着武器上了木筏。我们渡河的时候,河面上人头攒动。尽管这是一场灾难,但是依旧有坚强乐观的士兵在渡河时笑称和木筏竞赛来鼓励大家游快些。①

艾金在下午3点左右渡过了锡当河,琼斯一个小时后也到达了岸边。英皇直属约克郡轻步兵团受伤的指挥官在桑德拉姆中尉的监护下乘上了木筏,桑德拉姆是廓尔喀第5团第2分队的医务官。卡梅伦中校跟随着木筏游泳渡河。慌乱之中粗制的木筏可能在河中央夭折,结局悲喜难料。远端可以看见筋疲力尽的游泳的半裸士兵们,没有武装也没有军靴。莫克帕琳地区附近还在进行局部的战争,所以河面上不时有迫击炮的碎片坠落。

莫克帕琳地区南面有一些士兵没有接到撤兵的通知。英皇直属约克郡轻步兵团的下属部队和缅甸第8步兵团与沿着铁路前进的日军发生了交火,最终他们发现大部队正在撤离,于是在夜间早些时候也加入了撤军部队。留在莫克帕琳附近的部队无意间也为剩余兵力的撤离做了掩护。

驻扎在前哨山的廓尔喀兵团一开始并没有接到撤军命令,但是很快他们就意识到莫克帕琳已经被放弃了。布拉德福德少校和金洛奇队长带着剩余的

---

① S.伍德伯恩·卡比:《抗日战争》(卷二),伦敦,1958,第72页。

廓尔喀第3团第1营西行前往锡当河。他们到达了距桥800码之远的南岸,附近的沙滩上横躺着伤员。金洛奇沿岸北上更进一步地观察桥况和宝塔山的情况,但是就在距桥100码之远的地方他差点和日军狭路相逢。金洛奇和一些杜克兵一起返回,他们发现日军已经在宝塔山筑起了一道坚固的防线。之后金洛奇和一些英国士兵渡河时发现了用来运载士兵过河的舢板。

每一个小分队都有自己的一段故事,杜克兵团的弗斯队长回忆道:

大约下午4点的时候,我和一名叫作伯恩的一等兵一起,运载着一名膝盖被迫击炮炸碎了的二等兵向锡当河方向前进了600码之远。我们将他放在了芭蕉木制的木筏上,让他可以舒服并安全地躺下。伯恩和我则脱下衣服,我把点45韦伯利手枪套在了脖子上,在阳光之下我们推着木筏游了800码。视野之内看不到其他人,到岸之后我们发现一辆牛车,上面装满了被遗弃的伤员。[1]

弗斯步行至沃夫铁路站,在一节车厢里他发现贾特兵团的指挥官裹着一条毯子,浑身发热,颤抖不止。

杜克兵团的西蒙德队长和他的第2连队从莫克帕琳出发北行穿过丛林。他们设法避过了日军成功渡河到达了被炸毁的锡当桥北部地区。马森队长和剩余的第1连队则被日军赶上,沦为战俘。第3连队的一些士兵和杰克·罗宾逊少校在下午4点左右到达桥的东端,由于驻守宝塔山的日军对任何在桥附近的动作都开枪扫射,第3队不得不沿途找寻掩护。入夜之后,罗宾逊,英皇直属约克郡轻步兵团的士兵A.福克斯,还有一等兵R.罗巴克沿着桥跨游泳并在桥跨间的缝隙拉起了一根绳子。300多人设法爬过坍塌的桥身,包括一些杜克兵,30个英皇直属约克郡轻步兵团士兵和很多印度兵还有廓尔喀人。[2]罗宾

---

[1] G.阿斯特:《丛林战争》,霍博肯,新泽西州,2004,第61页。

[2] C.N.巴克莱:《威灵顿公爵团的历史》,第116—119页;S.伍德伯恩·卡比:《抗日战争》(卷二),伦敦,1958,第73页;T.卡鲁:《漫长的撤军》,伦敦,1969,第139页。

逊、福克斯还有罗巴克受到了嘉奖,罗宾逊被授予十字勋章,后两者则获得军功勋章。

第17师总部当天被重新安置到沃夫地区。斯迈斯早上会见了赫顿并告知了他炸桥后续的情况。斯迈斯说:"赫顿听到坏消息之后依然嘉许了他。"①同时出席会议的还有缅甸第2分队和最近着陆的第7装甲部队的指挥官们。在场者说斯迈斯看上去极其有活力。艾金准将这样评价斯迈斯:"他的问题就在于他看上去总像个没事人一样,尽管他的心里已经乌云密布。那晚当我渡河见到他时,他好像还是那个积极向上的斯迈斯。"②23日午夜,部队在锡当河西岸的驻地被抛弃、廓尔喀族人第4团第1分队也沿铁路向西撤离前往沃夫。

2月24日清晨,阳光驱散了晨雾,日军从丛林中出来开始围捕清理锡当河沿岸的残兵。廓尔喀第5团第2分队第4连和第3团第1分队第1连的残兵被俘。少校布拉德福德的部队也被戏剧性地击垮。廓尔喀第3步兵团记载道:

> 一名日本军官上前接受布拉德福德的头像,但是苏贝达尔少校在拒绝投降之后开枪射杀了这名日本军官,随后自杀。而被射杀的日本军官又向布拉德福德开火,之后一名印度兵再次射中该军官的头颅。③

苏贝达尔少校于1912年参军,目睹了一战时激烈的法国战场,终生效力于东部边防军团。

西岸的金洛奇听说了布拉德福德部队陷落的消息后派出了一支廓尔喀分队前往沃夫联系友军,最终和一支英国侦察兵会合。他也因为锡当一役的侦察工作获得了十字勋章。

---

① J.史密斯:《唯一的敌人》,伦敦,1959,第204页。
② J.伦特:《撤出缅甸,1941—1942》,伦敦,1986,第155页。
③ C.N.巴克莱:《皇后亚历山德拉的第三廓尔喀族步枪队的历史,1927—1947》(卷二),伦敦,1953,第36页。

渡河之后，部队便沿着铁路线穿过泥泞地向西前行。掉队的士兵们胡子拉碴，眼窝深深陷了下去，他们在沃夫集合，然后乘机动车或火车前往勃固。24日晚的点名里，第17师里只剩下80位军官，69位飞虎队队员和3 335名其余的士兵。士兵们只剩下1 420支步枪，大部分都没有了军靴，还有仅存的56支轻机枪和62支冲锋枪，一半的武器装备都属于廓尔喀兵第4团第1分队。

基本上所有番号的部队都伤亡过半。廓尔喀第4团第1分队剩余680名士兵，边防军团第12团第4营剩余502名。不过这两支部队都在炸桥之前过桥的。而炸桥后被困东岸的兵团则损失惨重，廓尔喀族人第3团第1分队仅存107人，贾特人第9团第1分队568人，道格拉斯第17团第5营104人，廓尔喀族人第7团第3分队170人，缅甸第8步兵团96人，廓尔喀族人第9团第1分队300人，廓尔喀族人第5团第2分队227人，英皇直属约克郡轻步兵团206人，杜克兵316人，缅甸第4步兵团幸存人数不清。①全师急需重整兵力。第46旅首先被解散。

在接下来的几天里，陆续有从锡当桥暴乱中逃回的掉队士兵，他们穿着破烂脏污的卡其裤和黑T恤。2月25日，杜克兵团第5团第2营第2连队到达营地，两天之后廓尔喀第3团第1营由杰曼达领导的一个排也出现在营地。截至2月27日，廓尔喀第5团第2营和第3团第1营的兵力分别增加至389人和200人。据廓尔喀第5兵团记载，后来还有40名锡当战幸存者重回兵营，但这依旧只是失踪人数的冰山一角。②一些掉队的士兵北上到达了锡当村。在那奥恩格乐宾，朗特队长注意到有一小队士兵和散兵，大部分乘坐在火车上。"我将边防军第12团第4营的一整个排从火车上接下，他们并无生命危险，但都已经精

---

① S.伍德伯恩·卡比：《抗日战争》（卷二），伦敦，1958，第73、445页；B.普拉萨德：《撤出缅甸，1941—1942》，加尔各答，1959，第406页。

② T.卡鲁：《漫长的撤军》，伦敦，1969，第145页；军团委员会：《皇家廓尔喀族的第五步枪队（边防部队）的历史，1929—1947》（卷二），奥尔德肖特，1956，第172、177页。

神恍惚。"① 这样截至2月27日,相比三天前可怜的人数,第17师又增加了800人兵力。

第17师在锡当一战中伤亡惨重,几乎无一兵团幸免。廓尔喀第4团第1营只有18名士兵阵亡,这已经是极度的幸运。廓尔喀第7团的两个兵营则有350人的伤亡。战后清算时,第1兵营中有130名失踪士兵被判定阵亡,第3兵营则是170名。第17师里的廓尔喀五个兵营伤亡人数高达800人。而日军估算敌方伤亡为1 300人,还有1 100人沦为战俘,其中有120名欧洲人。②道格拉斯兵团的亨利帕瓦中校是该战役中被俘的最高级别官员。

锡当河一战中日军的伤亡并不严重,在布达山和莫克帕琳地区附近,第215营损失了29名士兵,同时有60人受伤,山炮分队和工程分队也都有一定程度的损失。第214团第3营在斋托到莫克帕琳的铁路沿线上阵亡41人,另有100人受伤。第143团则只有4人阵亡,8人受伤。锡当河一战只让日本军付出了400人的死伤数字,相比起胜利的成果来说,这是一个并不过分的数字。

交战过后,麦肯齐上校从锡当北上返回斋托参加毛淡棉监狱里的葬礼:

> 我们在仰光时从很多救护车旁边路过,这些救护车正是士兵们逃亡灌木丛时所丢弃的。我们看到骡子四脚朝天,它们的腹部因腐烂而膨胀,几乎就要炸开。许多印度士兵们横尸路边,他们是被自己所丢弃的武器杀死的。

麦肯齐路过艾金指挥部的车辆时看到:"一些车已经被丢弃了,还有一些被放火烧毁,不过大致还是维持了原样,也有一些彻底面目全非。"麦肯齐注意

---

① J. 伦特:《撤出缅甸,1941—1942》,伦敦,1986,第163页。

② J. N. 麦凯:《威尔士亲王的廓尔喀族第四步枪队的历史,1938—1948》(卷三),伦敦,1952,第123页;J. N. 麦凯:《爱丁堡公爵的廓尔喀族第七步枪队的历史》,伦敦,1962,第180页。

到部队的货车上面依旧有战旗在飘扬。①

缅甸的开战阶段对英军来说无疑是一场灾难,这也使得后来的马来半岛和新加坡战役愈发艰难。2月23日,赫顿向战时办公室汇报日军已经派出一支小分队从侧翼攻打锡当桥,然而日军又有另外一支小分队正西行前往碧琳河。24日,赫顿向德里发电报更加详细地描述了这一事件:

> 我告诉斯迈斯,如果有必要,由他来负责安排军队的撤离工作,尽早让所运输工具都撤回来。来自空军的侦察显示日军加强了兵力。仰光防卫战的杜克兵团则冒着极大的风险去帮助前方军队撤离。有一个团在锡当集合之后,2月20日就开始了撤军工作,那时碧琳河已经没有可能再被保住。情报显示,敌军重新集结了一个师的力量准备从北部攻打桥头堡。尽管我们也有部队在北侧活动,但是却没有发现丛林中的日军。这次战役的决定都是我做出的,斯迈斯将军不应受到责罚。②

赫顿后来又说道:"锡当河之战无疑是一场灾难。"韦维尔简洁地评价道:"通过研究这次行动中的一系列汇报,我可以确定从碧琳河向西撤退的作战决定是第17师指挥部做出的一个错误决定,这个决定带来了灾难般的后果,我们损失了几乎整整两个团的兵力,而这本不该发生。"日军的两个师都投入了兵力在锡当河战役上,但实际上第17师在多数战役中都是占有人数优势的。

关于锡当战役的行动也存在着不同的意见。斯迈斯的参谋长考恩准将,在1955年就写信给他的前长官这样说道:

> 我认为让艾金的部队在撤军之前回到锡当桥是明智之举。这是艾金竭力要求的。这意味着我们有机会可以和第16军和第48军再次会合。不过,这也是事后才发现的。

---

① K. P. 麦肯齐:《仰光监狱的管理》,伦敦,1954,第39—40页。
② 内阁办公室:《主要战争电报和备忘录,1940—1943,远东》,伦敦,1976,第99页。

斯迈斯回复说如果当时日军在第16军和第48军撤离碧琳河时紧随其后的话事情就可能会很糟糕。他曾想让第46军留在斋托以免其他军卷入麻烦。缅甸军方在仰光的首席指挥官,戴维斯准将对斯迈斯一直持同情的态度,因为他认为斯迈斯被赫顿强迫留在碧琳河打持久战。不过对于锡当河撤军一事他始终认为这是一个"令人羞耻的错误决定"。①

赫顿将军在2月19日就允许斯迈斯的部队撤军。之后在2月23日,炸桥的当天,他又觉得在下午5点半前可以撤军30公里。英军铸成大错可以归咎于在2月21日时,第17师的大部分士兵依旧驻扎在斋托附近,那一天日军已经来到了斯迈斯的北侧。并且由于由铁路运输转为公路运输,撤军的速度也被延迟。盟军在2月21日展开的空袭阻碍了部队的指挥,但是没有阻止地面行动。无论是在20日还是21日,集结桥头堡军力去掩护锡当桥东段都是没有必要的。

当第17师的大部队在2月22日早晨被切断时,分区指挥部还让事态继续蔓延下去。没有巡逻部队尝试去和艾金准将还有琼斯准将的部队重新取得联系。斯迈斯和考恩在炸桥之时也都不在现场。重担全都放在了休·琼斯的身上,而他其实在一开始根本没有炸桥的想法。②即便是在最后一刻,斯迈斯依然有机会停止炸桥行动转而进行更深一步的调查。锡当溃败的程度让缅甸军方认识到,他们现在需要一位可以掌控前线的军队领导。

参与了锡当河一战的低级官员们在进一步了解了事情的前因后果之后也同样发出了质疑之声。兰道尔副官写道:

> 杰克·斯迈斯在守卫锡当桥时所采取的行动是不恰当的。没有近桥的守卫军,没有战争计划,没有合适的防御计划。锡当桥可是第17师的颈部大动脉啊。日军当时只是在初步探测桥的情况而已,他

---

① J. 伦特:《撤出缅甸,1941—1942》,伦敦,1986,第136页。
② L. 艾伦:《漫长的撤军,1941—1945》,伦敦,1984,第650页。

们只是进行了地面侦察以便进行下一步的行军部署。我们当时应该大举进攻,重创他们。由于宝塔山的地理优势,日军可以清楚地看见锡当桥并接近锡当桥。斯迈斯没有勇气,他当时应该让廓尔喀第4团第1分队继续推进。我当时完全不知道是发生了什么事情,简直是见鬼了。①

边防军团的安迪·卡尔莱曼队长说:"斯迈斯不应当在如此病重的情况下继续领导军队。所有人都知道斯迈斯是一位勇敢的军人,但是作为军队指挥官,尤其是丛林战的军队指挥官,他不是完全胜任的。这对他的部队十分不公平。"②新生代的一位将军,朱利安·汤普森这样评价道:"锡当战役中近桥护卫军的不当安排,应当作为英国陆军参谋学院的一个反面教材来学习。"③而日方樱井将军的出色表现更是给盟军犯下的错误当头一棒。

斯迈斯在接下来的几年里一直替自己辩护。他始终责备赫顿和韦维尔躲在萨尔温江和碧琳河之后,却把他暴露在毛淡棉地区进行战斗。斯迈斯认为,在毛淡棉地区的交战使他的军队没能按时渡河。他之后有写到赫顿和韦维尔在缅甸南部的作战计划:

> 我十分理解韦维尔将军的前沿防御计划。这对丘吉尔和伦敦的指挥部来说是一个莫大的安慰,每天早上都能看见第17师的兵力深入仰光更深的地方。但是,这只是一个政治防御计划,而不是军事防御计划。④

对他的说法最有力的回击便是仰光是增援部队的唯一通道。保住仰光是事关性命的军事考虑。

---

① J.汤普森:《缅甸战争,1942—1945》,伦敦,2002,第22页。
② J.拉蒂默:《缅甸:被遗忘的战争》,伦敦,2004,第63页。
③ J.汤普森:《缅甸战争,1942—1945》,伦敦,2002,第22页。
④ R.列文:《陆军元帅韦维尔》,伦敦,1980,第177页。

斯迈斯严重的病情已经必须引起重视。2月25日,斯迈斯写信给赫顿请求两周的病假。信中写道:

> 尊敬的将军,医委会一直将我留院观察,认为我已无大碍,但是依旧建议我如果可能就暂离职务两星期。鉴于目前我的军队已实力大减,我现在写信请求您批准我尽早离职休息。我十分不愿意在军情如此紧张之时,且庞奇·考恩还没有完全做好替代我的职务准备之时向您提出这个要求。但是,我现在的确非常需要调整自己的时间。在我的指挥之下,军队连连撤退且士气低落,也许现在是时候让他们接受一位新的领导者。接下来的战争将会旷日持久,如果您应允,我希望您可以用一名印度军官替代我,让我得以调养身体,以便再次重新为我军效力。①

赫顿随后致电印度军事部长:

> 我昨天拜望了他(斯迈斯),他似乎很好,比较开朗。我没有暗示他应该为那些撤军的决定负责。这不是时机,我必须说,他对自己指挥的能力已经失去了信心,他不应该再担任军职。提议任命考恩,立即将斯迈斯派往印度。②

斯迈斯将军在锡当战役时身体状况究竟如何还有待猜测。赫顿后来写道:

> 关于斯迈斯的健康状况,印度的一些高级官员肯定已经有所耳闻,包括军队总司令哈特利将军,可能在我阵营里也有人略知一二。不过没有人认为有义务告知我。他被总司令部派遣去缅甸实在离奇。因为之前我已经通过小道消息得知他实际上已经处在精神崩溃的状态。

---

① A.德雷珀:《拂晓雷鸣》,伦敦,1987,第126页。

② A.德雷珀:《拂晓雷鸣》,伦敦,1987,第74页。

赫顿作为指挥官任期也同样走到了尽头。在亚历山大将军来之前,他本来也只是临时代理指挥官。记者詹姆斯·哈德森在2月27日抵达仰光,随即便采访了赫顿,据哈德森说:"赫顿看起来既像一名将军,也像一名大学教授。他戴着眼镜,坐在门桌前,不时接起电话,讨论残酷的军情。"日后当人们在性格外向的领导者身上寻找失败原因时,便经常提到,赫顿身上缺少那股领导人应该具有的魅力。

第十一章 战争前线仰光

锡当河战役开始后,英国首相丘吉尔便和澳大利亚政府展开了紧张的谈判,意在决定澳大利亚第7师是否应该在仰光登陆,确保仰光这座开放性的港口能够使用,这一点至关重要,是这些讨论谈判能否达成一致决议的基础。澳大利亚第7师和第6师先后在尼罗河三角洲登船驶往亚洲,同日本作战。第7师也是第一支由中东地区抵达印度洋海域的盟军的完整师。只要新加坡还在英国的掌控之中,印度洋海域中的防御要塞便能优先获得战略物资的援助。但是,自从2月15日新加坡宣布投降之后,仰光就成为盟军在远东地区最为重要的港口。[①]

远洋快轮"阿卡德"号在第7师主力护航编队之前就迅速抵达荷属东印度群岛,并向这儿运送了3 400名士兵。盟军曾考虑过将澳大利亚第1集团军部署在爪哇岛,但韦维尔却指出,在荷属东印度群岛部署如此多的兵力毫无意义,因为此地终将会被攻占,他建议将其部署在缅甸或澳大利亚会更好一些。

之后,韦维尔给丘吉尔的一则报告中建议,应该至少调遣一个师的兵力去支援缅甸。位于伦敦的太平洋作战委员会在2月17日晚商讨了此建议,并表示支持。时任堪培拉驻伦敦大使西尔·厄·佩奇和澳方高级专员都致电澳大利亚政府,表达了自己对该方案的认可和支持。[②]佩奇和布鲁斯都曾担任过首相职务。当晚,丘吉尔便写信给参谋部长:"如果澳大利亚第6和第9师迅速撤回澳大利亚,最好的补救措施是将第7师调到仰光。"

[①] A.沃伦:《新加坡1942:英国最惨痛的失败》,伦敦,2002,第180—181页。

[②] D.霍纳:《最高指令》,悉尼,1982,第157页。

此时,澳大利亚第7师刚刚在叙利亚和黎巴嫩境内与法国维希政府殖民军进行了一场短暂而激烈的战斗。这次战斗经历使他们在与日军即将展开的战斗中处于有利地位。第7师的步兵营人数多达900~1 000人,相当于印度第17师和缅甸第1师人数的总和。光是第7师拥有的72门野战火炮的火力就比赫顿将军和饭田将军两队所有兵力的火炮火力都强。

然而,2月15日新加坡的投降却震惊了整个澳大利亚。随着新加坡的沦陷,英国在整个远东地区的战略部署都毁于一旦,日本的闪电战势如破竹地向前推进。2月16日,澳大利亚总参谋部长建议"如果可以的话,原先由中东地区调往远东地区的澳大利亚军队应立即返回澳大利亚"。[①]澳大利亚战时内阁也于次日确定了该方案。总理约翰·柯庭也要求伦敦方面将从中东地区调离的澳方舰队直接开赴澳大利亚。

澳大利亚北部的达尔文港遭受轰炸之后,澳方政府更是进一步确定了该方案。达尔文市于2月19日遭到一支日本航母特遣队的突袭,而该特遣队也正是袭击珍珠港的那支部队。达尔文市是盟军在东印度群岛的一处补给基地,日军为了掩护原先计划好的东帝汶登陆行动,也对其进行了袭击。袭击中,日军共动用了四个航母舰队,以两艘快速战列舰为掩护,还包括众多小型战舰。

2月19日黎明,舰队司令南云忠一指挥的由81架战机组成的打击力量从距离达尔文市大约220英里的东帝汶升空。指挥官渊田美津雄这样描述这次空袭行动:

> 就像在腊包尔那样,这次军事行动对南云中队来说似乎不值得一提。的确,港口上到处都挤满了各式各样的船只,但是仅有的一个码头和零星的水滨建筑物好像是他们仅有的军事设施。机场上……稀稀拉拉地堆着小型起落架,也就只有两三个,各种型号的飞机散落

---

① D.霍纳:《最高指令》,悉尼,1982,第157页。

在机场各处,加起来也不过20多架。

日本战机对达尔文港的基础设施、飞机和船舶造成了毁灭性打击。大概在正午时分,日方又派54架路基轰炸机袭击了飞机场,使这里更加混乱不堪。这次袭击共造成大约250人死亡。① 南云忠一的航母安全返回西里伯斯岛(即苏拉威西岛)西南部的燕八哥湾,而日军对东帝汶的侵略则发生在2月20日。

与此同时,丘吉尔已经失去了耐心。2月20日上午9点,他命令海军部队将第7师的护航编队开往仰光。他还致电柯庭,以此寻求他对此次军队调遣的支持,但丘吉尔并未明确表示他已经下达了该命令。他告诉柯庭,第7师是"唯一能够及时到达仰光的一支部队,此举能够避免伤亡,并防止和中国的联系中断"。丘吉尔辩护道,"这是战争中不可忽视的危急关头"。② 他还要求罗斯福总统介入,并支持此决定,而罗斯福也确实这么做了。2月20日,第7师和第25旅的指挥所便搬到了科伦坡;第18旅开到了孟买;第21旅则驻扎在锡兰东部海面。如果该调动计划得以继续实施,澳大利亚主力旅大概能在2月26日登陆仰光,第二批护航编队也能在几天后抵达,第3旅和最后一旅部队可能会在3月6日之前上岸。③

2月21日,澳大利亚战时内阁进一步确定了他们的方案:不再向仰光增派部队,丘吉尔于次日上午得知这一消息。柯庭在发给丘吉尔的电报中表示:"澳方政府无意重蹈希腊和马来战役的覆辙。"④ 柯庭在电报中还说明,鉴于澳方军队在远东防御战中以及澳大利亚武装部队在中东地区做出的重要贡献:

  我们有充足的权利要求他们在护航编队的护送下尽快安全返回澳大利亚。我们希望您能将此事告知罗斯福总统,他深知我们已经

---

① G. 吉尔·赫蒙:《澳大利亚皇家海军,1939—1942》,堪培拉,1968,第594页。
② W. S. 丘吉尔:《第二次世界大战》(卷四),伦敦,1951,第138—139页。
③ L. 威格莫尔:《日军的入侵》,堪培拉,1957,第464页。
④ W. S. 丘吉尔:《第二次世界大战》(卷四),伦敦,1951,第142页。

为了我们共同的事业牺牲得够多了。如果我方能够按照我军参谋的判断,将我方军队调往仰光和印度而且不会危及自身安全,那我们将欣然接受调动命令。①

克里特岛和新加坡战役的惨败极大地动摇了澳大利亚政府对英国政府的判断力,挫伤了澳方做承诺的信心。

当澳方政府得知其舰队已经在堪培拉的默许之下被转移了的时候,双方关系变得更加不协调。2月23日,澳大利亚政府发表声明:"我们是不可能撤除决定的,尤其是这些经过深思熟虑做出且再三强调的决定。"这一次,丘吉尔做出了让步,当日他便告知柯庭:"你的舰队目前正驶往科伦坡补充燃料,之后它们便会按照你的意愿赶赴澳大利亚。"②后来丘吉尔在他的回忆录中承认:"虽然日本的推进不会对不列颠群岛造成危害,但是却将澳大利亚置于一个生死攸关的境地。"③

如若澳大利亚军队增援仰光,这无疑会给仰光军队临时增加一枚宝贵的胜利砝码。但是在好战的英国看来,远东地区的战事还不算重中之重,这使得澳大利亚政府有时不得不考虑到自身利益了。一旦日本军队越过荷属东印度群岛,他们就很有可能在达尔文地区或巴布亚新几内亚的莫尔兹比港登陆,而位于北美和印度的盟军援军离他们尚有数千英里的距离。

就目前的情况来看,自从新加坡沦陷后,澳大利亚最害怕的事都接连发生。而日本则迅速开始利用新夺来的航运通道,此通道可直达荷属东印度群岛的腹地。位于苏门答腊岛巴邻旁的一处大型炼油厂很快也落入日军手中。韦维尔命令苏门答腊岛的盟军士兵撤往爪哇岛,与此同时,日军也在爪哇岛东

---

① G. 吉尔·赫蒙:《澳大利亚皇家海军,1939—1942》,堪培拉,1968,第601页。

② D. 霍纳:《最高指令》,悉尼,1982,第158页;W. S. 丘吉尔:《第二次世界大战》(卷四),伦敦,1951,第145页;G. 吉尔·赫蒙:《澳大利亚皇家海军,1939—1942》,堪培拉,1968,第601页。

③ W. S. 丘吉尔:《第二次世界大战》(卷四),伦敦,1951,第137页。

部的巴厘岛登陆。爪哇岛也是该群岛的人口和经济中心。

韦维尔向上级提醒说,爪哇岛很可能会在2月底之前被日军攻破。2月20日,位于华盛顿的联合参谋长会议发布命令,要求死守爪哇岛。"哪怕多守一天都意义重大。任何国家的地面部队或者空中力量都不得撤退和投降。"第二天,韦维尔奉命关闭了美、英、荷、澳指挥中心并于几天后离开了爪哇岛。

韦维尔离开后,荷兰海军中将C. E. L.赫尔弗里希继续在爪哇岛担任最高指挥官。海因·特·珀坦则出任盟军陆军总司令,手下共有25 000名荷兰士兵,40 000名装备简陋的地方武装以及小批美英澳部队。爪哇岛的盟军海军则拥有8艘巡洋舰,12艘驱逐舰,赫尔弗里希将舰队分别驻防在位于爪哇岛西北和东北角的巴塔维亚港和泗水港之间的水域。

日军计划在爪哇岛两端同时实施两栖登陆,并在菲律宾和印度支那(即中南半岛)集结了大量入侵舰队,由众多巡洋舰和驱逐舰进行护航,大约100架运输机将负责运送第16军团的所有士兵和装备。舰队司令南云忠一的航母和战列舰也在海上待命,防止入侵舰队遭到印度洋中盟军残留海军力量的攻击。此时的爪哇岛实际上已经同盟军失去了联系。

2月24日,赫尔弗里希接到消息称,一支日本舰队及其护航编队正向南开赴至婆罗洲(加里曼丹岛)东侧的望加锡海峡。次日上午,该消息得到确认,赫尔弗里希命令丹戎皮里亚克和巴塔维亚港所有能够参加战斗的战舰前往泗水与海军上将卡雷尔·多尔曼的部队会合,形成一支"联合部队"。得到援助之后,多尔曼的舰队共有2艘重型巡洋舰、3艘轻型巡洋舰和9艘驱逐舰,但这也只不过和高木上将率领的一支特遣队的规模差不多,该队负责护送驶往爪哇岛东部的入侵舰队。高木手中有2艘重型巡洋舰、2艘轻型巡洋舰以及14艘驱逐舰。日本舰队的配合有条不紊,而盟军的战舰来自不同的国家,许多战舰都年久失修。一名在皇家海军驱逐舰"伊莱克特拉"号上的军官说:"我们决心在最艰苦的条件下奋战到底,在一个实际上已经成为内海的地区,同强大的敌人周旋到底。他们虽已占领了海岸,却占领不了爪哇。"①盟军海军此时唯一能够指望的就是空军的支援了。

2月26日夜晚到27日凌晨,多尔曼率领舰队在爪哇岛北部水域巡视,但均没有任何发现,当他在第二天下午3点返回泗水港的途中时突然接到赫尔弗里希的报告,说发现了敌方战舰。联合部队半小时后再次开往该海域。那一天爪哇海的天气一如既往的晴朗,海面风平浪静,蓝天下海面的视野极好。

从盟军的角度看,这场惨烈的爪哇海战爆发于2月27日下午。交战刚开始,重型巡洋舰"皇家埃克赛特"号就由于遭到炮火袭击而失去了战斗能力。不久,一艘英国驱逐舰和荷兰驱逐舰分别被一枚水雷和鱼雷击沉。然而,盟军在这场战役中最重大的损失莫过于荷兰的"爪哇"号和"鲁伊特尔"号轻型巡洋舰,它们都遭到了"长矛"鱼雷的致命性打击,并于当晚沉没,船上还载有854名荷兰士兵,包括舰队司令多尔曼。幸存下来的盟军战舰匆忙撤退,获胜的日本舰队也撤离了战场,去为即将进攻爪哇岛东部的入侵舰队铺平最后一段道路。

接下来的两天,盟军战舰试图逃出爪哇岛,前往锡兰和澳大利亚的港口,但在突围时再次遭到了重创。2月28日晚,澳大利亚皇家海军军舰"玻斯"号和美国军舰"休斯顿"号试图逃往位于爪哇岛和苏门答腊岛之间的巽它海峡,却误打误撞地碰上了今村将军抛锚在万丹湾的一艘运输船,今村舰队是从西侧入侵爪哇岛的一支舰队。一阵短暂激烈的夜间战斗之后,日方舰队的护航舰队击沉了盟军的巡洋舰,1 056名美国和澳大利亚水军士兵牺牲。但日军在这次战斗中也有几艘运输船被击沉和遭到损坏,其中就包括今村的旗舰,他后来和其他人一起跳入水中,在水中抓住了一块木头并在海上漂浮了20分钟,直到救援船只将他救上岸。当晚不久,今村的援兵上岸后发现将军"正坐在100多米远的竹堆上,我吃力地拖着步子向他走去,祝贺他登陆成功。我环顾四周,

---

① A.J.马德,M.雅各布森,J.霍斯菲尔德:《老友新敌:皇家海军与日本帝国海军》(卷二),牛津,1990,第52页。

每个人的脸都成了黑色(因为水中的石油),指挥官也是如此"。[1]日本的将军们在东南亚的整个战争中时刻都在前线。

日本皇家海军在爪哇海战中没有损失一艘船只;盟军损失了5艘巡洋舰和6艘驱逐舰(第五艘巡洋舰是英国"皇家埃克赛特"号)。许多从东印度群岛逃出的盟军战舰和商船也都被击沉。日本海军在这次战役中出色地运用了航母、鱼雷和火炮。锡兰东部舰队指挥官海军中将杰弗里·莱顿在写给海军部第一海务大臣、海军上将达德利·庞德的信中说:

在爪哇白天和夜晚进行的海战中,我方战舰损失可谓前所未有……我多么希望我们的海面部队能在日军进攻之前撤往爪哇岛南部,而且那些被炸沉的战舰并没有为我们换来一丝优势。[2]

庞德如今也只能同意莱顿的观点了。

爪哇海战只让日本的入侵舰队耽误了一天的时间。东部和西部的入侵部队在2月28日和3月1日夜晚继续登陆。今村的第16军团很快进入该岛,整个爪哇岛战役即将结束。荷兰将军波顿在3月8日上午电告其残余部队放下武器。接下来几天,共有12 500名英澳士兵、飞行员和海军被俘。

之前,日军就已经占领了新几内亚东部的腊包尔、萨拉毛亚和莱城。在菲律宾,超过100 000名菲律宾人以及美国士兵,还有平民难民被困在了巴丹半岛。半岛的最窄处只有15英里宽,耸立着一座被密林覆盖的山脉。被围困的驻防部队饱受饥饿、疟疾和痢疾的困扰,只能坚守很短的一段时间。

新加坡沦陷之后,日本迅速占领了荷属东印度群岛,打开了日本海军进入印度洋的通道。日本船只现在可以任意选择路径绕过苏门答腊岛,从马六甲还是巽它海峡都可以。如今,由于日本在整个东南亚地区取得的不错战果,指

---

[1] G. 吉尔·赫蒙:《澳大利亚皇家海军,1939—1942》,堪培拉,1968,第622页。

[2] A. J. 马德, M. 雅各布森, J. 霍斯菲尔德:《老友新敌:皇家海军与日本帝国海军》(卷二),牛津,1990,第78页。

挥官可以下令部分部队调往缅甸南部参与接下来的战争行动。

英国在缅甸的殖民政权也处在十分危险的境地。但是为了避免造成民众的恐慌，仰光政府很少发布负面消息。2月18日《仰光公报》头版的"每日新闻"一栏是这样陈述的："就是消息灵通的人士都不愿透露关于这次紧急撤军的任何消息，甚至不愿提及现在仰光所面临的威胁……我们的士兵各个士气高涨，他们只有在计算下次进攻日期时才显得比较焦急。"在同一张报纸的另一栏，则是9家银行宣布他们将于次日关闭在仰光的分行，并将其转移到曼德勒重新开张的报道。[①]

虽然缅甸总督多尔曼·史密斯、赫顿将军和缅甸部长办公室首脑们的关系还算协调，但是日本军队的大举入侵还是给缅甸政府带来了很大压力。缅甸政府计划分三步撤离仰光，第一次撤离开始于2月20日。仰光一家主要医院也在接下来的两天被转移到曼德勒。和平时期仰光的人口约为500 000，但此时却锐减到了150 000。过去几周以来，一直有大批印度人从缅甸南部逃离。60%居住在缅甸的印度人都是在印度出生，危机爆发时人们自然是想回到他们出生的地方。六天之后，成千上万的难民由海路被转移到了马德拉斯和加尔各答。剩下的印度人则经陆路向北走，大部分人都是徒步前进。

澳大利亚第7师并未能在缅甸登陆，但是其他援军正在赶来。一支载有第7装甲旅和第1步兵团的舰队于2月21日抵达缅甸，该舰队迅速向东前进，穿过了孟加拉湾平静的海面。当船只抵达缅甸河河口时，海湾处原本清澈的河水变成了棕色。河流上游25英里处就是仰光，高耸的瑞光大金塔依然在城市上空若隐若现，金色的神庙在阳光的照射下熠熠生辉。

第7装甲旅分别乘坐两艘运输船抵达仰光时，正好迎面遇上正在撤退的载着皇家空军士兵和逃亡难民的船只，于是即将入境的运输船上的士兵纷纷用

[①] A.德雷珀：《拂晓雷鸣》，伦敦，1987，第132页。

嘲讽的口气喊道:"你们走错了方向了!"①虽然空中一直传来航空警报,但是他们却并没有遭到空袭。陆军准将 J. H. 安斯蒂斯已先于他的部队乘机到达缅甸,现在正在码头附近等候部队的到来。安斯蒂斯曾在一战中服役于恩尼斯基伦龙骑兵团;最近由于他在敦刻尔克战役中的出色表现而被授予"优异服务勋章";第44炮兵连的 L. E. 塔特是这样描写舰队从海滩登陆的场景的:

> 我们的行动基本上悄无声息,空气中到处弥漫着恐怖的气息。码头上没有工人帮助我们收起缆绳和停泊船只,也没有起重机或搬运工帮我们卸下装备,只能靠我们自己。我们现在知道了沿途遇到的那些满载着平民的船只会向我们鸣笛致敬、老百姓们为我们欢呼的原因了:在他们看来,我们是朝着死亡前进。整个城市上空都被一层浓浓的烟雾笼罩,到处都是建筑倒塌和步枪射击的声音……当我们的舰队快要抵达岸边时,一艘小船突然解开系船绳驶向公海,在港口的水面上激起了泡沫,但这并不能让我们打起精神。②

一位军官回忆说:"当撤退命令下达之后,仰光的法律秩序便荡然无存。几乎所有的警察都逃走了……暴徒们洗劫了城市和郊区所有的商店和住宅,到处都是公路抢劫和谋杀。"③缅甸黑帮用暴力解决他们和中国以及印度商人之间的旧账。被炸弹炸死的人们的尸体依然躺在他们当初倒下的大街上。黑翅鸢(一种秃鹫)在街上撕扯尸体的景象,让旁观者连连作呕。塔特曾看到过受到惊吓的秃鹫"在我们路过时费力而缓慢地拍打着翅膀。它们吃得太饱了以至于都飞不起来了。它们走了之后,一群狗又立刻蜂拥而至"。

第7装甲旅抵达仰光的时候,锡当河战役已经结束了,但他们还是在后续战役中发挥了重要作用。本应由三个装甲团组成的第7装甲旅当时只有两个

---

① B.佩雷特:《坦克仰光》,伦敦,1978,第29页。
② G.阿斯特:《丛林战争》,霍博肯,新泽西州,2004,第63—64页。
③ M.科利斯:《缅甸的最初和最末》,伦敦,1956,第92页。

装甲团:第7骑兵团和皇家坦克兵团,第三支装甲部队则落在了中东地区。该旅先前已经在西迪巴拉尼和贝达富姆同意大利军队交过手,又在托布鲁克港外的西迪雷泽格同德意志非洲军团的装甲部队交战过。该旅的两个装甲团是皇家装甲军团的左膀右臂,该军团是由原先的装甲兵团和最近才组建的皇家坦克兵团组成。骑士党和圆颅党是英国内战后形成的在现代英国政坛中实力相当的两股势力,每当战争间隙时期,两派关系就会由于利益对立和互相猜忌而遭到破坏。但是到了1942年,共同的战时经历让两派之间呈现出前所未有的团结局面。[1]与该装甲旅协同登陆的还有第414皇家火炮骑兵队(埃塞克斯义勇骑兵队)和第95反坦克团。

安斯蒂斯的装甲旅装备有制作精良的美国"斯图尔特"轻型坦克,炮膛口径为37毫米,发射实心炮弹,还配有两挺勃朗宁机枪,可搭载4名车组人员,重达13吨,由一台改装过的航空发动机驱动;其装甲厚度在北非战场上并不能算过关,但是已经足以抵抗日本的反坦克武器,但是后来日本军队也学会了将迫击炮发射升空后直接打到装甲防护最为薄弱的指挥塔将其摧毁。在仰光登陆的部队携带有他们自己的工作车间和运输梯队;每个团配发有52辆坦克。然而与预期大不一样的是,由于天气炎热干燥,烈日下的稻田田埂变得跟石头一样硬,就连坦克也很难从上面越过,所以大多数时候它们只能在缅甸的公路和铁轨上行驶。热带地区的高温也让坦克内的人员吃尽了苦头,有时候金属车辆的表面会被晒得发烫,碰都不能碰。

在仰光登陆的最后一批编队得以尽情享用美国政府《租借法案》所提供的物资补给,不过这批储存物资是要装船运往中国的。英国部队当时手上有300挺布朗式轻机枪,1 000支冲锋枪,260辆吉普车和680辆卡车,这些正是缅甸部队所急需的。但是,由于政府的强制征用和其他原因,仰光的商业发展已经彻

---

[1] B.佩雷特:《坦克仰光》,伦敦,1978,第24页。

底停滞。道路上再也看不到重型车辆、公交车和出租车;环卫工人早已逃离仰光,餐馆和报社已经关门。美国空军志愿军的福尔瑞曼这样描述他所看到的景象:"每天都在一点点地退化到原始丛林的状态。"①

缅甸军方将指挥所转移到了眉苗,仰光城中只剩下了一个高级指挥部,司法部长下令释放仰光监狱中所有的犯人以及精神病院中的病人,因为此时的看守早已不再值班保护他们的安全,而该做法也给这座本就十分不幸的城市增加了混乱。一位官员记述道:"有许多抢劫犯都被枪杀,但是每当夜晚,我们却担心我们射杀的只是那些从收容所中释放出来的不幸的精神病患者,他们只是在大街上游荡来寻找食物和住所而已。"②值得一提的是,第7骑兵队队长N.S.梅特卡夫和一名运输船官员一起到仰光动物园去搜罗一些废弃的交通工具时:

> 我们之前被告知所有有危险的动物都已经被杀死了,但是当我们进到里面的时候却发现有许多动物依然活着,而且正在笼外徘徊!当我们发现河里的"树干"实际上是一只鳄鱼、悬在树上的一根"绳子"是完全伸展开来的蟒蛇时,我们的心立马悬了起来。③

一只猩猩也从动物园逃了出来,有传言说它正在市中心区过着逍遥的生活。

锡当河战败之后,缅甸东南部前线急需增援。缅甸当局很久之后才得知澳方军队不会来此增援的消息。2月24日,多尔曼·史密斯给伦敦发电报:"如果澳方军队能来的话,战争可能会向着我们有利的方向发生根本性转机。是否让他们参战的确是一件很让人头疼的事,但是我认为值得冒这次险,不然的话缅甸会完全落入日军手中。"④同一天,在赫顿给印度德里的信息中也提及他很希望澳方部队早日赶来,"那可能会扭转战局"。当赫顿得知印方对他坚守

---

① J. 克林科伟兹:《飞虎队在中国,1941—1942》,莱克星顿,肯塔基州,1999,第81页。

② M. 科利斯:《缅甸的最初和最末》,伦敦,1956,第93页。

③ B. 佩雷特:《坦克仰光》,伦敦,1978,第30页。

④ M. 科利斯:《缅甸的最初和最末》,伦敦,1956,第98页。

仰光的决心表示怀疑时,他十分气愤。他在给印度最高指挥官哈特利将军的电报中写道:"我从未奢望我们之间不会存在任何让人生厌的举动,但是我却不能忽略现实情况……事实上,我所预见的事情都接二连三地发生了,但是我从不会让任何不和谐事情困扰我。"① 多尔曼·史密斯分别在2月25日和26日电报伦敦,询问澳方军队是否已经出发。回复是:"首相丘吉尔致缅甸总督:我们积极呼吁各方,而且也得到了美国总统的支持,但是澳大利亚政府坚持不肯派兵。请坚持战斗。"②

2月25日和26日,共有170架日本战斗机对仰光实行密集空袭。经过多次穷追不舍的混战之后,"飓风"战机和"战斧"战机的飞行员声称给入侵者造成了重大损失。在英国部队控制仰光期间,日方基本上没什么空袭行动。空军少将斯蒂芬森在他的军事报告中写道:

> 敌人已遭到严重打击,在夺取这座城市和我们的空军基地之前,他们将不再试图进入仰光附近的警戒区……这对我们的登陆行动以及保障运送最后一批援兵的舰队安全具有重大意义。③

事实上,日本空军的损失并没有那么严重。由于日军希望夺得一个完好无损的仰光港口,他们并没有任何轰炸该城市的打算。饭田将军在日记中这样记述该时期:

> 我们现在基本上看不到什么英国战机。随着我方夺得制空权,像锡当河战役中让我们遭受损失的持续不断的空袭如今已经大为减少。在此之前,就算是在白天,一个士兵走在路上也要时刻提心吊胆,但是如今,他们根本就没有必要担心敌方战机的威胁。④

英国皇家空军和美国空军志愿军(美国飞虎队)就连在保卫他们自己的基地时都举步维艰,在地面战争中不再有任何优势。

---

① S.伍德伯恩·卡比:《抗日战争》(卷二),伦敦,1958,第84页。
② M.科利斯:《缅甸的最初和最末》,伦敦,1956,第99页。
③ B.普拉萨德:《撤出缅甸,1941—1942》,加尔各答,1959,第204页。
④ I.L.格兰特,灵山三郎:《缅甸1942:日本入侵》,奇切斯特,1999,第149页。

印度政府在最后时刻紧急从马德拉斯调了一个旅去增援缅甸,该旅的运输工具和重装备则从加尔各答运出。哈特利将军提醒赫顿:"我已经尽快派出了第63旅,但我必须指出,这支部队需要更多的锻炼。这是支好军队,但请不要对它抱太大的幻想。"①与此同时,印度第一野战团也从加尔各答出发了。

　　第63旅于2月26日从马德拉斯港出发,但是赫顿却在那一天建议,不要再派任何部队增援仰光,总督多尔曼·史密斯对该想法表示赞同。他在2月27日写道:"我于昨晚在城内逛了一圈,没有看到抢劫事件发生,可能是因为根本就没什么可以抢的了。"②总督在发给伦敦的消息中说:"我看不到任何能够拯救仰光的希望。"2月28日,赫顿命令载着第63旅的舰队返回印度,远在德里的哈特利将军表示同意。同一天,赫顿还下令所有部队撤出仰光,并通知印度:除非他接到不同的指示,不然他将最迟于3月1日炸毁整个城市。③但是,当天下午韦维尔将军便发消息命令推迟炸毁城市。韦维尔以美、英、荷、澳指挥官的身份从不幸的爪哇岛战役中回来后,便继续担任印度最高指挥官的职务。

　　2月28日晚上,多尔曼·史密斯在仰光总督府里度过最后一个夜晚。总督和他的同僚们在一起吃了顿晚餐,就餐环境简单至极。宪兵队派来一名士兵在一旁值班。多尔曼·史密斯回忆道:

　　　　我们吃完之后,走向对面的台球室,漫无目的地打了几局台球,挂在两旁墙壁上的历任总督肖像用一种冷漠的眼神俯视着我们。他们永远也不可能想到会有这顿最后的晚餐。他们好像惹恼了艾瑞克·贝特斯比(多尔曼的副官)。"大人,您认为我们该把他们交给日本人吗?"他在问我的时候手上抓着一个桌球。我本应该让他把球放下,但是我没有,他把球扔了出去,其他人也很快加入了这场扔球活

---

① I. L. 格兰特,灵山三郎:《缅甸1942:日本入侵》,奇切斯特,1999,第149页。

② M. 科利斯:《缅甸的最初和最末》,伦敦,1956,第102页。

③ R. 卡拉汉:《缅甸1942—1945》,伦敦,1978,第35页。

动,所有桌球被一扫而光。①

  3月1日黎明,多尔曼·史密斯离开了总督府,前往机场,他们将乘机飞往缅甸中部的马圭与韦维尔和其他的指挥官们会面。

---

  ① M. 科利斯:《缅甸的最初和最末》,伦敦,1956,第102页。

第十二章 韦维尔掌权

2月28日,韦维尔继续担任他之前的职务——印度军方最高指挥官,哈德利将军则被降职为副手。当时日军随时准备进犯仰光,因此必须对此迅速做出决定。韦维尔命令,推迟赫顿的撤离仰光的计划,然后立刻飞往缅甸亲自调查战况。他于3月1日在仰光北部250英里的马圭和赫顿、多尔曼以及空军少将斯蒂芬森见面。赫顿回忆道:

> 当我在3月1日在马圭见到韦维尔的时候,他毫不掩饰地表达了他的感受。他当着总督、空军指挥官(斯蒂芬森)以及众多官员和老百姓的面对我大发雷霆,我觉得此时唯一能够让我保留一点儿尊严的就是一声不吭……这是我知道的唯一一次韦维尔失去理智的时候。

一向沉默寡言的韦维尔背部的伤口应该还在隐隐作痛;人们很难知道,新加坡的失败对这位军官造成了多么长久的伤害。

韦维尔并不打算让日军成功包围仰光,阻断仰光守军与外界的联系。他敏锐地抓住可能的时机,将印军第63旅调到仰光。[①]他后来在回忆这段时间时写道:"没有证据显示,锡当河西面盘踞有大量敌军:第7装甲旅并没有遭到攻击,而且中国军队正向同古进发。"载着第63旅的舰队又接到命令掉头驶回仰光,在海上援兵登陆之前,他们不会撤离这个城市。载有印度第1野战团的舰队预计在3月3日抵达,该团配备有16门25磅(注:口径约为150毫米)野战炮,

---

[①] B.普拉萨德:《撤出缅甸,1941—1942》,加尔各答,1959,第461页。

分为两组。①如果澳大利亚第7师被允许支援仰光的话,先头旅部队将在2月26日抵达仰光,第二支部队几天后就会到达,最后一个旅将在第63旅预计的抵达时间,即3月5日登陆仰光。

韦维尔在马圭将他手下的指挥官们训斥了一顿,之后,就和赫顿乘机飞往明格拉东机场。剩下的指挥官则在当天驱车赶往位于莱古的第17师指挥部。赫顿本来还需确定一下接任斯迈斯的人选,但是韦维尔连想都没想这个问题,当场就解除了斯迈斯的职务。韦维尔称,斯迈斯"是一个绝对让人生厌的人"。准将科万接替斯迈斯,成为了新的分区指挥官。虽然斯迈斯将他糟糕的健康状况隐瞒了好几个星期,但如今一切都结束了。他们的顶头上司韦维尔最终还是"抓到了他的把柄"。②韦维尔曾私下见过斯迈斯,之后科万便发现斯迈斯呆坐在一旁,把头埋在手里,身体在不停地颤抖。斯迈斯说:"我的军旅生涯走到头了。"他还说韦维尔"那个人就连他的亲儿子都不会原谅"。③后来韦维尔乘车赶往勃固,并下令一定要守住这个城市。3月2日,韦维尔乘坐布伦海姆轰炸机抵达腊戌与蒋介石会面,商讨中国军队在缅甸的作战问题。

韦维尔在3月3日前乘机回到了加尔各答。斯迈斯就和他在同一架飞机上,但是韦维尔对他视而不见。科万后来说:"韦维尔一个字都没跟他说,因为他十分反感斯迈斯,认为他让当局失望了。"④斯迈斯很快就从军队退休,之后在医院住了很长一段时间进行恢复治疗。他后来反思道:"人们在经历过重大事件后,总是会变得更加聪明,我现在回想起我人生中的那件大事,当时要是

---

① S. 伍德伯恩·卡比:《抗日战争》(卷二),伦敦,1958,第86页。

② J. 伦特:《撤出缅甸,1941—1942》,伦敦,1986,第155页。

③ A. 德雷珀:《拂晓雷鸣》,伦敦,1987,第128页;I. L. 格兰特,灵山三郎:《缅甸1942:日本入侵》,奇切斯特,1999,第150页。

④ A. 德雷珀:《拂晓雷鸣》,伦敦,1987,第128页。

聪明一点儿,拿我的健康状况做挡箭牌,拒绝任命(第17师)就好了。"[1]医疗小组诊断出斯迈斯患有阵发性心动过速、严重的消化不良和疟疾。他也不得不承认:"我现在知道我的病跟我在缅甸的医生告诉我的一样严重,而且比我想象的要严重得多。"[2]斯迈斯于1942年底从孟买乘船回到了英格兰。第二年他在伦敦的一家报社里做了一个军事通讯员。但他不是第17师中唯一被替换掉的长官。皇家工兵部队首长,阿米蒂奇上校也是因病被送回印度;一级参谋,辛普森中校则被盖伊·伯顿少校代替。

韦维尔在加尔各答机场接见了乘专机赶来的亚历山大将军。为了尽快抵达缅甸,亚历山大从英格兰出发,然后高空飞行穿过法国德占区的领空后到达埃及。[3]亚历山大是一个温文尔雅的人,他是卡列登伯爵的第三个儿子。早在一战爆发之前就在"爱尔兰守卫军"中开始了他的军旅生涯;一战时,他在法国和弗兰德斯战役中表现出色,战后晋升很快。亚历山大对印度军队有一定的了解,因为他曾在20世纪30年代初期到中期,在位于印度西北部边境地带的瑙谢拉指挥过一个旅。后来他成了一名师长,并在敦刻尔克战役中掩护英军撤退。可以说,此时授予亚历山大缅甸军队指挥官的职务,无异于递给他一杯毒酒,但是这对远东地区所有的指挥官来说都是一样的。

在加尔各答短暂的会面中,韦维尔对亚历山大说:"仰光保卫战对我军在整个远东地区的战争形势具有决定作用,无论如何也要守住它。"[4]他还命令亚历山大,就算没能完全守住仰光,也不能让敌方切断仰光守军的退路。但是亚历山大要想解决这两个互相矛盾的问题,却是说起来容易做起来难。他表面的平静和看似良好的判断力在几天后就被彻底击垮。韦维尔感到有必要对下

---

[1] J.史密斯:《唯一的敌人》,伦敦,1959,第171页。

[2] A.德雷珀:《拂晓雷鸣》,伦敦,1987,第130页。

[3] J.诺斯:《亚历山大的回忆录,1940—1945》,纽约,1962,第91页。

[4] R.卡拉汉:《缅甸,1942—1945》,伦敦,1978,第36页。

属严厉些。一旦前线稳定下来,他就能对形势做出更谨慎的评估。

当亚历山大在经过长途跋涉到达仰光时,仰光东北部依然战事不断。赫顿下令第7装甲旅死守位于勃固和锡当河之间的村庄沃镇,该小镇中的建筑都已经十分破败。一条运河自北向南从村中穿过。运河上的渠桥不能负担起坦克的重量,因此坦克只能在河流西岸作战。

装甲旅为第17师的后方提供了一个屏障,让他们能够为下一次战役做好准备。投放到勃固的物资有衣服和武器,但是其他装备却供应不足。第48旅驻扎在勃固,第16旅和第17师总部则驻扎在从仰光到勃固公路边的一个名叫莱古的小村庄内。

此时的中国军队已经接替了缅甸第1师在掸邦的战斗任务。斯科特的部队开始向南部转移,而缅甸第一旅此时位于距良礼彬北部15英里的地方。印度第13旅在克伦邦丘陵地带,防守在开卖普予和茂奇附近的一处萨尔温江横道。缅甸第2旅将交由斯科特指挥,当时这个部队位于距沃镇北部35英里的良礼彬。

西约克郡第1步兵团和刚刚登陆的苏格兰步兵团从仰光被派往前线,同第7装甲旅协同作战。苏格兰步兵团中的许多人都是从格拉斯哥和拉纳克郡的小镇中被强征入伍的,他们带着十天前才配发的迫击炮、履带式装甲车和机动车辆,从印度的塞康德拉巴德出发。西约克郡第1步兵团从年初开始,就一直驻扎在印度的巴拉克普尔。这两支部队从20世纪30年代初就一直待在印度,是英国军队中成立时间最早的兵种之一。苏格兰步兵团(第26兵团)早在1704年的布伦海姆就已经出现;西约克郡第1步兵团(第14兵团)则参加过1695年的那慕尔战役。

赫顿担心,日本会切断一条连接仰光和卑谬自北向南穿过伊洛瓦底江的重要公路,于是便派第7骑兵队的一个中队和一小队西约克郡第1步兵团沿路巡逻。如果仰光失守,赫顿的计划是,将第17师和装甲旅撤往卑谬,派缅甸第1

师在锡当河谷上游掩护中国军队进入战区。

当缅甸军方试图在勃固和锡当之间重建起一条可用战线时,日本军队正沿着锡当河东岸向北进军,想在坤则以克处渡过锡当河。日本第15军用牲畜运输装备,因此就算没有桥也能运输机动车辆,他们暂时还不打算修好锡当河上的断桥。

日本特遣队乘竹筏渡过了锡当河,并且分散进入了河流西岸的农村中。2月27日,一支苏格兰步兵团独立小分队被突然出现的日军消灭了;后来发现的尸体上布满了刺刀穿刺过的伤痕,梅特卡夫教士主持了下葬仪式。第二天夜间,英军摧毁了沃镇运河上的桥梁,因为有消息称,日本巡逻队就隐藏在对岸的一座房子里。英军于3月1日撤出了沃镇。

饭田命令第55师的主力部队要在3日夜间渡过锡当河,并占领勃固。第33师将紧随其后,向西越过山丘后,占领连接仰光和卑谬的公路铁路。在第55师攻打勃固的时候,第143团也将从西侧对该地发动进攻,而第112团则负责绕过西侧后,堵住通往勃固南部的道路。第143营则被分开来防守自锡当河谷向北延伸至同古的那段公路。第112营也接到命令,分散前往海岸地区攻占锡里安炼油厂。①

亚历山大将军不久后乘机在马圭机场降落。3月5日早上,由于赫顿不知道亚历山大到达仰光的具体时间,他便下令第48旅撤出勃固,退回仰光。赫顿和科万都赞同在当晚进行撤退。但是下午1点,亚历山大抵达仰光,重掌军队指挥权。此时头脑冷静,衣着得体的亚历山大表现出极大的乐观。他取消了赫顿的命令。同时命令科万的第17师坚守勃固,以配合韦维尔之前"尽可能长时间地保持仰光港口的畅通"的命令。

3月5日,载有印度第63旅的舰队在仰光靠岸。该旅以前隶属印度第14

---

① S.伍德伯恩·卡比:《抗日战争》(卷二),伦敦,1958,第88页页。

师,该师也是印度野战军中几个半正规化的部队之一。该旅由第1和第10廓尔喀连、第1和第11锡克连和边防部队的第2和第13连组成。理论上来说,这些都属于常规部队,但是那些战斗经历丰富的老兵都被尽可能地派去增援或重建新的部队了,因此不得不动用他们。当船只在仰光靠岸的时候,人们在那座空城中听不见一点儿声音。印度人中的一些锡克教徒们注意到一群秃鹰在这座死亡之城上空盘旋,好像在预示着什么。旅队登陆之后就可以前去增援勃固守军了。

3月6日破晓时分,日军第143团从西面向勃固发起进攻。这让勃固守军措手不及,因为英军本以为他们会从北面或东北面进攻。西约克郡第1步兵团被迫放弃了火车站附近的地面;虽然苏格兰步兵团在城中抵挡住了河对面和火车站的敌人,但日军还是夺取了火车站以及勃固西部的部分地区。日军对勃固空袭引发的大火扩散到了附近的丛林当中。正午时分,第48旅的一次反攻让形势开始出现转机。到了下午,城中已经看不见日本人了,火车站也被重新夺了回来。①

当日军在清晨猛攻勃固的时候,第7骑兵团的巡逻坦克正开到勃固北方的一条主要公路上。当时雾很浓,英军坦克遭到日军一组37毫米反坦克炮的埋伏,几辆坦克的履带都被炸飞。但是雾消散过后,骑兵团便开始了反击,再加上一部分西约克郡第1步兵团士兵的协助,他们的火力很快压制住了敌军的4门火炮,而且击毙了许多炮手。日军的反坦克炮并不能穿透"斯图尔特"号坦克的装甲。之后不久,骑兵团又摧毁了日军3辆7吨重的轻型坦克,再次增添了荣誉的光环。这些日军坦克属于第2坦克团,是从泰国沿陆路进入缅甸南部的——其中有四分之一的坦克都在渡过锡当河时从木筏上滑落到江中去了。

缅甸军方打算立刻将从仰光登陆的第63旅派去增援仰光。但是,该旅长J.

---

① C. N. 巴克莱:《苏格兰步兵团的历史,1933—1946》(卷三),伦敦,1947,第69页。

威科姆以及其他三名部队指挥官却在日军3月6日清晨的一次伏击中身亡,这无疑是给英军一记重拳。这些领导于头天晚上乘车赶往勃固商讨该旅今后在该地区的部署问题,第二天早上在一组装甲车的护送下返回。

> 突然传来一阵轻机枪扫射的声音。我感到我的膝盖像是被一匹挽马猛踢了一下。我看见约翰·威科姆和伊恩跌下座位后撞到了一起,装甲车在滑行了一段距离后也停了下来。不久又传来了一声爆炸,我用来抵住我身体的左臂立刻被甩到一边,身体向前猛冲了过去,但是我的头却因此躲过了第三发炮弹,被底座弹起的弹片在车内乱飞,到处都是铅片。①

旅长威科姆在伏击中身受重伤,子弹是由远处树上的一个机枪手射出的。在另一起事件中,敌方将一枚手榴弹扔进了一辆装甲车里,导致两名锡克军和边防部队的高级官员死亡。后来查明此次袭击是由缅甸独立军士兵在日本军队的协助下发动的。

亚历山大在成为缅甸军方最高指挥官之后,很快便意识到了英国军队即将要面临一个最大的危险。他改变了之前的战略方针,命令撤出仰光。3月6日下午8点,英军接到命令:于第二天撤出勃固,沿公路后退到离仰光20英里的莱古。3月6日晚到7日凌晨,第48旅和第7装甲旅在勃固形成相互照应之势,并制订了计划清除连接勃固和合勒古公路上的路障。

3月7日拂晓时分,以坦克和廓尔喀军队为先头部队,英军从勃固向南进发;西约克郡第1步兵团和苏格兰步兵团负责殿后。坦克被开到了公路上,两侧各有一队步兵防守。勃固守军炸毁桥梁的声音惊动了日军,但是浓重的雾气在开始还是为撤退提供了很好的掩护。跟英军料想的一样,日军所设的路障挡在了勃固南部的公路上。第12步兵团则从西侧的丛林地带绕过了勃固。

---

① J.拉蒂默:《缅甸:被遗忘的战争》,伦敦,2004,第68页。

上午8点30分,第7骑兵团的坦克在一阵短暂的炮击后对该股日军发动进攻。最前方的坦克在进攻敌军时受损,但是第7骑兵团的其他坦克、第414炮兵队和其他车辆很快冲破封锁,向莱古前进。

坦克离开以后,日军很快再次集结,封锁了道路,阻挡了剩下部队的前进。廓尔喀部队在丛林和道路一侧的地面上同日军陷入了混战。一些停下来的车辆上被交战时产生的火焰点着,很快燃烧了起来。廓尔喀第7连的怀特中校在战斗中身亡。廓尔喀第5队的卡梅伦被狙击手射中,腿部受了伤。[①]廓尔喀第1和第4连拼命想要夺取在帕雅颂组附近的一处果园和一个院落,日军为此遭到了不小的伤亡。

战斗过后,遭到阻击的日本的第112营第2分队退回到了丛林当中,运输队得以继续沿公路驶向勃固。被打散的廓尔喀兵和英国步兵则不得不越野绕过路障区在公路会合。一小队廓尔喀人第1和第4连的士兵从另一条路线单独前进,但是遇上了日军第214团的一个骑兵排。这些骑兵们向廓尔喀人冲了过去,后者用步枪打死了几个骑兵之后便继续前进,没有再遇上什么阻碍。

对英军、印军和廓尔喀军队来说,这次在勃固附近的战役,进一步证明了日军坚不可摧的高昂斗志。英军中有这样一个故事流传甚广:一名日本军官骑着白马冲向一辆骑兵团的坦克,到坦克跟前的时候便下马,爬上了坦克顶端,用刀去砍坦克的指挥官,但是被后者用一把锤子挡了回来。倒在地上的这名军官被坦克从腿上碾了过去,但他还是从身上拔出手枪对着坦克射击。[②]不管这是不是谣言,英军从没怀疑过日本军人的忠心。当一名皇家第2坦克团的士兵被问及缅甸战事和北非战事有什么区别时,他回答说:"天上的战机基本

[①] 军团委员会:《皇家廓尔喀族第五步枪队(边防部队)的历史,1929—1947》(卷二),奥尔德肖特,1956,第176页。

[②] B.佩雷特:《坦克仰光》,伦敦,1978,第39—40页。

上都差不多,但是那些该死的日本兵就是不像意大利人那样逃跑。"①

亚历山大·莫里森下士当时是装甲旅运输队中的一名司机。勃固的医疗人员将伤员集中在一个农场里,等待撤退的时机,他这样写道:

> 我们将最后一批能够经受住前方颠簸旅途的伤员运上了最后一辆汽车。留下来的全是生命垂危、不能搬运、毫无救治希望的重伤员,他们在地上躺成几排。医疗兵在他们中间来回走动,给他们每人注射了一剂吗啡。在空地的一边放着六具尸体,我亲眼看到大约有12只体形硕大,有三四英尺高的秃鹫和鸟群在啄食他们的尸体。四名医疗人员抽签决定谁将和这些伤员留下来,等着被日军俘虏。

当莫里森开车离开的时候,他回头望了一眼。"我们把一个年轻的医护兵留了下来,他当时立正站立,向我们敬礼。"②

虽然这次在勃固附近的战役中,日军损失首次超过英军,但是对缅甸军方来说还是一次不小的打击。廓尔喀人第1和第4连全部参战,并且在3月6日和7日的行军中牺牲了36人;西约克郡第1步兵团死亡22人,失踪45人。苏格兰步兵团死亡10人,失踪75人。但是,许多失踪人员最后还是回到了自己的连队。日军第3和第112排在勃固一地有3名军官和79名士兵丧生。第2排、第112排和第143团的损失没有资料记载,但这些部队的损失也不小。勃固被攻占以后,第143团沿原路返回向锡当河谷进发,第112团则继续向莱古和仰光前进。③

此时的殖民地仰光已经是一座"死城"了。黑色的云雾在上空翻腾,瑞光大金塔在灰暗的城市中发出微弱的金光,秃鹫在远处嚎叫,大街上到处是抢劫

---

① J. 伦特:《撤出缅甸,1941—1942》,伦敦,1986,第170页。

② A. 德雷珀:《拂晓雷鸣》,伦敦,1987,第160页。

③ J. N. 麦凯:《威尔士亲王的廓尔喀族第四步枪队的历史,1938—1948》(卷三),伦敦,1952,第123页。

者和破坏文物的人。安全部队象征性地枪决了一些被逮捕的恶棍,以维持城中充满了紧张与不安的死寂。①一些因《租借法案》得来的物资都被付之一炬,此时这些东西已没有了用处。一位目击者回忆道:

> 这个码头根本就不像是在大英帝国的管辖范围之内。除了我们这部分人外,其他人都像疯了一样。一些船员和士兵将抢来的酒喝得一干二净,喝醉后在地上打滚。我们和几艘船只的船长见了面,但是由于没有了法律和秩序,他们对此也无能为力。②

博恩教授则这样描写从城中撤退的情景:

> 当汽艇沿着仰光河逆流而上的时候,疲倦的乘客们看到了一场奇怪的画面。小镇上空升起一股浓厚的烟雾,只是一股微弱的南风阻止了烟雾飘向海滩……发电站燃起了熊熊大火……港口处的仓库只剩下了黑漆漆的骨架……防波堤上的起重机倒在了一边……平时一向人满为患的海滩此刻一个人影都看不见。从河对岸的锡里安基本上什么也看不见,从炼油厂上空升起的浓浓的烟雾一直飘到了几千英尺的高空,火焰也直冲云霄,这番景象让人看了十分生畏;随着夜幕降临,整个城市都被笼罩在一片地狱般的火海之中。③

海军少将科兹莫·格拉哈姆是缅甸南部的海军舰队司令,此时他手中少得可怜的汽艇和缅甸皇家海军志愿军预备队的辅助船只限制了他的进一步行动。但令人惊叹的是,在撤离仰光和最后一次增援缅甸南部时,敌军空袭竟没有造成一艘大型运输船的损失。④

土木工程师莱斯利·福斯特负责炸毁位于仰光下游锡里安的缅甸石油公

---

① L.艾伦:《缅甸:漫长的战争,1941—1945》,伦敦,1984,第45页。
② B.N.马宗达:《缅甸战役中的政府》,德里,1952,第14页。
③ M.科利斯:《缅甸的最初和最末》,伦敦,1956,第116页。
④ S.W.罗斯基尔:《海洋战争,1939—1945》,伦敦,1956,第20页。

司的所有军事设施，由一组以皇家工程师上尉沃尔特·斯科特为首的小队协助实施。炼油厂、发电站、车间和油罐区一共占地达数平方英里；一个大型油罐中的储油量约为15亿加仑。光是引爆器就放了700个。油罐被打开之后，一股石油蒸汽形成的巨大烟雾便笼罩了整个炼油厂。3月7日下午2点，斯科特在接到代号为"红象"的命令后，他便按下了引爆器。爆炸时的巨大声响响彻云霄。燃烧的火柱所散发出的厚重的黑色烟雾一直翻腾到了20 000英尺的高空，这场锡里安的大火就这样持续了几个星期。[①]

最后一列火车在3月7日晚7点30分离开了仰光；最后一艘船只于次日凌晨驶出了仰光。格拉汉姆和他的海军分队则乘船从仰光驶往阿恰布。最后一批次撤退人员，其中有9队贾特士兵，则乘汽艇到达一艘停泊在仰光下游10英里处海域的丹麦蒸汽轮船"亨里奇·耶森"号上，该船于3月8日凌晨3点开始向加尔各答出发。

3月7日，在完成了对仰光最后阶段的炸毁后，亚历山大在仰光的守军开始沿公路向北撤往卑谬。港口仓库内通过《租借法案》得来的物资也因为这次撤军而被分发给各部队。此时，格洛斯特郡团共拥有超过120辆卡车和摩托车。第一批车队在黎明时分离开仰光。西北方向的军队奔赴至卑谬。印度第17师和第7装甲旅接到命令，要从莱古撤回来接应从仰光北撤的部队。之后这两股部队将一起攻下通往卑谬的公路。

与此同时，樱井将军的第33师也在沿着仰光北部的丘陵地带进军，想要抵达连接仰光和卑谬的铁路线和公路线。该师的先头部队第214营第3分队，已经率先抵达仰光—卑谬公路东面2英里的一个名叫耶多的小村庄；耶多位于涛建十字路口的北边。

3月7日早上，塩坪中尉带着他的第214营第3分队在赛特瓦达村庄旁的几

[①] T.卡鲁:《漫长的撤军》，伦敦，1969，第156—157页。

个柱子后面密切监视着仰光—卑谬公路。他看到"大批坦克、装甲车、火炮和满载着士兵的卡车路过村庄，士兵们都拿着枪，向公路两边警惕地望着。这么近距离地看到这番景象着实让人印象深刻"。这就是缅甸军队撤出仰光的先头部队。

这股先头部队由皇家约克郡轻步兵团和公爵步兵团联合部队，一队皇家坦克团和一队印度第1野战团组成。这组车队安全通过了公路后到达了达雅瓦底。他们刚抵达目的地，车队指挥官特伊特就接到消息称有人在他们刚经过的那段公路南边看到了日本部队。特伊特于是带着上一个小队前去侦察。

同时，修图博的这个排占据了公路一侧的一个伏击点，打算伏击下一批出现的盟军车队。不久，一辆卡车沿着公路从北边快速驶来，车中载的是特伊特和他的侦察小队。敌方迅速向他们开火，特伊特因伤重身亡。一些惊恐的士兵纷纷跳下卡车逃窜到附近的丛林中去。剩下的士兵又将遭到破坏的卡车沿原路开回。不久，一辆黑色汽车也从北方沿着公路驶了过来，但很快就遭到伏击，车内人员在随后的混战中全部遇难。伏击人员将汽车推出了公路防止被人看见。很快，他们又对一辆路过的摩托机车实施了同样的伎俩。

但修图博排是不会一直这样赢下去的。日本侦察兵带来消息：一批大型机动车队正从仰光沿公路向该地驶来。送信员立刻将该消息报告给了第214营第3分队指挥部。指挥官高野边少校派来了由一个炮兵连队及其带来的2门75毫米山炮组成的增援。高野边还在涛建附近距离公路转弯处向北60码的地方设了一个路障。茂密的丛林一直延伸到公路西侧；东面的地形则更加开阔。山炮被架在了路两旁的壕沟内，一门面朝东方，另一门则是西方。士兵们堆起了一堵低矮的沙袋墙来保护炮兵；路障两旁还分别部署有一队步兵。

第一支从南边突破这个路障的车队是第7骑兵团的坦克车队。日方声称他们击中了前两辆坦克，其中一辆还因此着火；剩下两辆坦克冲过路障，向北驶去。跟在坦克后面的就是巴格特中校率领的格洛斯特郡团。该部受命在下午3点攻下此屏障。但是,整个格洛斯特郡团还是被撤离仰光的部队落在了后面。巴格特现在手中能够立即调动的只有第2连队,大部分总部小队,第3连队的一个排,还有两辆布朗装甲车。

巴格特是一个身体结实,面色红润的人,他派第2连队和两辆装甲车去攻打由树木和滚筒构成的路障,但是敌方猛烈的机枪扫射使得步兵们不得不寻找掩护。其中一辆装甲车被迫击炮弹击中,车内人员全部死亡。另一辆由被逐出上海的俄国列兵V. V.菲拉托夫驾驶的装甲车则被一发近程火炮击中后侧翻在地。公爵步兵团中的J. A.安德森上校是一名印度将军的儿子,他也死在了这辆装甲车中。巴格特随即率领格洛斯特郡团又对路障进行了一次冲锋,但还是失败了,他自己也因此而腿部受伤。[①]格洛斯特郡团在这次冲锋中有3名军官和17名士兵牺牲,另有3名军官和23名士兵受伤。[②]

这次失败证明高野边所带领的第214营第3分队是一个十分强劲的对手。第2和第13边防大队(只是两个小型连队)和一个中队的皇家第2炮兵团再次组成先头部队对该路障发起进攻。边防大队最初时向公路两侧,但后来发现日军将重兵都布置在了路障西面的密林当中;几挺中型机枪监视着公路东面的一片开阔的稻田。日军就这样一直坚守到了天黑。

英军当晚在路障南边500码处构建了一个包围圈。大约10点钟,日军开始向由边防部队防守的一侧突围,并从东翼逃出了包围圈。机枪扫射声、手榴弹爆炸声和叫喊声充斥着整个夜晚。侵入者还曾摸到了英军连队的指挥部:一名日本军官企图攻击军队文书,但是拉希姆·坎上尉用左轮手枪对那名日本

[①] T.卡鲁:《漫长的撤退之路》,伦敦,1969,第159—160页;C. N.巴克莱:《惠灵顿公爵团的历史,1919—1952》,伦敦,1953,第123页;D. S.丹尼尔:《荣誉之冠:格洛斯特郡团的故事,1694—1950》,伦敦,1951,第271—273页。

[②] D. S.丹尼尔:《荣誉之冠:格洛斯特郡团的故事,1694—1950》,第272—274页;S.伍德伯恩·卡比:《抗日战争》(卷二),伦敦,1958,第97页。

军官开了第六枪,将他击毙。这次短暂而激烈的战斗最终以日军借助夜色撤退告终,都没来得及带走阵亡士兵的尸体;而边防部队则牺牲21人,受伤54人。

3月7日和8日两天夜晚的战斗形势对亚历山大的缅甸部队行军来说是极其不利的。第55师正沿着公路从勃固赶往仰光;而此时第33师似乎已经堵住了从仰光到卑谬的公路。印度第17师和第7装甲旅也已经加入了仰光守军的队伍中,1 000多辆车辆被集中在了涛建十字路口附近的橡胶园和灌木丛中。人们将当时堵车的情形比作"加冕之夜的皮卡迪利大街"。

亚历山大的部队从3月8日黎明就准备再次对路障发起袭击。这次第63旅将担任先头部队,边防部队中的第2到第13小队将跟上次一样在坦克的掩护下分散在路的两边。第1到第10队廓尔喀人士兵将从公路西侧进军,而第1到第11队锡克士兵则从东面发起进攻。剩下的两个连队则要趁着夜晚跋涉到集结地点。在步兵发动进攻前,将会有一阵短暂的炮击。当攻击计划拟订好后,亚历山大给所有连队都下达了一项指令:"今天的袭击已经失败了。我们将在明天早上发动第二次攻击。如果还是失败,所有连队将被分为12人一组的小队,自行前往印度。"这种安排显然不能激起士兵的士气。

3月8日清晨,随着第一缕阳光照到地面,部队开始出发,第414炮兵部队的L. E.塔特写道:

> 几辆坦克在前方开路作为攻击路障的先头部队。我们小心翼翼地跟在后面,但还是及时赶到预定地点准备支援战斗。最初的炮击由第12山炮部队实施,随后士兵和坦克便一拥而上。在前方侦察的坦克和一些锡克士兵却发现日本人早已经走了。[①]

日军早就放弃了该路障,第63旅根本没有必要筹备这次袭击。这支庞大

---

① G.阿斯特:《丛林战争》,霍博肯,新泽西州,2004,第69页。

的缅甸军车队向北方的达雅瓦底前进,一路上只遭到了远距离狙击的威胁。但是之前到底是什么让日本军队一定要守住这条路障呢？后来才得知,饭田将军早就给第33师下令,让他们向南方的仰光推进。不久,行事大胆的樱井将军也命令第215团直接沿铁路线奔赴仰光。在3月7日和8日夜晚,该团秘密潜行至仰光—卑谬公路西面,还路过了路障的北面;之后这股部队便艰难地沿着铁路线向仰光跋涉。第33师的另一支部队,第214团,则封锁着公路和位于涛建北部的一段呈弧形分散的村落,但是并不打算将公路一直封锁下去。高野边营队得到的任务只是将道路一直封锁至第215团穿过西面抵达铁路线就行了。一旦该任务完成,高野边就没有必要继续死守公路了。于是,在3月8日凌晨,防守部队就撤出了该地,返回到公路东边的一个名为耶多的村庄中去了。第214团在这次防御战中共损失100人;高野边自己也受了伤。

3月8日,第215团在沿着铁路线长途跋涉之后进入已被丢弃的仰光城中。此时的樱井才发现英国守军已经逃走了。这对缅甸军队来说实在是意料之外的好运,但是当在树木繁密的热带地形里进行快速的运动战时,双方难免会偶尔犯一些错误。陆军准将戴维斯评论说:"毫无疑问,这是有史以来最严重的一次错失良机的例子之一。"①日军指挥官本以为英军会死守仰光。认为他们会像1904年—1905年俄军守卫亚瑟港,或者像美菲联军在巴丹半岛战役中那样为这座城市奋战到最后。英军也曾试图防守新加坡,但是并没有取得多大成效。尽管如此,日军的首要目的其实是占领仰光港口,以便援军和物资能够直接从海上运来;如今日军凭借着数量相对较少的军队就达到了这个目的。

当日本的太阳旗在仰光总督府上空升起时,大批缅甸军车队正向北驶去。他们在3月8日行进了28英里,第二天则前进了25英里,然后便停下来休

---

① J. 伦特:《撤出缅甸,1941—1942》,伦敦,1986,第167页。

整和重新集结队伍。一些从勃固撤退的部队及时抵达涛建和向北撤退的仰光主力部队成功会合。向北撤退的这支部队没有遭到空袭,也没有遭到地面部队的追击。

亚历山大电告韦维尔说他已经尽可能久地防守仰光了:"有几次,我们的部队都差点遭到被包围和被打散成小股部队的极度危险的情况,战士们只能丢下所有武器装备和毁掉所有交通工具之后四散逃脱突围。"[①]韦维尔在他的战斗报告中也承认他的尽可能久地坚守仰光的决定"最终将亚历山大将军置于一个十分困难的处境中,差点让他的部队陷入孤立无援的境地"。但是,韦维尔还补充道:"但总而言之,我还是很庆幸他们给日军带来的拖延还是让我们获益良多。"

---

① 内阁办公室:《印度主要战争电报和备忘录,1940—1943》,伦敦,1976,第32页。

第十三章 仰光撤军

仰光的沦陷让日本帝国在东京的总部欢欣鼓舞,他们旋即下达命令,征服上缅甸。对于日本来说,占领新加坡和仰光,就能够使其通过海路直接从新加坡向缅甸南部派遣军队。日军要赶走缅甸国土上的英国和中国军事力量,就需要增兵。如果新加坡沦陷得没这么快,增兵的事情估计就不会这么顺利。日军在荷兰东印度群岛快速成功着陆,对其放行船舶,并打通进入印度洋海上通道来说至关重要,为了占领从孟加拉湾进入缅甸的通道,日本军队在苏门答腊的北端登陆。

3月15日,第15军下达下一阶段作战命令,日军沿着伊洛瓦底江和锡当河谷向北推进,将盟军军队赶出缅甸全境。丛林覆盖的勃固么马山将缅甸南部分成两个山谷,形成平行的走廊一直延伸到密特拉,变成了通向仰光北部的主要通道。从现在起,日本在缅甸的最主要目标就是占领曼德勒,打败进入缅甸的中国军队。第55师沿锡当河河谷向曼德勒推进,第33师在仰光经过休整重组,计划沿伊洛瓦底江向北移动,抵达在任安羌的油田区域。日军在仰光战役中的伤亡不是很大,而且对步兵团的补员工作也已准备就绪。①

还是在仰光沦陷之前,日本就已经靠那条崎岖不平的公路将军用物资和弹药运送到了泰国,而当时英国人还在将仰光当作主要后勤供应基地,尽情享受着豪华奢靡的生活。但是,缅甸军队则靠着从曼德勒地区以及其他附近地

---

① I. L.格兰特,灵山三郎:《缅甸1942:日本入侵》,奇切斯特,1999,第372页;B.普拉萨德:《撤出缅甸,1941—1942》,加尔各答,1959,第58页。

区的库存物资,只能勉强维持生计。从缅甸北部山区到孟加拉和阿萨姆山,没有安全可靠的路径可走。

为了保护缅甸中部地区,盟军指挥官手里还有印度第17军的剩余兵力、缅甸第1师、第7装甲旅和两支中国军队可用。仰光沦陷之后,英国在伊洛瓦底江流域的军队力量都集中到了卑谬,驻扎在掸邦的中国第6军团守卫着印度支那和泰国的边境区域,中国第5军团的先头部队在同古的锡当河河谷;其南边的良礼彬,缅甸第1师驻守有阵地。

这一阶段,军事行动一直受到难民潮的干扰,这些来自仰光和缅甸南部村镇的印度难民艰难地向北边逃荒,一路上,缅甸的武装抢劫团伙手持长刀,公然对这些难民肆意掠夺。缅甸第2旅的指挥詹姆斯·伦特回忆起一天早晨的情形:那天他站在一条铁路的旁边,看着一队队印度难民正涌向良礼彬:

> 我的目光被一位印度妇女吸引了,她迈的步子很大,走路的样子就像一位拉普特公主,孩子紧紧地抓着她的腰。她很漂亮,个子高,身材也好,一头黑发挽成圆盘状。每走一步,她那深红色裙子就随之摆动,很像苏格兰短裙的那种。手腕和脚踝上的镯子在她走路时发出清脆的声音。路过我身旁时,她瞟了我一眼,她的眼角似乎还画了眼影。

几天后伦特又看到了她,不过已是在向北几英里之外了,第三次再见时情况则完全不一样。那天傍晚,他开车离开同古一直向北,途中看到一条长长的难民队伍:

> 突然,难民队伍停了下来,队伍大概有1英里吧。我们于是就绕了过去,一路上看到地上躺了好多尸体。一条鲜红色的裙子引起了我的注意,我们停下了吉普车。那个印度女人就躺在那里,黑色的长发散开了,浸在一摊快要凝固的血泊中,她的喉咙完全被割断,一只胳膊掩盖着脸,估计是为了躲闪挨打吧。紧身上衣已经被扯了下来,

胸口正中露着一把刀柄。鲜红的裙子翻到了腰上,样子让人不忍直视。孩子就躺在旁边没有多远,死了,脑浆一直淌到了旁边路上。尸体还有温度,很显然,袭击应该只是几分钟之前的事。我的勤务兵开枪的枪声让我抬起头来,好多人跑着过了水稻田,戴着头巾的缅甸难民把裤腿卷到膝盖以上,这样跑起来更快一些。①

无论是疾病还是暴行所导致的平民死亡人数没有确切的记录,但数字肯定会比战死的士兵数字要大。

斯科特的第1师已经重组,每个旅团中都有印度营和缅甸步枪营混合组成。在仰光沦陷不久,丕由塔镇就发现了日本军队,该地位于良礼彬南边8英里。3月1日,缅甸军第1旅攻击了这个小镇,但日军的反攻将拉杰普特族人第7团第2分队的一个连打散了。缅甸军第2旅向前推进以支援缅军对丕由塔镇的进攻。旁遮普族人第5团第1分队渡过锡当河,从缅甸独立军手中夺取了施瓦格因。斯科特的部队直到中国军队在同古牢牢地驻扎下来,都一直坚守在阵地上。之后,缅甸军第1师奉命长途行军,与伊洛瓦底江河谷的印军第17师合二为一。

赫顿将军在战争初期就曾要求,在缅甸建一个新的军团指挥部,亚历山大也非常希望这一要求能尽快兑现。3月19日,将军助理W. J. 塞林木开始在总部指挥作战,这是一支临时拼凑起来的"缅甸军团"。塞林木1891年出生,是伯明翰一位五金商人的儿子,他在第一次世界大战开始就参了军,在加利波利和美索不达米亚战斗中受了重伤,当时是在沃里克郡团任职。后来塞林木经历非凡,他的到来使缅甸的战斗有了名人贵族的色彩。

第一次大战后,塞林木就调到了印度军队,因为在那里,他可以吃着俸禄,过着舒服的生活。他在印度加入了廓尔喀族人第6步枪队。1920年瓦济里斯

---

① J. 伦特:《撤出缅甸,1941—1942》,伦敦,1986,第173页。

坦部落战争时,塞林木就在前线服役,接下来,他在巴基斯坦的奎达军事参谋学院期间,以及在军队裁员期间都有出色的表现。1934年—1936年,塞林木是坎伯利参谋学院在印度军队的代表,后来进入帝国国防大学。在外表上看,塞林木中等身材,体格结实,下颌很大。他雄心勃勃,头脑聪明,而且专业判断能力极佳。

1939年二战爆发时,塞林木就是部队中的一颗冉冉升起的新星,他奉命指挥一个旅的兵力,开往中东,参加与意大利军队的阿比西尼亚战役。1941年5月,塞林木擢升为印度第10师指挥官,后又在伊拉克和叙利亚的师部服役。很快,他又获得提升:塞林木的上级在电话中告诉他,让他回到印度,接受新的任命,并让他谨记:"一个好兵应该是:派到哪儿就去哪儿,叫做什么就做什么。"[1]

在仰光沦陷时,塞林木对缅甸做了简短的访问,之后他回到了加尔各答,在政府大厦拜见了韦维尔将军。第二天他又飞到了缅甸。返程的飞机是架莱桑德轻型战机,由印度空军一位年轻的锡克族人飞行员驾驶。战机在吉大港加油之后起飞,日落之后,降落在马圭机场,东面就是波光闪闪的伊洛瓦底江。第二天早晨,塞林木继续飞到卑谬,那里是他的新指挥部。[2]

塞林木将卑谬的法院设成了战时指挥部。斯科特对塞林木的到来有这样的描述:"他性格鲜明,一来就让我们感觉到他是个指挥官,当时,我们还都在懒懒散散地摆弄着设备呢。"[3]因为塞林木和其他的指挥官,斯科特和考恩等都是廓尔喀族人步枪队的军官,相识打交道多年,所以塞林木的工作要好做多了。要在缅甸军上层恢复和谐关系,这的确帮助很大。

"缅甸军团"需要有总部参谋人员,所以就从业已超员的缅甸陆军总部中抽调了很多人员。旅长戴维斯是个瘦高个,他就担任了塞林木的总参谋长,陆

---

[1] R.列文,斯利姆:《领导者》,伦敦,1977,第82页。

[2] W.斯利姆:《从失败走向成功》,伦敦,1956,第31—34页。

[3] G.埃文斯:《斯利姆的军事指挥官》,伦敦,1969,第67页。

军上校助理，F. C. 辛普森之前是第17师的一般参谋，现在也担任管理工作了。①印度也派来了一些参谋人员，其中就有布莱恩·蒙哥马利少校，他是即将在阿拉曼成名的蒙哥马利的弟弟，同哥哥一样，他也是个厉行纪律的人，他最近刚刚接到在瓦济里斯坦指挥部任职的任命书。1936年，皇家沃里克和国王的非洲步枪队裁员之后，蒙哥马利少校就调到了印度陆军部。4月，刚刚学完奎达军事学院课程的沃尔特·沃克上尉也成了塞林木的参谋，他在后来成了北约的司令官。②

塞林木的指挥部其实只有一个旅部指挥部那样的规模，然而，这样小的指挥部却很灵活，可以依靠小型的车辆就能迁移，及时逃避空袭的危险。通信分遣队所有的4台无线电设备需要用脚踏车的方法来充电，所以保持通信通畅就显得很困难。空中侦察力量不足，再加上敌军文件难以截获，使得情报评估存在大量风险。英国军官中几乎没有人懂日语。

缅甸东南部激烈的战斗让缅甸军团中许多军官都立有战功，从而得到擢升，这在第17师中尤其普遍。陆军准将休·琼斯因患有痢疾退出战场之后，卡梅伦，廓尔喀族人第5团第2分队的上校助理，被提升为第48旅旅长，第63旅的新旅长是陆军准将A.E.巴洛，之前也是斯科特师加瓦尔步枪营的指挥官。

因为海上航线被切断，只有少数人员才能坐战机从印度飞到缅甸，最后一批到达缅甸的英国增援部队是英国皇家恩尼斯基伦明火枪第1团的将士，这部分队伍从3月8日至13日由美国B-17重型轰炸机运输到缅甸中部地区的马圭机场。③第474营并未满员，只好在密特拉紧急动员招募士兵，在缅甸现在只有6个英国步兵营。

---

① W. 斯利姆：《从失败走向成功》，伦敦，1956，第35—36页。

② T. 波科克：《战争时期的将军：沃尔特沃克爵士的公私生活录》，伦敦，1973，第57页。

③ S. 伍德伯恩·卡比：《抗日战争》（卷二），伦敦，1958，第213页。

3月10日,在眉苗的缅甸陆军总部重新开始办公,眉苗是曼德勒附近的一个避暑胜地,战前是一个军事驻地。眉苗在海平面3 500英尺以上,丛林覆盖,这个高原白天凉风习习、夜晚凉爽清净,天空湛蓝,丛林中绿树成荫,花团锦簇。塞林木这样称赞眉苗:"这是一个宜人的地方,这儿有英式的房子,风格很像萨里郡的交易所,每栋房子都有宽敞的花园。"[1]总督多尔曼·史密斯、总理保顿以及其他的政府官员在眉苗都有住所。小镇成为许多外籍人员的居住地,美国飞虎队的保罗·弗瑞曼途经眉苗后回忆道:"我甚至看到两个金发女郎身穿晚礼服长裙,一个蓝色,一个粉红色,挽着两个年轻的英国军官在悠闲地散着步,我想应该是去跳舞吧。我觉得他们很奇怪,与战局格格不入。"[2]

仰光沦陷之前,赫顿将军已经下令将四分之三的储备物资运送到曼德勒地区,大量货物都成功地从首都运了出来,并且还从仁安羌油田运输了不少燃油。尽管如此,眉苗的军官还是很焦虑,他们粗略地估计,储备的货物和军火只能使盟军部队撑到5月季风季节的到来,那之后,就需要穿过印度东北的山脉开辟一条新的可靠的补给线。

从仰光刚刚撤退到卑谬以后,印度第17师相对安宁了一段时间,但盟军的空军可没有这样幸运了。在撤离仰光之前,空军副元帅斯蒂芬森奉命把总部迁到加尔各答,除了斯蒂芬森和他的参谋人员,还有3 000名飞行员也需要乘船或坐战机运送到印度。缅甸唯一的雷达站也迁到了马圭,这里成了英国皇家空军在缅甸的主要基地。空军第67中队已经解除,最后几架水牛战机也被运到了加尔各答的杜姆机场,空军第113中队剩余的布伦海姆轰炸机也送到了印度。

缅甸的英国皇家空军编队也进行了重组,各种机型的战机组成两翼战机队。3月11日,眉苗组建了缅甸第1战队,这支编队由空军第17中队的16架飓

---

[1] W.斯利姆:《从失败走向成功》,伦敦,1956,第23页。

[2] J.克林科伟兹:《飞虎队在中国,1941—1942》,莱克星顿,肯塔基州,1999,第107页。

风战机、空军第45中队的9架布伦海姆Mk-4战机以及美国飞虎队的6架战斧战机组成。在缅甸西海岸若开的阿恰布组建了缅甸第2战队,由空军第136中队的10架飓风战机组成。与此同时,日军第5空军师也重新部署在缅甸南部地区。盟军在明格拉东、毛淡棉以及勃固的空军基地都被日军作战飞行员接管。被日军占领的还有泰国和印度支那的空军基地,而且已经被日军使用了。英国皇家空军的情报人员估计,日军的空军大概有400架战机,其实真实的数字是260架,即便如此,这个规模也是相当吓人的了。[1]

日本侦察机已经发现了盟军的马圭空军基地,但英国皇家空军的侦察兵也发现了日本最近在仰光附近建立的空军基地。3月20日,在明格拉东至少发现了50架日本战机。空军上校H.S.布鲁厄尔,马圭翼战机队的指挥官,决定先发制人,攻击日军。3月21日拂晓时分,9架布伦海姆战机和10架飓风战机起飞突袭明格拉东。空军中队长C.A.C.本尼斯通驾驶飓风战机狂轰滥炸,布伦海姆战机则紧随其后,虽然与日军战机遭遇,但还是按预定计划完成了轰炸任务。轰炸造成的破坏巨大,日军的记录表明,2架战机中弹起火坠毁,11架战机受损严重。[2]

布鲁厄尔对空袭的效果很满意,并且当天就准备再发动一次袭击。然而,在此期间,日军也对马圭空军基地发动了空袭。下午1点30分,25架轰炸机、40架战斗机对马圭展开攻击,而此时盟军飞行员已空袭完毕返航,战机装弹加油也已完毕,正准备第二次空袭。4架日军轰炸机飞临基地上空,英军十几架飓风战机和战斧战机急忙升空拦截,但基地以及战机仍然损失惨重。傍晚,日军又出动100多架战机发动了多轮空袭。

第二天,即3月22日,上午8点04分,雷达检测发现有一支很大的日军战

---

[1] C.肖尔斯,B.卡尔,井泽守:《血腥的战场》(卷二),伦敦,1993,第347—349页。
[2] C.肖尔斯,B.卡尔,井泽守:《血腥的战场》(卷二),伦敦,1993,第350—352页。

机编队正接近马圭上空。很快,85架日军战机对马圭进行狂轰滥炸,几乎没有战机来得及升空抵抗。下午,日军组织了94架战机对马圭又发动了一轮空袭,至此,马圭空军基地已经彻底瘫痪,跑道不能再用,许多布伦海姆轰炸机和战机被炸毁,彻底不能修复。幸存的几架可以飞行的飞虎队战机飞往了缅甸北部,而英国皇家空军剩下的布伦海姆轰炸机和飓风战机也飞到了阿恰布。3月23日至24日,以及27日,日军对基地的狂轰滥炸迫使英国皇家空军进一步撤到了印度。

英国皇家空军仓皇撤离马圭,还是影响到了军队的士气,将士们好长时间都没有振作起来。蒙哥马利少校描述了这次英国皇家空军在马圭的失败:"当我空军一夜之间毁灭殆尽的消息传到我们在卑谬的指挥部时,我记得很清楚,塞林木很沮丧,而泰菲·戴维斯感到很愤怒。我们觉得这些已经一去不复返了,事实也是如此。"[①]阿恰布成了英国皇家空军后来的战机着陆场基地,但日本空军已经完全实现了对缅甸南部和中部领空的控制。

中国军队进入缅甸使得盟军的指挥安排变得复杂起来,但如果没有中国介入帮忙,英国军队将很快覆灭。让英国官员感到惊讶的是,一位叫约瑟夫·史迪威的美国将军奉命担任了中国远征军的指挥官。史迪威是蒋介石的参谋长,行使盟军在中国区域的最高指挥官的权力。他同时也是美国钦定的在中国—缅甸—印度区域的高级军事军官,负责《租借法案》中对中国提供物资供给等事宜。责任重大的史迪威只对华盛顿负责,不属于英国指挥官中的一部分。

史迪威,1883年出生,西点军校毕业,1918年曾在法国服役。在20世纪二三十年代,在通商口岸驻防以及外交事务中,他就积累了相当多的同中国打交道的经验。最近从1935年到1939年,史迪威成为美国驻中国的军事参事;他

---

① R.列文:《参谋总长:陆军元帅韦维尔》,伦敦,1980,第85页。

非常熟悉国民党政权的拜占庭式模式的管理方式,也熟悉为什么中国会陷入甲午战争的泥潭。

1941年,对美国来说,随着战争乌云的聚集,史迪威奉命指挥第7师团,接着掌管第3兵团。他是美国陆军中级别最高的军官之一。他被派到中国的同时,也让他失去了竞争其他战区最高司令长官的机会。史迪威性格坚强勇敢,能言善辩,喜欢通过各种途径表达自己的意见,或通过演讲,或写在自己的日记里。一名记者这样评价史迪威:"他看起来不像一个将军,倒像个流浪汉,或电影演员,或难以苟同的牧师,甚至是《爱丽丝梦游仙境》中的某个人物。"[1]史迪威戴着副金丝边眼镜,外表并不俊朗,其所作所为真是太符合其"醋乔"的绰号了。

史迪威从美国出发,经过漫长旅程,于3月4日首先抵达重庆。他很快有了自己的判断,蒋介石很是看不起英国人,而且怀疑英国人动机不良。对于缅甸战役,史迪威的第5和第6集团军分别由杜聿明将军和甘丽初将军负责。在缅甸的中国参谋总部代表是林威将军。[2]史迪威同意配合亚历山大在缅甸的指挥,这样盟军就可能有一个比较统一的指挥系统。

史迪威就从重庆到眉苗,然后到达缅甸陆军总部。他的住处是一栋红砖建筑,具有浸信会的风格,花园里有花儿正在开放。3月12日,史迪威到弗拉格斯塔夫拜访了总督多尔曼·史密斯,告知他,他是中国军队在缅甸的指挥官。第5军指挥官杜聿明将军随后也拜望了总督。多尔曼·史密斯对这种模棱两可的人事安排表示惊讶,而杜将军则回应道:

> 啊,阁下,美国将军觉得他是负总责。事实上,他没有做什么事情。你看,我们中国人认为,要确保美国人参战,唯一的办法就是给他们一些书面头衔,让他们管点事。只要我们干事,他们是不会绊脚

---

[1] M.科利斯:《缅甸的最初和最末》,伦敦,1956,第118页。

[2] B.W.塔奇曼:《史迪威与美中交往,1911—1945》,新纽约,1970,第267页。

的。①

蒋介石在缅甸安排了很多联络官,通过他们,史迪威对中国将士们下达的命令可以传到中国,蒋介石和他的参谋总部可以商讨是否执行。事实上,因为对此人不是很了解,中国的师部和各团的指挥官们都非常不情愿贸然发动攻击行动。

史迪威很快就和亚历山大有了第一次会面,3月13日他在日记中写道:

> 亚历山大来了,他高高的鼻梁,看上去很谨慎,对我显得很冷淡,甚至有点儿无礼。我一直就那么站着……见到我他很惊讶……只有我一个人,该死的美国佬!……竟然指挥中国军队。"真不可思议!"他的眼神似乎这样说,从他的眼里,我觉得自己好像是刚从石头底下爬出来的。②

尽管在日记中他怒火中烧,但是史迪威和这些英国高级指挥官们平时还是相处得较融洽,史迪威对亚历山大的看法在这些天也有了改善。

美国人在没有派一兵一卒的情况下,为什么却向缅甸派了这样的一个高级别军官,英国人有点搞不懂了。虽然亚历山大的情形和他的有点类似,但史迪威其实却是一个无冕之王。对盟军的政治领导人来说,调派几个将军到缅甸要比增援兵力容易得多。然而,到了战争的这个阶段,英国指挥官们已经没有资格去质疑华盛顿要做什么或者不要做什么了,他们对任何能够获得的帮助都会感恩戴德。与此同时,美国又在印度建立了一支空军力量——第10空军部队,由少将刘易斯·布里尔顿负责指挥,他曾经在爪哇任职。这支新建的空军力量对于中国—缅甸—印度战区的空军来说,起了巨大的作用。

史迪威的中国第5和第6军为缅甸的盟军提供了重要的支援,但这两支军队存在明显的不足。中国的步兵团运输能力不足,而且大炮、医疗服务以及通

---

① B.W. 塔奇曼:《史迪威与美中交往,1911—1945》,新纽约,1970,第270页。
② C. 麦肯齐:《东方史诗》,伦敦,1951,第461页。

信设备都很缺乏。士兵穿的还是草鞋，搬运工也只能用草绳竹竿等原始工具，靠背、驮等方式来运送物资补给，缅甸公路上的民用卡车也被迫征用来支援中国军队，这两支军队纪律松懈，但一旦有军人违纪，处罚起来却异常残忍。

中国第5军由第200师、第22师和第96师组成，该军团沿缅甸公路由机动车辆运往腊戍。戴安澜将军的第200师南派到锡当河谷的同古，其余军队仍然留在北方，但却相距很远，一旦有战事，很难及时驰援。第200师有士兵8 500人，是中国唯一一支机械化军队，配备有《租借法案》提供的车辆和火炮。[1]尽管有史迪威的命令，第5军的指挥官还是拒绝支援同古的师部，因为蒋介石下令其余军队向曼德勒附近集结。在史迪威的压力之下，蒋介石只得同意，如果情况紧急，第22师支援第200师，但第22师却只是向南移动到林马那，距离同古以北仍有60英里，蒋介石不愿意将他的兵力集中到那里，因为他害怕，一旦遭遇失败，政治后果会非常严重。

中国第6军团已经占领了掸邦，扼守与泰国北部交界的边境，在目前情况下，泰国北部还没有日本军队，但是盟军指挥官们对这一点也不是很确信。重庆当局也已许诺，如果需要的话，第66军会派往缅甸战场。

总督多尔曼·史密斯和他的妻子从3月21日开始，对掸邦开始了为期5天的正式访问，在雷列姆，总督会见了第6师的指挥官陈将军，陈将军很同情多尔曼·史密斯的两难处境："你们经常打败仗，我们也很同情你们。不过，不要丧失信心，看看我们，我们现在对战争已经非常了解，我们一直和小日本打了十年，你们如果这么坚持，你们也能学到很多东西的。"[2]显然，这样的讨论只是考验多尔曼·史密斯在缅甸危机加深情况下是否有耐心和幽默。3月底，来自仰光和缅甸南部的至少10名万印度难民挤在曼德勒周围的难民营里，但难民营

---

[1] E. L. 德雷尔：《战争中的中国，1901—1949》，伦敦，1995，第269页；L. 艾伦：《缅甸：漫长的战争，1941—1945》，伦敦，1984，第59—60页。

[2] M. 科利斯：《缅甸的最初和最末》，伦敦，1956，第133页。

里爆发了霍乱,而缅甸的民政当局已濒临崩溃,无能为力,难以提供帮助。

日军入侵缅甸即将进入一个新阶段,饭田将军的第15军在占领仰光之后做了休整,并做了重组,准备下一阶段的战斗。3月20日晚到21日凌晨,日军第55师沿着锡当河谷向北进军,在同古南面遭遇到了中国军队,日军第112团攻击公路两侧,而第143团绕过同古向西,切断通往小镇的北部出口。3月26日,日本第112团从西南方向,第143团从西北方向,直攻同古。不过,日本的攻击受到了中国武装守军的阻挠。

强大的日本援军在仰光登陆,3月25日,第56师通过水路抵达,该师士兵主要是从九州西北地区征得,在新加坡战役中就作为后备军,因为当时还不需要这支力量。第56师奉命增援同古的第55师。第56师的摩托化侦察团是第一支从仰光向北出发的部队,它渡过了同古附近的锡当河,到达东岸。而中国第200师和主要城镇都在西岸,3月28日,在河东岸的小股守卫军看到日军侦察部队后,感到非常诧异,到第二天中午,这股部队就被打散了。同古的锡当河上重要桥梁已经完全落入日本人手中,且未受到损坏。3月30日上午7点,同古的中国军队再次受到猛烈攻击,最终被击溃,第200师于是向北撤退,但日本对于中国捍卫这座城镇的努力却并不避讳,评价较高。

史迪威愤怒了,他飞到重庆,抱怨说第200师应该坚持在同古作战;他甚至威胁要辞职。蒋介石用不温不火的方式使这位美国军人平静下来。[1]然而,史迪威的麻烦才刚刚开始。日军正计划从同古向东北方向派遣摩托化部队,以席卷驻守在掸邦高原上的中国第6师。

只要中国守住同古,亚历山大将军曾经打算将前线从锡当河河谷的同古一直延伸到伊洛瓦底江的东岸卑谬,仰光相距卑谬80英里,中间有丛林覆盖的山脉阻隔。争夺同古的战争刚刚打响,史迪威就下令英国在伊洛瓦底江河谷

---

[1] 格兰特:《缅甸》,第191—192页;M.科利斯:《缅甸的最初和最末》,伦敦,1956,第142—143页。

发动进攻,以支援中国军队。3月28日,亚历山大在重庆同蒋介石见面,蒋介石也反复这样要求。结果,斯迈斯奉命从卑谬向南发动进攻,而不是发动夺城之战。① 在这个时候,印军第17师和第7装甲旅也在卑谬地区,缅甸军第一师从锡当河谷转移之后,正在向卑谬北部集结。②

饭田将军下令日军第33师从仰光沿伊洛瓦底江河谷向北推进,在3月的最后几天,日军巡逻队与斯迈斯的军队遭遇过。卑谬向南是庞蒂镇,两地之间是一座岩石山脊岭,将铁路和公路分开。当从亚历山大那边接收到了进攻命令的时候,斯迈斯就计划从卑谬沿公路向南派一支摩托化部队,夺下庞蒂镇,一旦拿下了这个小镇,就可以计划第二天继续向南推进。安斯蒂斯准将是这次进攻的指挥官,其指挥兵力包括第7轻骑兵营和几个步兵营。早在3月29日,部队就通过瑞当村,该村位于伊洛瓦底江东岸,离卑谬大约8英里远,第48旅的廓尔喀族人部占领了东部铁路走廊地带。

此时,日本第33师已经大量集结,准备攻打卑谬,第214团跨越公路,此时第215团沿伊洛瓦底江西岸前进,第213团的先头部队刚刚由海运到达仰光,就很快加入第33师的军事行动。3月28日晚,第2方面军第215营渡过伊洛瓦底江抵达东岸,经过一夜行军,于29日凌晨到达瑞当村,意在切断通往卑谬的通道。安斯蒂斯的机动部队已经从南向庞蒂镇行军,卡拉河从东到西横穿瑞当村,一年的这个时节,河水干枯。日本军队占领这个地方,拦住了通往村里的道路。

3月29日白天,安斯蒂斯纵队向南压进,抵达庞蒂镇,并同日军交火。然

---

① J. N. 罗马纳斯,R. 萨瑟兰:《史迪威的中国使命》,华盛顿,1953,第97页;格兰特:《缅甸》,第203—204页。

② J. N. 麦凯:《爱丁堡公爵的廓尔喀族第七步枪队的历史》,伦敦,1962,第185页;军团委员会:《皇家第五廓尔喀族步枪队(边防部队)的历史,1929—1947》(卷二),奥尔德肖特,1956,第176—177页。

而,考恩将军获得情报,日军已经拦住了瑞当村的通道,于是他下令,让安斯蒂斯率军撤回到卑谬。显然,事情尚未发展到缅甸军团总指挥部所料想的那一步。第48旅和皇家第2坦克队奉命从南方沿着铁路线行军,支援安斯蒂斯的纵队撤军。

印度军队第16旅和第63旅当时就在卑谬。各旅都要求派遣一个营的兵力从北部攻击瑞当村,清除日军在此所设置的路障。3月29日下午,边防部队第4团第12分队在瑞当北部1英里处与大量缅甸独立军遭遇,这支缅甸独立军已经被打得七零八落,损失惨重。边防部队继续压进,一直到瑞当北边的郊区,但在此却受到一支装备精良、组织有序的日防卫军的拦截。

当边防部队从北方攻击瑞当的时候,安斯蒂斯指挥的英国军队从南方到达了瑞当的郊区,这个村庄的房子都是木头和竹子结构,上覆盖铁皮或茅草,多为两层。天黑之后,格劳斯特借着皎洁的月光尝试冲进这个村庄,但面对机枪大炮,以失败而告终。

第7轻骑兵团的两支队伍,随后接到命令,突破瑞当南端的路障。第一支轻骑兵成功地沿村路一直抵达卑谬,然而,第二支轻骑兵则被路中间的一辆牛车挡在了村中,领头的坦克被汽油弹击中,里面的士兵所幸逃出。部队再次发动攻击,但又有两辆坦克被汽油弹击中,受损严重;第四辆坦克还是成功地到达了桥上,但一个日本兵用反坦克地雷将坦克的一根履带打断,两名战士牺牲,领头坦克的指挥官,中卫开尔·戴尔帕特森被俘,绑在牛车上被殴打,后来他挣脱绑绳,成功逃脱,此时,英军就在附近不远处开炮。3月30日深夜两点,英军步兵团又发起新一轮攻击,但也被遏止。夜间,原田上校下令日军增援部队渡河,与村里的日本营队会合。[①]

3月30日拂晓,英军机动部队的一支纵队抵达瑞当以南1英里处。路两侧

---

① J.汤普森:《缅甸战争,1942—1945》,伦敦,2002,第29页。

开阔的稻田让英军感到安全,这儿不可能有埋伏。对村南的攻击开始于上午7点30分,第414山炮连向村中开炮攻击,第7轻骑兵团第2中队在两翼步兵团的支援下沿马路向前推进,左侧的格劳斯特部和西约克郡部在左翼,苏格拉步兵团和杜克斯部在右翼。坦克队冲进村庄,步兵和机动车队紧随其后,一辆侦察车飞速冲向大桥,因为那是日军阵地北端,可是在桥中间却碾上了反坦克地雷。两辆紧随其后的坦克也被爆炸掀翻,坠落到桥下。根据第414山炮连的L. E.塔特回忆:

> 我们几乎打光了所有弹药,坦克也是如此。山炮连紧跟在轻骑兵的坦克后面,卡车车队则跟在山炮连之后。坦克一马当先,向四面八方开火,我们紧随其后。敌人大部分火力旋即向这些车辆开火,车辆几乎没有任何防御装备。我们将能打的都扔了过去:子弹、迫击炮弹和手榴弹等等。我们第一次看到日军用他们自制的燃烧弹塞到坦克下面,瞬间坦克就熄了火。25辆坦克中有一辆被燃烧弹击中,直接就被炸飞,落到了马路之外。我们迎头冲击受到阻止,最后只好停了下来。马路尽头的一所房子中射出的机关枪火力特别猛,我们束手无策。中尉西木考克斯占据了一块有利地形,集中火力,直接用火炮朝那所房子射击,当弹药即将打尽之际,火炮击中房子,机枪终于哑了下来。[1]

尽管已经做出了努力,但战斗还是再次陷入停滞。无奈之下,英军指挥官下令,仍被困在村里的部队,拆成小股力量,尽可能向北突围。在瑞当村北侧,英军和印度军队再度发起进攻,但进展不大。下午4点,这支部队奉命返回卑谬(缅甸南部),边防军第12团第4分队在此次战斗中18人牺牲,45人受伤。[2]

在瑞当村对面的伊洛瓦底江西面,一支皇家海军陆战队分队作为侧翼护

---

[1] G.阿斯特:《丛林战争》,霍博肯,新泽西州,2004,第77—78页。

[2] W.E.H.康登:《边防部队兵团》,奥尔德肖特,1962,第403页。

卫队,占领了帕督安村。在前一天晚上,日军第215营第3分队就对该村进行了扫荡,海军陆战队拼死冲出重围,但仍有17人被俘,天亮后,这些士兵被日军带到村中的晒场上,一字排开,然后用刺刀刺死,只有一人幸免于难——这个中士身上被刺了三刀,但他还是活下来了。①

3月29日至30日,在卑谬南发起的攻击中,缅甸军团有400人伤亡,200辆车损坏。第7轻骑兵团损失10辆坦克,炮兵损失2台野战炮,杜克斯团有122人伤亡,卡梅伦团69人伤亡。日军在瑞当村和庞蒂镇共75人死亡,俘虏了113名盟军士兵。②第7轻骑兵团的战争日记中记载:"第二天早上(3月31日),我们赶到以前到过的地方,很快这次无用的冒险就开始了。我们团只有38辆坦克,车辆损失惨重。在这个小村中我们完全是在消耗自己,因为坦克在这里毫无用武之地。"③亚历山大的参谋长赫顿写道:"卑谬之战之后,很显然,军队的士气,包括英军各营士兵的士气极其低落。"④

不用说,日本第33师的下一个目标是卑谬,这是在伊洛瓦底江东岸的一个较大的城市,一条源自仰光的铁路从此穿过。卑谬郊区到处是茂密的丛林,其南边的入城通道处是很多地势较高的丘陵,也是丛林密布,不过这儿已遭到了严重的轰炸。第63旅占领了卑谬;第16旅在东面不远处;第48旅则在离卑谬6英里的摩萨东南方,驻守铁路两侧。在瑞当战役中受损的各支部队被遣往后方,进行休整。

斯迈斯的军部北撤到阿兰谬。4月1日下午,韦维尔和亚历山大同他见了面。由于中国军队已从同古撤出,两位将军决定,为卑谬再发动大的战役已经

---

① J.汤普森:《皇家海军陆战队》,伦敦,2000,第288页。

② J.伦特:《撤出缅甸,1941—1942》,伦敦,1986,第193页;B.普拉萨德:《撤出缅甸,1941—1942》,加尔各答,1959,第250页。

③ B.佩雷特:《通往仰光的坦克之路》,伦敦,1978,第51页。

④ J.伦特:《撤出缅甸,1941—1942》,伦敦,1986,第194页。

没有什么意义。但在4月1日,盟军尚未安排进一步撤军,日军就沿着瑞当的公路夜袭了卑谬。战斗一开始,多格拉族人的第17团第5分队一个连队就被打散了。夜间,第215团的部队穿过河侧翼卑谬的防御工事。至此,对第63旅来说,形势已经十分明了,必须决定放弃该城。同时,日军沿铁路线的迂回包抄行动被第48旅的廓尔喀人部队遏止。

卑谬北部三角洲地区与缅甸中部干旱地带逐渐融合。4月2日,印度第17师跨过缺水炎热的地带,朝北向阿兰谬挺进。牛车使行军的速度放慢,路上尘土飞扬。当天晚些时候,部队遭受到日军密集的空袭,日本空军现在的力量强大,明显占绝对优势。只要日军战机响声一起,盟军就慌忙四散寻找掩体,将士们士气一落千丈,萎靡不振。夜间短暂休息之后,第二天部队接着继续行军。现在军队里机动车辆有限,只能轮流将那些筋疲力尽的士兵运送到目的地,两天来,日军的空袭又造成200多人伤亡。

战争爆发之初,缅甸经济繁荣,对于英军来说,这里的人民友好。但随着缅甸军团向北痛苦推进,日本军队又对其穷追不舍,当地人似乎开始对英军产生了敌意,士兵们也士气低落、痛苦不堪而又忧心忡忡。在缅甸,整个盟军开始面临全军覆没的危险。

# 第十四章　日本帝国海军与印度洋

在印度洋战争中，与盟军在缅甸中部遭遇的困境相比，仰光沦陷对其打击更甚。缅甸首都以及安达曼群岛和尼科巴群岛的沦陷使日本控制了整个孟加拉湾东部地区，日本的舰队可以直接从新加坡航行至仰光，但除此之外，一个全新的战区也呈现在日本帝国的海军面前。以其东南亚攻克的敌方基地为跳板，日本帝国海军就可以看到东印度洋的海岸和锡兰，锡兰（今为斯里兰卡）就位于这片次大陆的南端。

新加坡海军基地失守后，英国皇家海军东方舰队又在锡兰重建。锡兰是印度洋上纵横交错的航线中枢，自拿破仑战争之后，印度洋就被看成是英国的一个内陆湖。然而，如今形势却使英国面临巨大威胁。缅甸的沦陷将使英国在印度东北部的处境变得很危险，而且缅甸和锡兰同时失守对从孟买一直到马德拉斯和加尔各答的印度整个海岸线更是一个威胁。在轴心国的所有计划中，锡兰都是一块必不可少的垫脚石，对日军来说，这些计划可以使其与德军和意大利军队在中东连成一片。1942年上半年，整个世界都在遭受轴心国武力的蹂躏，他们似乎主宰了整个战争。

盟军在印度洋上面临的威胁迫使伦敦高层必须尽快制定新的战略。第一海军大臣，海军上将达德利·庞德在3月8日写给丘吉尔的信中说：

> 毫无疑问，现在正是日军派遣一个远征队讨伐锡兰的绝佳时机。同样也毫无疑问，锡兰沦陷对我们在远东地区甚至是整个中东地区的战略格局都产生严重破坏。驻扎在锡兰的日本舰队，将会严

重削弱我们中东所有护航舰队的意志,干扰印度洋上的整个贸易秩序,更主要的是印度自身的安危。①

最近一段时间,在海战中一再溃败,让英国皇家海军增援锡兰的能力大打折扣。继"威尔士亲王"号和"却敌"号在马来亚被击沉之后,重型巡洋舰"埃克塞特"号也在东印度洋海战中沉没。在地中海,英国皇家海军"皇家方舟"号航空母舰和"巴勒姆"号巡洋舰沉没,"伊丽莎白女王"号和"勇敢"号巡洋舰也在亚历山大港遭到鱼雷重创。②

在伦敦,澳大利亚驻英国使者厄尔·佩吉爵士已经意识到了锡兰守军势单力孤,这里只有印度第34师的两个旅、本地志愿军一个旅以及一个野战炮队后备军。2月24日,佩吉向澳大利亚政府建议,澳大利亚应该调遣军队去锡兰,临时加强其防御能力。两天后,愤怒的总理柯庭回应称,佩吉的话根本不能代表澳大利亚政府的观点。堪培拉制定的政策是要确保澳大利亚军队在危机时能够快速撤回国内。③不过,发火归发火,澳大利亚政府还是做了妥协,向锡兰派军。澳军在锡兰登陆,将会"制造出一种友好的氛围",并且可借此修复澳大利亚与英国的关系,此前,澳大利亚政府拒绝将其第7师派往仰光曾使两国关系受损。

澳军第6师紧随第7师,开始从中东出发。3月2日,柯庭致电丘吉尔,承诺将抽调第6师的两个旅前往锡兰,师部总部和第3旅将调回澳大利亚。新加坡沦陷的直接后果便是,在堪培拉也很快出现极大的恐慌。不过从那时起,美国军队在西南太平洋战场以及澳大利亚战场就一直恪守承诺,这缓解了澳政府

---

① A.J.马德,M.雅各布森,J.霍斯菲尔德:《老友新敌:皇家海军与日本帝国海军》(卷二),牛津,1990,第96页。

② A.杰克逊:《大英帝国与第二次世界大战》,伦敦,2006,第274页。

③ L.威格莫尔:《日军的入侵》,堪培拉,1957,第459—460页;D.霍纳:《最高指令》,悉尼,1982,第158页。

的担忧。

然而，柯庭政府认为，过不了几周，英国的第7师就可以缓解锡兰的压力，于是只安排了第6师的主力驻守锡兰。第70师也正从中东经水路开往印度。然而，丘吉尔想的却是，澳大利亚军队可以在锡兰多驻守一段时间，并且派遣第70师的主力前往东印度。①

在锡兰建立防线可能与缅甸正在进行的那场胜利无望的战争相冲突。3月13日，印度司令部收到来自战争指挥部的一些糟糕的消息：

> 我们同意你们的关于在印度东北部建立堡垒的想法，但问题是，我们该将多少资源投放到这一地区，这一地区与锡兰相望，其重要性想必你们非常清楚。不过你们要知道，我们的资源已经少得可怜。我们认为，印度帝国安危最后还是取决于我们控制印度洋上交通线的能力，鉴于此，我们必须拥有可靠的军事基地，而我们唯一可以看得见的地方就是锡兰。尽管我们都知道印度东北部位置重要，而且也非常清楚这些潜在的内部安全问题你们在孟加拉和东印度可能也会遇到，但我们仍然有理由认为锡兰的防卫问题必须优先考虑。②

3月15日，在德里的韦维尔回复给总参谋组的信中说："锡兰驻军的任务仅仅是防御，而目前的政策似乎要把匮乏的资源、陆军兵力和空军兵力的大部分都调到那里……我们承担不起这样超值投保的后果啊。"③韦维尔担心，一旦日军在锡兰登陆，无论锡兰的防守多么牢固，都恐难挡住侵略者的进攻。

西方在锡兰的存在就像印度洋上的一颗泪珠，到二战时已经持续有700多年的历史了。锡兰很久以前就是航海家从好望角出发一路向东经过印度洋

---

① D.麦卡锡：《西南太平洋地区——第一年》，堪培拉，1959，第118页。
② B.普拉萨德：《印度国防：政策和计划》，新德里，1963，第153页；B.普拉萨德：《撤出缅甸，1941—1942》，加尔各答，1959，第464页。
③ B.普拉萨德：《撤出缅甸，1941—1942》，加尔各答，1959，第464页。

的跳板,那里土地肥沃,船员们受到当地居民的热情欢迎。葡萄牙人早在16世纪初就到达那里,后来被荷兰人排挤走了。到了18世纪末,轮到了英国人,他们控制了锡兰。从那时起英国就一直保持着殖民地强国地位。

锡兰的首都是科伦坡,早在12世纪,摩尔人的船队就利用过科伦坡的有利地位。出于战略上的考量,葡萄牙曾在科伦坡西海岸的中部建了一个要塞堡垒。为了纪念克里斯多弗·哥伦布,要塞便以他的名字命名。他曾经为西欧发现了美洲。到了20世纪,葡萄牙人所建的古老的要塞早已荡然无存。该区域成为英国政府办公机构所在地、英国总督的住所、政府办公室、牢固的商业建筑以及邮政总局。邮局的钟楼在距离20英里的海面上都可以看见,实际上,已成为港口实际的灯塔。[1]

1885年,科伦坡建成了一个巨大的人工港口。威尔士亲王亲手砌上4 000英尺长的防浪堤上的第一块石头,他便是以后的爱德华七世。到1930年,这个巨大的方形港口已拥挤不堪。之后,科伦坡港口一年的港口运输吞吐量,比印度和缅甸所有港口加起来都要大。从码头上的瞭望塔看,来自不同国家的蒸汽船烟囱、桅杆和船帆林立,犹如茂密的森林。科伦坡没有深水码头,所以装卸船只需要小船和大量的人工劳动力。

科伦坡城就建造在一个平坦的平原上,这个平原向外延伸数英里之远。1942年,35万人居住在这个干净的城市。作为热带城市,这里的居民不需要供暖,在雨季,整个城市都会沐浴在热带阵雨中。在科伦坡的晚上,太阳落入西边的海中,光亮从如画般的花园上方渐渐褪去,花园里灌木丛中花儿仍争奇斗艳。英语以及欧洲服饰在这里分布广泛。英国因为比日本来这儿的时间早,所以在锡兰的声望较高。

锡兰大部分居民居住在岛的西南角,因为那里雨水充沛。岛的中心大山

---

[1] H.威廉姆斯:《锡兰:东方明珠》,伦敦,1950,第319页。

绵延。茶、橡胶、大米和椰子是大多数锡兰人种植的主要农产品。该殖民地国人口超过600万。其中400万是本地的僧伽罗人，150万是泰米尔人，剩下的是摩尔人、马来人、欧亚人以及欧洲人。锡兰西南的雨季从4月底一直持续到7月，而雷电天气则是雨季的开始。

3月初，英国皇家海军东方舰队司令官，海军中将杰弗里·莱顿凭借其任总督及民政局长的威信被任命为总司令。亨利中将任锡兰卫戍部队的指挥官。皇家海军在锡兰港口的设施不是很充足。举个例子：科伦坡的海军基地没有一个足够大的码头来停靠军舰。亭可马里是锡兰东北的港市，它也仅仅是一个锚地而不是发达的港口。

至少在理论上说，锡兰是一艘不沉的航空母舰。空军少将J. H. 德·阿尔比阿克的皇家空军第222大队奉命负责锡兰防空。3月末，该大队的空中力量由50架飓风战斗机，14架布伦海姆轰炸机，6架远程轰炸机以及一批老式的管鼻鹱战机组成。两个飓风空中中队——第30中队和第258中队——驻扎在离科伦坡很近的拉特马拉那。第三个飓风空中中队——第261队驻扎在亭可马里外的中国湾机场。一些飓风战斗机从"无畏号"航空母舰上起飞，降落在锡兰，因为很显然，他们无法及时赶到新加坡。第258中队在马来亚海战中驾驶的是水牛战机，幸存的飞行员很乐意驾驶这种先进的机型。一个布伦海姆轰炸机中队、一些海军航空兵的箭鱼鱼雷轰炸机组成了锡兰唯一可以近海攻击敌方军舰的空中力量。

海军上将詹姆斯·萨默维尔从直布罗陀海峡调到锡兰，来代替莱顿指挥远东舰队。作为最高指挥官，他现在负有守卫锡兰的责任。萨默维尔出生于1882年，父亲是一个英国地主，母亲出生在塔斯马尼亚。一战发生后，萨默维尔加入了英国皇家海军，两次世界大战之间，他曾在东印度军事基地担任过一段时间的指挥官，在反抗德国纳粹的前夜，他被确诊患有肺结核，并且被安排退休。二战爆发后,他又被召回到海军部任职,并且协助组织了敦刻尔克大撤退。[1]

1940年6月27日,萨默维尔被任命为直布罗陀第8军总司令。当第8军轰炸阿尔及利亚米尔斯港口的法国海军时,萨默维尔证明了他是一个合格的指挥官。后来,第8军参与了前往马耳他的护航任务以及在北大西洋长期的战斗。包括1941年5月成功猎捕德国"俾斯麦"号战舰的战斗。

萨默维尔个性鲜明,他直率坦诚,深受同僚欢迎;聪明并且健谈,不畏惧权威。萨默维尔曾被两次授予爵位,1939年被授予国王勋爵士,1941年被授予第二等高级英帝国勋爵士。地中海舰队司令坎安宁听到那些消息时,发来消息祝贺他:"什么?你这样小小年纪竟然被两次授予爵位?"[2]更值得关注的是,1940年11月,第8军与位于斯帕蒂文托角(位于撒丁岛的最南端)的意大利舰队交火后,萨默维尔曾经受到质询委员会的问问。第8军在护送运兵船去马耳他时与意大利军发生冲突,萨默维尔终止了那场冲突,他认为运兵船的安全才是他最应该优先考虑的。事后,海军法庭派了一个委员会在直布罗陀海峡集合,去调查萨默维尔是否提早结束了那场冲突。根据英军副司令A.U.威利斯说:"法庭极力支持他的行为,然而军事法庭对他的怀疑很明显还是令人很愤怒。我认为,他肯定不愿意再将自己公开置于这种无端的指控之下的。"[3]

2月17日,萨默维尔乘"无畏"号航空母舰前往印度洋,漫长的航程让这位海军上将有时间回顾英国在远东日益衰退的形势。萨默维尔在写给海军部的信中说,皇家海军阻挡不了日本主力对锡兰的入侵,不过打小规模的突袭战或许还有胜算。如果那样的话,萨默维尔认为:"对日军最好的回击是让一支远

---

[1] D.麦金太尔:《詹姆斯·萨默维尔海军舰队司令的传记》,伦敦,1961,第16、44—45、52页。

[2] K.丁布尔比:《康沃尔皇家海军命运的戏剧性转变》,伦敦,1984,第146页。

[3] A.J.马德,M.雅各布森,J.霍斯菲尔德:《老友新敌:皇家海军与日本帝国海军》(卷二),牛津,1990,第102、125页。

东舰队时刻待命,并且避免同敌军摩擦时的消耗。如果要实现这个策略,就应该尽可能让舰队待在海上,并且不时地做出对锡兰东面的佯攻,这样,敌人就会知道我方主力舰队在印度洋上从而影响其判断。如果日本成功入侵锡兰,虽然维持我们到中东的通道会非常艰难,但未必不可能。然而如果日本占领锡兰后攻击远东舰队的主力,我认为那时的情况会非常绝望。"[①]

在科伦坡的副司令莱顿赞同萨默维尔的一系列想法。3月14日,莱顿在写给海军部的信中说:"这可能很愚蠢……在面对优势的敌人去防守锡兰时,将我们的舰队置于险境,或者让他们在一起训练一段时间后再想想其他办法。"[②] 3月18日,海军部回信说,他们也认为,不能为了守住锡兰而牺牲东方舰队。萨默维尔接到海军参谋部的消息说,虽然不能插入缅甸海岸,但正在采取措施一点点增强东方舰队战斗力。3月24日,萨默维尔乘飞机到达科伦坡,两天后,从莱顿手里接管了远东舰队。两位海军大将都有巨大的人格魅力,虽然不是老朋友,但他们将在以后的作战中进行有效的协作。

就在萨默维尔到达锡兰时,澳大利亚第6师的主力也在科伦坡登陆。这个师在战时服役过的地方有利比亚、希腊以及克里特岛。第16旅乘坐"欧朗提斯"号邮轮,第17旅乘坐"奥特兰托"号邮轮。荷兰的"韦斯特兰"号运输机也运送了2 800名士兵。大量的小型舰船携带运输交通工具和补给。3月初,印度第34师在锡兰最早的驻军被编入英国第37师的一个旅以及东非的第21旅。到达的澳大利亚军按照博纳尔将军的命令被编入另外两个师。

印度、澳大利亚、英国以及非洲军队在锡兰登陆后,发现他们来到了长满

[①] S.W. 罗斯基尔:《海上战争,1939—1945》(卷二),伦敦,1956,第22—23页;A.J. 马德,M. 雅各布森,J. 霍斯菲尔德:《老友新敌:皇家海军与日本帝国海军》(卷二),牛津,1990,第109页。

[②] A.J. 马德,M. 雅各布森,J. 霍斯菲尔德:《老友新敌:皇家海军与日本帝国海军》(卷二),牛津,1990,第110页。

野花和绿色植物的半热带丛林中。潮湿的环境使人们身体保持健康,并且生活幸福。澳大利亚军队经常见到的是水牛、大象以及猴子,而不是在尼罗河三角洲经常碰见的蚊子和沙子。许多刚刚到达的士兵被这西南海岸线的景色深深地吸引了。葡萄牙人建在加勒的陈旧的港口被改建成总部。此时,敌人的威胁越来越大,日本主力入侵印度洋的可能性很大。

新加坡的沦陷为印度洋上的日军创造了一系列机会,更不用说向缅甸南部输送兵力能力的加强。有预测认为,日军将会入侵锡兰或登陆位于马德拉斯和加尔各答之间的印度东海岸。日本的领导层一致认为,最好的战争策略就是制订新一轮的进攻行动计划,这对保持目前良好势头以及战斗主动权很重要。

在1942年上半年,山本五十六以及联合舰队参谋长制定了海军战略。山本五十六在战略上想对太平洋中心的美国太平洋舰队进行侵略,但他同时也想侵略印度洋,从而削弱英国皇家海军的远东舰队。日本帝国的海军整个高层将领对印度洋行动方案表示支持,虽然这仅仅是个"打了就跑"的袭击方案。东京的海军总参谋部也一直很关注从美国到孤岛澳大利亚西南太平洋上的战事。帝国军队对西太平洋和东亚的侵略战线已经拉得太长,再没有兴趣进行海陆联合作战入侵锡兰或者东印度。军队入侵缅甸对有限的物资储备是很大的消耗。[1]

从新加坡沦陷开始,山本五十六的司令部就开始起草入侵锡兰的应急计划,并在联合舰队的"大和"号舰船上举行了演习。理想的状态应该是,将英国的舰队引入锡兰和苏门答腊岛之间的某个海洋战场。[2]3月9日,山本任命海军舰队副司令近藤主持锡兰战事,近藤将指挥两支任务特遣小队——海军中将

---

[1] A.J.马德,M.雅各布森,J.霍斯菲尔德:《老友新敌:皇家海军与日本帝国海军》(卷二),牛津,1990,第90页。

[2] A.J.马德,M.雅各布森,J.霍斯菲尔德:《老友新敌:皇家海军与日本帝国海军》(卷二),牛津,1990,第87页。

南云忠一的航母特遣部队以及海军中将小泽征尔的巡洋舰和驱逐舰分遣队。

近藤对南部军队下达了3月中旬进军印度洋的任务。3月26日，由五艘航空母舰组成的南云忠一的特别突击部队离开位于印度东部西里伯斯岛的燕八哥湾（第六艘航母"加贺"号返回日本维修），舰队通过通往帝汶岛的海峡驶往印度洋。舰队司令南云忠一是一个严肃且好斗的人，1942年上半年，他就成了经验丰富的航母指挥官，并且还有水雷专家的背景。

日本海军飞行员经验丰富，并且他们的舰载机和同期的路基战机性能相当。南云忠一的"赤城"号、"瑞鹤"号、"翔鹤"号、"苍龙"号以及"飞龙"号航母的护航编队由4艘快速战舰、2艘重型巡洋舰、1艘轻型巡洋舰以及7艘驱逐舰组成。6艘潜艇已经在孟加拉湾侦察巡逻。4月1日，特遣部队在爪哇岛南部补给燃料并且做好了远距离进攻印度洋的准备。对锡兰的空袭一直持续到4月5日。当南云忠一入侵锡兰时，小泽征尔的巡洋舰和驱逐舰可以堂而皇之地入侵孟加拉湾，骚扰盟军舰队在印度洋东海岸的活动。小泽征尔的1艘重型巡洋舰、1艘轻型巡洋舰以及7艘驱逐舰伴随1艘轻型航母"龙骧"号已经驶离了缅甸丹那沙林海岸的丹老港，在安达曼岛原地待命，等待指示。

英国皇家空军预计在锡兰会打一场大规模的空战，碰到强劲的对手。一名日本飞行员回忆道："这次，我们预想一定会损失巨大（跟最近的战役相比），但是我们的'零式'战斗机向我们证明了它们比任何敌人的战机都更加强大，我们坚信，我们在空战中一定会胜利，并且摧毁敌人舰队以及这个英国最大的港口。"[①]3月上旬，日本情报机关判断，在印度洋上的盟军海军有3艘战舰，2艘航母，4艘重型巡洋舰，11艘轻型巡洋舰以及几百艘运兵船和路基飞机。[②]预计锡兰的英国舰队会有进一步的增援。这个舰队理论上足够强大，足够与日本

---

① R.霍夫：《漫长的战斗：海上战争，1939—1945》，伦敦，1987，第150页。

② A.J.马德，M.雅各布森，J.霍斯菲尔德：《老友新敌：皇家海军与日本帝国海军》（卷二），牛津，1990，第94页。

帝国海军航母编队匹敌。日本情报机构收集情报的能力令人钦佩,但是并没有发现英国皇家海军在阿杜环礁的马尔代夫南部到锡兰西南的附属基地。

尽管在同欧洲轴心国的战斗中蒙受了巨大损失,伤亡惨重,但海军部仍然尽最大努力来建立东方舰队。3月末,萨默维尔在锡兰的舰队里就有先进的战舰:"厌战"号,4艘稍老的"皇家元首级"战舰。新型航母"无畏"号和"可畏"号,老式航母"竞技神"号,2艘重型巡洋舰,5艘轻型巡洋舰,16艘驱逐舰以及7艘潜艇。"厌战"号是1916年日德兰半岛战役中的老战舰,在地中海的克里特遭受到损毁,在北美修复后,最近才返回军队服役。

"勇气"号、"皇家方舟"号、"拉米利斯"号以及"决心"号战舰组成英国皇家海军第3战斗航空队("皇家橡树"号战舰是另一艘R级战舰,1939年在斯卡帕湾被鱼雷击中)。R级战舰是在1913年—1917年建造的,该战舰有8座15英寸炮塔,但以每小时19海里的最大航速航行,续航时间很短。当初建造它们的初衷只是让它们在北海服役,以及短时间的巡航。那些老式的炮塔需要更换炮身衬管,并且仰角很低。匮乏的净水装置意味着在燃料耗尽之前,淡水就会耗尽。萨默维尔称:"我以前的战舰都处在破损状态,目前,没有一艘战舰能够达到我认为的战斗效率的标准。"[1]东方舰队第3战斗中队指挥官,海军中将威尔士在他的回忆录中坦言:"说得好听一点,老式的R级战舰不适合在热带服役,当我们用R级战舰迎战日本海军时,估计没有人会觉得能胜利。"[2]丘吉尔更是称它们是"棺材战舰",R级战舰在大西洋上需要大量的护卫舰保护,使战争一直耗到现在。

萨默维尔的航母舰队——"无畏"号和"可畏"号是新造的战舰,配备有装甲飞行甲板,航速能够达到30节——在当时为最大航速。"可畏"号二战期间在

---

[1] P. C. 史密斯:《伟大的舰队》,伦敦,1977,第308页。

[2] A. J. 马德,M. 雅各布森,J. 霍斯菲尔德:《老友新敌:皇家海军与日本帝国海军》(卷二),牛津,1990,第103页。

地中海地区遭到德国空军重创后,花了很长一段时间停在美国进行大修。在从欧洲到开普敦的途中,全体船员在港口休整待命,而且时间较长,但萨默维尔对"可畏"号上训练的标准印象非常深刻。

皇家海军新航母舰队都是精心建造的战舰,但是和相同吨位的日本或美国战舰相比,它们舰载机的搭乘量仍然只能达到一半左右。美国航母上舰载机停靠得很近,以便能够起降更多数量的舰载机。然而,英国皇家海军的新航母却只能在飞行甲板下面停放为数不多的舰载机。①海军少将丹尼斯·博伊德的"无畏"号和"可畏"号航母总共有83架舰载机,其中有一半都是老旧的长鳍鱼雷轰炸机。不过,有的上面带有雷达装置,使军队可以进行夜战。老旧的管鼻鹱战机和现代的飓风战机以及无足鸟战斗机弥补了航母上舰载机的不足(无足鸟战斗机是美国海军航空兵的野猫战斗机)。东方舰队的第三艘航母"竞技神"号始建于1919年,从建龙骨开始算,是世界上第一艘航母。"竞技神"号一直驻扎在印度洋进行防御,并且只能搭载12架舰载机。

1942年3月末,此时的东方舰队与1941年12月海军上将菲利普指挥的驻扎在新加坡的那个东方舰队相比,已经有了很大的改善。庞德从伦敦的海军总部致电莱顿,提醒他警惕日军对锡兰再次制造"珍珠港事件"。②萨默维尔的舰队一部分已经被派遣到距科伦坡西南650英里的阿杜环礁。海军上将威利斯和"决心"号战舰3月26日抵达,发现其余的R级战舰——"不屈"号和"竞技神"号已经先期抵达。

阿杜环礁——为保密起见,对外称为T港——位于马尔代夫岛的最南端,

---

① A.J.马德,M.雅各布森,J.霍斯菲尔德:《老友新敌:皇家海军与日本帝国海军》(卷二),牛津,1990,第113页;C.肖尔斯,B.卡尔,井泽守:《血腥的战场》(卷二),伦敦,1993,第386页。

② A.J.马德,M.雅各布森,J.霍斯菲尔德:《老友新敌:皇家海军与日本帝国海军》(卷二),牛津,1990,第105页。

是一个深水环礁湖,被一个环形的珊瑚岛包围。让人疲乏无力的热带温度使阿杜环礁变成了一个不适合人类居住的地方。四个深水海峡通过这片暗礁区域。环礁湖和斯卡帕湾一般大小。斯卡帕湾是英国皇家海军在苏格兰北部的紧急舰艇基地。战争前期,一支皇家海军陆战队在这儿秘密修建了一个临时锚地,上面有一个小型飞机场,还驻有油轮以及备用舰船来支援舰队。然而,该锚地缺乏足够的反潜能力,一只潜艇就可以隐藏在暗礁之外,通过暗礁间的空隙向这儿发射鱼雷。该锚地的防空能力也严重不足,好在阿杜环礁并不像锡兰那样容易突袭。英国人并不确定日本人是否知道该基地的存在,但事实上,日本人确实不知道。

英国情报部门掌握的信息是,一支日军马上会穿过印度洋直接入侵锡兰,对于日本人来说,很难掩藏得住其为侵略而在东印度群岛大规模集中的舰船。凭着直觉就可以知道,日本不定在什么时候就会在印度洋上发起大规模突袭。

3月,位于科伦坡的远东联合局的电码译员监视到,日本同行的电码信号对印度洋的重视程度等级不断升高,只要监听设备的频率正确,就能听到这些无线信号。大家都知道,日本人在其代码中使用了好几套字母代码来代表地名。因此当信号中有几套字母重复使用时,便引起电码译员的注意。整个3月中旬,信号中频繁提及在"D"区即将发生战役,以及4月2日在"DG"区有一场空袭。那些字母指代哪个地点?这一直是个谜,直到3月28日,当一个日本无线操作员清楚地拼出了那个地点:KO-RO-N-BO,那个谜才被解开。①

舰队司令萨默维尔得知这个消息后指出:

我们不知道日本策划的这场袭击规模有多大,但日军肯定会希望,他们以两三艘战列舰,加上一些巡洋舰和驱逐舰护航的航母组成的军队就可以打得我们丢盔弃甲。我们倒期待日军战机会在黎明发

---

① M.史密斯:《皇帝的代码:日军密码的破译》,纽约,2000,第128—129页。

起进攻,这样,并且为了避免遭到驻守在锡兰的英国路基战斗机的攻击,他们就会立即离开前往东方。①

3月30日下午,东方舰队的几个师分别从科伦坡港、亭可马里和阿杜环礁起航,准备3月31日在锡兰栋德勒角以南80英里处集合。

萨默维尔和他的职员一起登上"战船"号战舰,由"可畏"号以及巡洋舰和驱逐舰组成的舰队护送着离开了科伦坡。在集合地点,萨默维尔致电威利斯:"这就是东方舰队,但是不用担心,破旧的小提琴也可以奏出动听的乐曲。"萨默维尔的总参谋长,海军准将爱德华兹在他的日记中写道:"很难相信英军基本上都没接受过训练,并且以稍逊的装备迎击敌人。"②历史学家曾把萨默维尔的舰队跟罗泽德斯特凡斯基的摇摇欲坠的俄罗斯舰队做过比较,后者军舰使用蒸汽发动机,且开战前已经横渡了半个地球的距离,导致1905年在对马海峡受到日本海军毁灭性的打击。

然而,自开战以来,东方舰队就是海上所有舰队中最强大的皇家海军舰队,总共拥有29艘战舰,其中5艘战列舰,3艘航空母舰,7艘巡洋舰,14艘驱逐舰。那些船上总共拥有超过1 500名的军官和普通海员。南非记者肯·丁布尔比便是"康沃尔"号上的船员。他回忆道:

> 将东方舰队的各组成舰队集合在一块是一个令人难忘的时刻,特别是对像我们那样还没在舰船上航行过的人来说,尤其如此。热带的海洋很平静,而且非常蓝。战舰经过之后,船首和船尾在水里形成白色的波纹。这时候,海平面上出现了一个小黑点,随后,它们越来越大,黑点也越来越多,到最后,终于看清了它们的面目:战列舰、

---

① A. J. 马德,M. 雅各布森,J. 霍斯菲尔德:《老友新敌:皇家海军与日本帝国海军》(卷二),牛津,1990,第117页。

② A. J. 马德,M. 雅各布森,J. 霍斯菲尔德:《老友新敌:皇家海军与日本帝国海军》(卷二),牛津,1990,第119页。

航母、巡洋舰以及驱逐舰。旗舰上发出了信号,舰队合并到了一处,调整然后就位。巡洋舰和驱逐舰——海洋中的猎犬——快速到达其位置,最终,所有的战舰以旗舰"厌战"号为首排成一排,旗舰俨然是舰队威严的领导。[1]

3月31日,东方舰队一整天都在开往锡兰南部的海上航行。萨默维尔想在白天避开日军的空袭,但是在日军对锡兰防空力量发动了猛烈的攻击之后,他计划到了晚上,借助鱼雷轰炸机来夜袭日军。

按照需要,战舰队伍被分为快速舰队和慢速舰队两部分。战时,需要一艘航空母舰发动蒸汽装置快速调整成逆风行驶以便舰载机起飞,速度慢的舰队则不要与其保持同步。R级战舰"竞技神"号以及其他速度较慢的舰船组成速度较慢的队——B队。这支舰队包括"卡利登"号、"神龙"号和荷兰的"海姆斯凯克"号巡洋舰以及8艘驱逐舰。速度较快的A队包括"厌战"号、"可畏"号、"不屈"号航空母舰和4艘巡洋舰:"康沃尔"号、"多塞特郡"号、"进取"号、"翡翠"号以及6艘驱逐舰。

4月1日和2日,萨默维尔都是在夜间命令其舰队向东方航行——可能与日军航线接近,然后,白天调转航向向西航行。天气很平静,整个舰队都在火热的太阳下进行例行训练。萨默维尔称:"现在的麻烦是,在这场战争中,我现在指挥的舰队比任何人指挥过的舰队都更大。舰队士兵对于自己该做什么,反应都很迟钝。在战斗中,大部分船只就连与其他舰船保持持平都做不到。"[2]侦察机没有找到任何敌军军舰的身影,萨默维尔在4月2日写给他妻子的信中提到:"敌军仍没有任何消息,我害怕我们已经打草惊蛇,这种情况对我们很不利,因为现在是给他们重大打击的最佳时刻。不幸的是,我不能无限期地等着

---

[1] K.丁布尔比:《康沃尔皇家海军命运的戏剧性转变》,伦敦,1984,第150页。

[2] 麦金太尔:《战争中的海军上将》,第186页。

他们。"① R级战舰上的淡水越来越少,威利斯提醒萨默维尔:如果在接下来的几天里不能返回港口,那么只能烧海水喝了。

4月2日夜间至3日凌晨,仍然没有日本军舰的消息,日军似乎取消了对锡兰的一切行动。4月3日,东方舰队的两个师团都航行前往阿杜环礁进行物资和燃料补给。重型巡洋舰"多塞特郡"号和"康沃尔"号则前往科伦坡,前者继续整修,后者将在一周时间内和一个护航队会合。"竞技神"号和一艘驱逐舰被派往亭可马里,进行维修保养并补给储备。②印度洋上的盟军舰队也开始回归正常。4月4日下午3点左右,东方舰队的其他舰船也都到达阿杜环礁。萨默维尔称,"那是一个看起来很血腥可怕的地方,炎热难耐,而又荒凉孤寂"。③蓝色的热带天空下,油轮和淡水船在炽热的温度下开始给战船添加补给。

在东方舰队前往锡兰南部的工作已经准备就绪的同时,第205飞行中队的卡塔利娜路基水上飞机正在印度洋深处向岛的东面和东南面巡逻。4月4日下午,科伦坡接到报告称,发现一大队日本舰船。下午4点,空中中队队长伯查尔的远程轰炸机的无线电操作员报告称,在锡兰东南方向360英里处发现了一队敌方军舰,正在往锡兰驶去。伯查尔是加拿大飞行员,他回忆道:"当我们到达能够辨别敌方旗舰的距离时,我们马上就知道我们到了哪里。但是越接近,我们就会发现越多的船只,所以我们必须继续前进,直到我们能够统计和辨别出所有的船只。但是,等我们做完这些时,却失去了逃跑的机会。"④飞行员还没有来得及将搜集到的敌方舰队的具体情况用无线电发送出去,卡特琳娜远程

---

① A.J.马德,M.雅各布森,J.霍斯菲尔德:《老友新敌:皇家海军与日本帝国海军》(卷二),牛津,1990,第122页。

② A.杰克逊:《大英帝国和第二次世界大战》,伦敦,2006,第295页。

③ A.J.马德,M.雅各布森,J.霍斯菲尔德:《老友新敌:皇家海军与日本帝国海军》(卷二),牛津,1990,第123页。

④ C.肖尔斯,B.卡尔,井泽守:《血腥的战场》(卷二),伦敦,1993,第394页。

轰炸机便被日军"零式"战斗机击落了。日本海军信号员侦察到了卡特琳娜上有无线传送,并且认为日本舰队的方位信息已经被报告给了锡兰盟军。被击落飞机上的幸存者被一艘日本的驱逐舰救起。

报告被送到了位于阿杜环礁的东方舰队的旗舰那里,萨默维尔用激烈的言辞记录了事态的发展:

  该死,看起来似乎我的机会来了,因为一架水上飞机报告称,在锡兰东南方向350英里处发现了一大批敌军。很显然,那场我一直在期待并且现在就在距我几英里地方的派对我不能参加。不管怎样,我也不能继续留在这里,因为我那些可悲的老式战舰已经快耗尽了淡水和燃料。然而我竟疯狂地认为,它让我逃掉了那场灾难。[1]

萨默维尔估计,日军会入侵锡兰,然后以最快的速度离开锡兰,向东方推进。他命令舰队掉头驶往大洋,以期在日军从锡兰向东方撤退时能给其一次夜间空袭。英国海军的鱼雷轰炸机由于老旧,所以在白天行动非常危险。但是海军航空兵却训练过夜间飞行,1940年,在塔兰托对意大利军舰的成功袭击便是一次夜间行动。

当收到水上飞机情报时,东方舰队正在补给燃料,这耽误了及时起航。A队在4月5日下午2点15分离港出海,B队至天黑时分便紧随其后。由于预计4月5日黎明会遭到空袭,锡兰港口的船只奉命分散停在海面上。停在科伦坡港口的48艘舰船被匆忙分散开,但第二天早晨,人们却发现停在港口的21艘商船以及8艘辅助船只完好无损。[2]"康沃尔"号以及"多塞特郡"号为了重新加入东海舰队,在4月4日下午10时,从科伦坡出发向南行驶,岛上休假的全体船员在快乐中被急匆匆地召回入队。

---

[1] M.辛普森:《萨默维尔市文件》,奥尔德肖特,1995,第399页。
[2] A.杰克逊:《大英帝国和第二次世界大战》,伦敦,2006,第296页。

第十五章 海军上将南云忠一突袭锡兰

4月5日复活节当天的早上,南云忠一的舰队驻守在锡兰以南300英里处,全队上下已经整装待发,准备进行战斗。日军正打算奇袭停驻在科伦坡港口的盟军东方舰队。日本指挥官将这次对印度洋的突袭安排在复活节(同时也是星期天)这个时机,事实上是蓄谋已久。奇袭珍珠港的时间也是在星期天的早上。①

　　天刚黎明,日本舰队就在风中出动了,甲板上排满了战机,飞机引擎已经打开,戴着护目镜的作战飞行员正等待起飞,飞机座舱盖敞开,他们所戴的丝巾在迎风飞舞。53架水平型轰炸机(中岛松雄97型),38架俯冲型轰炸机(爱知99型)和36架战斗机(三菱00型)出动前往科伦坡。这127架战机由渊田美津雄指挥,此人曾经因组织突袭珍珠港而闻名于世。俯冲型轰炸机进行第一波的进攻,由战机在两侧做掩护。接下来,水平型轰炸机前往该地疯狂投弹,将局势搅乱。战机飞越锡兰的海岸线,当时电闪雷鸣,乌云密布。盟军在科伦坡计划建一个雷达站,可一直都没有完工。

　　随着渊田美津雄的战机离目标越来越近,很快就可以看到一支由6架剑鱼鱼雷轰炸机组成的战机编队在低空飞行。日本空军第788中队的旗鱼中队从亭可马里起飞到科伦坡附近的空军基地的时间不是很合适。英国飞行员还认为抵近的这些单翼战机是飓风战机,然而,顷刻之间,日军"零式"战机便已赶到,将盟军基地中的双翼战机全部炸毁。②

---

① M.辛普森:《萨默维尔市文件》,奥尔德肖特,1995,第399页。
② C.肖尔斯,B.卡尔,井泽守:《血腥的战场》(卷二),伦敦,1993,第396页。

8点之前,日本战机已经抵达了科伦坡上空,可当时正雷雨交加,狂风大作,大雨形成的雨雾使能见度降低。①这些俯冲式轰炸机在港口上空盘旋了一会儿之后,就在领头战机的指挥下,向下做65度的急速俯冲,接下来就是开始狂轰滥炸,有的轰炸机瞄准船舶,有的轰炸机瞄准沿岸的设施……固定在战机底盘的起落架看起来像是鸟儿的利爪,此时它们正张牙舞爪,扑向猎物。

战机发动机的轰鸣声和炸弹的爆炸声打破了周日复活节早晨的宁静。基地所有防空高射炮一齐向天空开火射击。一架俯冲式轰炸机在港口约1 000英尺高的上空被击中,瞬间爆炸。一位目击者兴奋不已,记录了当时现场的状况:"你绝对没见过这样的场面。现场一片混乱——飞机着火,船只着火,建筑物着火,大炮被空中轰炸机的炸弹炸飞。那些战机从云端里出现,队形保持得相当完美,看起来很像亨顿航空展。"②没有命中目标的炸弹,落到水中爆炸,溅起很高的水柱。低空飞行的轰炸机用机枪将其面前所有飞过的东西扫射一空。

驱逐舰"忒涅多斯岛"号和武装巡洋舰"赫克托耳"号成为了空袭的牺牲品。在港口的尽头,"赫克托耳"号已经起火燃烧,火光冲天。有目击者说:

> 空袭发生时,我们刚刚完成皇家海军驱逐舰"忒涅多斯岛"号的改装,该舰就停在我们码头的尽头。一枚炸弹落到了码头爆炸,弹药库、鱼雷随即爆炸,在码头上的一些人以及在驱逐舰尾部的人都被炸飞掉了,40英尺厚的坚实的钢筋混凝土码头在爆炸威力的作用下完全消失,驱逐舰也随之沉没,驱逐舰的有些部件甚至散落到了距码头约150码远防御工事处的机器厂房区。③

1907年下水的潜艇补给舰"卢西亚"号,还有一艘商船也受损。日军攻击

---

① M.史密斯:《皇帝的代码:日军密码的破译》,纽约,2000,第130页;A.杰克逊:《大英帝国和第二次世界大战》,伦敦,2006,第296页。

② R.霍夫:《漫长的战斗:海上战争,1939—1945》,伦敦,1987,第152页。

③ A.杰克逊:《大英帝国与第二次世界大战》,伦敦,2006,第299页。

开始时,"卢西亚"号正准备向停在港口的潜艇装载鱼雷。一枚炸弹正好穿过了舰船,掉在了船底,但所幸没有爆炸。

大教堂附近是一座装有一个大烟囱的救济院,日本飞行员可能误以为这是发电厂,也对该建筑进行了密集轰炸,导致大约50人死亡。[①]突袭导致了大量科伦坡的人向外迁移,很多人离开了家,逃到内地的村庄和乡下避难。大部分的码头工人也都消失了。85名平民死于轰炸,另有85人重伤。这次轰炸持续了整整1小时20分钟。

英国皇家空军在科伦坡附近的主要机场在拉特马拉那。在科伦坡的赛马场,有一个辅助性的飞机起落跑道。42架防御战机急速升空,迎战突袭者,其中有36架飓风战机和6架管鼻藿战机。当日军第一批战机抵达的时候,盟军的最后一批飓风战机也成功升空。飓风战机在速度和机动性上虽然不能和日本"零式"战机抗衡,但其建造结实,而且武器装备精良。但管鼻藿战机则是已经落伍的双座歼击轰炸机机型。在接下来的空战中,15架飓风战机和4架管鼻藿战机被击落,日军的作战飞行员作战经验都非常丰富。虽然英国皇家空军曾经强烈建议建造和武装"暴风"号战机,但它仍然是一个过时的双座战斗轰炸机。经过空中的激战后,15架飓风号和4架暴风战斗机被击落。日本舰队的飞行员全都是经验丰富的飞行员。英国皇家空军以及海军航空兵飞行员都声称,19架敌军战机被击毁,有几架"可能"被击落,但日本所列的损毁战机数字总共才7架——6架俯冲型轰炸机、1架零点号轰炸机。[②]日本飞行员胜村政信中尉击落了一架飓风号战机,这架战机掉到大海里,飞行员从驾驶舱爬出来时,胜村政信就在他的头顶上盘旋,两人挥手致意,并决定养精蓄锐伺机再

[①] C.杰弗里斯:《冈内泰里克·奥利弗·欧内斯特爵士的传记》,伦敦,1969,第54页。

[②] S.伍德伯恩·卡比:《抗日战争》(卷二),伦敦,1958,第119页;S.W.罗斯基尔:《海上战争,1939—1945》(卷二),伦敦,1956,第26页;C.肖尔斯,B.卡尔,井泽守:《血腥的战场》(卷二),伦敦,1993,第404页。

战。①拉特马拉那的几架布伦海姆轰炸机也起飞出发,准备轰炸日本舰队,但却没有找到日军舰队,只好带着炸弹返回基地。

当科伦坡遭受空袭的时候,萨默维尔的舰队正从阿杜环礁向锡兰环礁进发。第一支舰队与第二支舰队相距约100英里。那天临近中午时,萨默维尔收到一份报告,称日本舰队离他的师部有250英里,日军显然已经进入了鱼雷轰炸机的射程之内,但萨默维尔不想冒险将自己那些古老陈旧的舰载机与日本舰队交火。与此同时,重型巡洋舰"多塞特郡"号和"康沃尔"号正从科伦坡向南航行,与萨默维尔会合。

重型巡洋舰队由"多塞特郡"号舰长A.W.S.阿加尔和"康沃尔"号舰长P.C.W.曼纳林两人指挥。阿加尔比曼纳林年长,他就出生于锡兰,是一个爱尔兰茶种植园主13个孩子中的老幺。②当他在1919年6月17日驾驶着摩托艇在波罗的海的喀琅施塔得港口(列宁格勒西部的海军要塞)击沉了一艘俄罗斯巡洋舰之后,便获得了一枚维多利亚十字勋章。在1919年8月17日夜晚到18日凌晨,还是在喀琅施塔得港口,他又一次驾驶着摩托艇击沉了布尔什维克装甲巡洋舰和"无畏"战舰,他又获得了一枚优异服务勋章。

重型巡洋舰"多塞特郡"号和"康沃尔"号的主要武器是口径为8英寸的大炮。理论上来说,这些舰艇的最大航速都超过30节。重型巡洋舰的装甲都不是很厚,这是因为有《华盛顿海军条约》的约束:舰艇吨位不能超过10 000吨的上限,不过,条约对于巡洋舰的长度没有限制。"康沃尔"号舰长为630英尺,比"厌战"号舰艇以及R级战列舰都要长。但是,这艘舰很窄,仅有68.5英尺宽,较"厌战"号舰艇要窄得多,后者宽度达104英尺。③巡洋舰上的防空武器包括:4

---

① A.J.马德,M.雅各布森,J.霍斯菲尔德:《老友新敌:皇家海军与日本帝国海军》(卷二),牛津,1990,第127页。

② A.阿加:《大海中的踪迹》,伦敦,1959,第17页。

③ K.丁布尔比:《康沃尔皇家海军命运的戏剧性转变》,伦敦,1984,第20页。

英寸口径的大炮共8门,多筒机关炮共2门。每艘军舰上英国船员当中都有超过100名的南非籍船员。在出发的15艘重型巡洋舰中,"多塞特郡"号和"康沃尔"号两舰是由英国造船厂在1926年—1929年间建造下水的。

自战争爆发以来,这两艘巡洋舰在海上度过了危险而漫长的时间。"康沃尔"号于1941年5月8日击沉了德军的辅助巡洋舰"企鹅"号,它并不是这艘重型巡洋舰的对手,这次战斗致使"康沃尔"号上仅一名船员死亡,这名中尉工程师由于通风风扇的扇叶被打断中暑而死;而对于"企鹅"号巡洋舰而言,巨大的爆炸不仅使其沉船,还致使舰上的554人丧生,其中包括落水后被扣在甲板下面的213名盟军战俘。所有船员中仅有84名生还。[1]"多塞特郡"号在战争中的角色也很具有戏剧性,在北大西洋,这艘巡洋舰使用鱼雷,给德军战列舰"俾斯麦"号以致命一击,使其沉没。就是在最近的1941年12月1日,"多塞特郡"号将一艘德国的补给舰追得仓皇而逃。

阿加尔舰长两艘巡洋舰已经从西南的科伦坡起航。"多塞特郡"号巡洋舰离开科伦坡港口的时候,主任参谋,指挥官C.W.拜亚斯对另一个长官说:"我感觉这一次我们可能要受到惩罚。"[2]4月4日夜间至5日凌晨,萨默维尔致电阿加尔,指示其将巡洋舰开往经度77.35东面与之会合。[3]这次会合迫使巡洋舰经南边的航线航行,而这离日军舰队更近,日军驻扎在此地,就是为了能够从东面迅速抵达锡兰。阿加尔舰长后来写到,他并没有意识到他的舰队正处在极度危险之中,因为他不知道日军战机所能覆盖的范围有如此之广,他还以为日军战机航程顶多不过同皇家海军航空部队的战机相当。

---

[1] K.丁布尔比:《康沃尔皇家海军命运的戏剧性转变》,伦敦,1984,第79—81页。

[2] A.J.马德,M.雅各布森,J.霍斯菲尔德:《老友新敌:皇家海军与日本帝国海军》(卷二),牛津,1990,第128页。

[3] A.J.马德,M.雅各布森,J.霍斯菲尔德:《老友新敌:皇家海军与日本帝国海军》(卷二),牛津,1990,第129页。

4月5日上午8点,"多塞特郡"号巡洋舰收到情报称,日本军舰离其仅150英里,不过情报有所延误。阿加尔将船速加到27.5节,这也是"康沃尔"号的最大速度。各战列舰靠在一起,严阵以待,紧张与不安的情绪开始在炎热的甲板上蔓延。在这样的情况下,在"康沃尔"号船尾上例行要做的星期天祷告看来是不能做了。牧师J. M. 伯德只好用扬声器代替祷告:"我们祈祷,不是为了我们个人的安危,而是让上帝赋予我们有勇气去完成使命。"[1] "康沃尔"号上的气象军官,中尉B. M. 霍尔顿对日军的空袭并不陌生,他就是在去年的12月被击沉的"厌战"号军舰上幸存下来的,随后他加入了"康沃尔"号舰队。

锡兰南部的天气很平静,天空中偶尔飘过一缕白云,空气中虽有薄薄的雾气,但依然能非常清晰地看见大海。上午11点,这两艘英国重型巡洋舰被日军南云忠一的一艘侦察机发现。从舰上抬头乍一看,那战机只不过是个小点,离舰尾约20英里,这就是那架从日军的战列舰上起飞的水上侦察飞机。阿加尔于是打破了无线台上的沉默,立马汇报说他被日军舰跟踪。消息经由科伦坡中转后,送到萨默维尔和东方舰队手中。阿加尔回忆称,他要做一个更加艰难的决定:

> 摆在面前的选择有两条:是要将两艘巡洋舰立即调头向西行驶,以避开敌军的打击范围,还是继续向前压进,以到达预定安排会合的地点——现在仅有90英里的距离。我选择了后者,因为如果我调头向西方航行,可能会将我们舰队的方位暴露给了跟踪的敌舰,这只敌舰离我仅10英里开外,而且很明显,它就打算停在那里。[2]

不一会儿,跟踪的敌舰匆匆离开,接下来的平静却让人心神不宁。

下午1点40分,两艘重型巡洋舰位于锡兰西南约300英里处。"康沃尔"号

---

[1] K. 丁布尔比:《康沃尔皇家海军命运的戏剧性转变》,伦敦,1984,第161页。

[2] A. J. 马德,M. 雅各布森,J. 霍斯菲尔德:《老友新敌:皇家海军与日本帝国海军》(卷二),牛津,1990,第129页。

没有安装雷达,而"多塞特郡"号上的雷达也只是原始早期的那种。当天早些时候,雷达屏幕上还只是显示出了一些"混乱的条纹"。但突然之间,"多塞特郡"号上的放哨士兵发现战列舰的上空出现了3架战机,舰艇上的防空炮便迅速开火。"康沃尔"号离"多塞特郡"号的船尾仅1英里。"多塞特郡"号巡洋舰上的船员谈论说,日军战机正"给我们送来了复活节彩蛋"。①

天空中很快就布满了日军的俯冲型轰炸机编队,每架轰炸机都携带了250公斤的炸弹。53架俯冲型轰炸机遮天蔽日,对其受害者们进行了非常有效的空袭。战机很快就发动了三波空袭,在1 000英里的高空投弹,两波空袭之间间隔时间极短。盟军巡洋舰上的船员穿着防火服,戴着铁盔,用防空武器向天空全速发射。8筒机关枪在一分钟内可以发射720枚炙热的炮弹。4英寸口径的炮口中喷射着火焰。

在"多塞特郡"号舰艇上,阿加尔注视着一艘艘俯冲式轰炸机从天空冲下来,向着舰船投炸弹:

> 我们能够看到炮弹纷纷落下,那是一枚枚黑色闪着光泽的圆头型炮弹……我立即下令,将方向旋转25度,使舰艇调转方向,以避开敌机轰炸。但尽管如此,还是有颗炸弹击中了战舰,燃起了大火。接着,又有一颗炸弹落在了舰船的驾驶台附近,爆炸的冲击波将我们都掀倒在甲板上……接下来炸弹从天上一颗接一颗飞快地往下掉,有的在舰艇的发动机边爆炸,有的在锅炉房爆炸……战舰因为操舵杆被卡住,只能不断地向右转舵,在一片火海中,我几乎什么都看不见。刚开始的那两颗炸弹击中了弹药库,所以我们的枪炮所剩无几,而且大部分都不能用了。接着,又一枚炸弹击中了船上的另一处弹

---

① A.J.马德,M.雅各布森,J.霍斯菲尔德:《老友新敌:皇家海军与日本帝国海军》(卷二),牛津,1990,第130页。

药库,发出了让人心惊胆战的爆炸声。[1]

第一轮空袭中,"多塞特郡"号巡洋舰操舵装置就失灵了。船上的无线电讯室被炸毁,舰艇左侧的大部分防空大炮也都被打哑。"多塞特郡"号因为操舵杆被卡住,只能不断地向右转圈,接下来它至少又被6枚炸弹击中,现在战舰已是伤痕累累,从船头到船尾都燃起了大火。锅炉炸毁之后,舰艇失去了动力,不能再前进了。指挥官喊着,打着手势,示意弃船逃生。船员们冒着低空飞行的战机发射的炮火,沿着巡洋舰的船舷爬了下来。炸裂的锅炉里冒出的蒸汽发出刺耳的声音,还有船上被打坏的警笛也发出嘶鸣声,现场一片混乱嘈杂。这艘在港口中地位重要的"多塞特郡"号巡洋舰,在日军第一波攻击后仅仅8分钟就沉没了。

"康沃尔"号巡洋舰的命运和"多塞特郡"号一样,很快也沉没了。日军向巡洋舰发射的三颗炸弹,有一颗命中,另外两颗在旁边爆炸,巨大的冲击波差点将"康沃尔"号掀离了海面。水柱一直溅到高空,将甲板上士兵的衣服都打湿了。曼纳林上尉后来回忆说:"那两枚没有击中船落到水里的炮弹威力巨大,将船掀起很高,而且使船摇晃得非常厉害,船上的无线电天线都失灵了,桅杆也几乎被甩掉。"[2]水手维利穆勒后来回忆道:

> 一阵刺耳的轰鸣声突然之间由远及近,也就是一两秒的时间,轰鸣声变得震耳欲聋,从头顶划过,很快远去。几乎是在同时,落在水里的炸弹爆炸,舰艇剧烈地摇晃起来。人们还没有恍过神来,一枚炸弹就在船上爆炸了。[3]

日军一架战机在拉升时被船上的机关枪击中,坠毁在舰艇的船尾。

---

[1] A.J.马德,M.雅各布森,J.霍斯菲尔德:《老友新敌:皇家海军与日本帝国海军》(卷二),牛津,1990,第130页。

[2] K.丁布尔比:《康沃尔皇家海军命运的戏剧性转变》,伦敦,1984,第165页。

[3] K.丁布尔比:《康沃尔皇家海军命运的戏剧性转变》,伦敦,1984,第165页。

在水下，"康沃尔"号巡洋舰的发动机和锅炉房都遭到破坏进水；整个电力系统也受损，只有应急灯能够照明，舰艇上的医务室被一枚炸弹击中，彻底损毁，牧师也牺牲。"康沃尔"号至少被7枚炮弹击中，最后停了下来。刚开始船舱里的船员不清楚舰艇是中了鱼雷，还是被炮弹击中，仓皇之中，甲板下的船员沿着狭窄昏暗的舱口，向上逃生。火球翻滚着窜进空间狭小的船舱，往上逃生的船员被烧伤，又跌回到了船舱。爬到上层甲板的肯·丁布尔比回忆道：

> 我本能地向海面上瞥了一眼，看到"多塞特郡"号正在我们的右舷挣扎前行，它就在我们船尾的地方，正急速地向左倾斜……巨大的舰艇上烟雾翻滚，舰尾首先开始下沉，很快，整个舰船几乎在水里垂直地竖了起来，直至彻底地沉入了海中。①

下午1点55分，"康沃尔"号巡洋舰下达了弃船的命令。许多救生圈船只都被炸弹炸毁，跳到海里求生的船员都要求穿上救生衣。

"康沃尔"号倾覆的时候，整个船头插入水中，船尾则完全露出水面，与水面形成了几乎75度的斜角，其中还可以看到，螺旋桨仍在转动，舰艇上的旗帜仍在迎风飘扬。困在甲板下面的士兵、船员和舰艇一起沉到了海底。这次袭击持续了足有15分钟，15分钟之后，一切归于平静，只留下幸存的海员抱着舰艇的残骸在海面上漂浮——舰艇上已无救生船只或救生艇可用，所有的都在第一时间发了出去。海面上漂着一层规整的油污带。

萨默维尔的旗舰上，雷达发现大批的日军战机在对"康沃尔"号和"多塞特郡"号狂轰滥炸，可无能为力。傍晚时分，盟军主舰上的一架侦察战机看到了海面上漂浮着舰艇的残骸，还有一些幸存者，这离阿加尔的船队并不远。皇家海军的运气还是要好些，日军侦察战机没有发现东部舰队的快速反应师，其实这支部队就在两艘巡洋舰被击沉南面的不远处。接下来，萨默维尔舰队便全

---

① K.丁布尔比：《康沃尔皇家海军命运的戏剧性转变》，伦敦，1984，第165页。

速航行,远离那块危险海区。舰队的指挥官慨叹:"我们不再是猎人,而是猎物。"

4月6日上午,萨默维尔舰队的快速反应师又向东返航,寻找两艘巡洋舰上的幸存者,这一过程危险重重。萨默维尔真不希望在此遇见敌手,只希望日军舰队已经离开此海域,事实也确实是这样的,4月5日下午,南云忠一在休整了战机之后,就继续向东南方向航行,因而离东方舰队越来越远了。

两艘沉海的巡洋舰上的幸存者大约相距有2英里远,在海面上被发现的时候,船身上都是油污。这些海员在水里整整待了30个小时,又饿又渴。4月6日,"进取"号巡洋舰和两艘驱逐舰才将他们救起。救援行动持续了一个小时,在这片鲨鱼常出没的热带水域,共有1 122名海员被救,但还有424名海员不见了踪影。鲨鱼没有攻击这些海员,它们有足够的海员尸体可以享用。19名军官和214名士兵牺牲在了"多塞特郡"号巡洋舰上,而在"康沃尔"号上,有10名军官和181名士兵死亡。两位舰艇上的舰长都活下来了。阿加尔说:"我只能说敌人选择了恰当的袭击时间,并且执行到位。"日军指挥官渊田的评价是:"我并没有对我军作战飞行员的投弹技术感到沾沾自喜,相反,我替海面上盟军的那些舰船感到遗憾,攻击时,敌我力量之比其实是40∶1。"[1]况且,在晴朗无风的天气里,俯冲式轰炸机的轰炸精度达到了很高的水平。

当坐镇锡兰的海军上将莱顿听到两艘巡洋舰沉没的消息后,感到事态严重,必须电告海军部,在优势的日军海军面前,东方舰队危险重重,甚至面临着"全军覆灭的可能"。萨默维尔的海上通讯兵收到这一电文,虽然莱顿没有权力命令萨默维尔做这做那,但他可以表达自己的观点。

4月6日,东方舰队收到可靠消息,日军在印度洋的特遣部队可能包括4艘

---

[1] A.J.马德,M.雅各布森,J.霍斯菲尔德:《老友新敌:皇家海军与日本帝国海军》(卷二),牛津,1990,第131页。

战列舰和5艘航母。①这清楚表明,日军正在筹划一次大的攻击行动。让人担忧的是,空中侦察机报告发现在萨默维尔舰队的西南方向,有两艘敌方潜艇正撤退至阿杜环礁。英国指挥官们都怀疑,南云忠一的航母舰队可能会向南,阻断盟军向锚地撤退的后路。莱顿从锡兰在给盟军发的电报中也提到了这种可能性。萨默维尔向西北航行,然后向西南航行,从西面小心翼翼地抵达阿杜环礁,侦察战机一直提前在为其探路。

4月8日上午11点30分,东方舰队回到了阿杜环礁。海军少将博—德和威利斯登上"厌战"号舰船,与东方舰队的指挥官和船员见面。威利斯告诉萨默维尔:"我认为他是在拿整个舰队去冒险,保存舰队的主力才是重中之重的目标。"②伦敦的海军部也持同样的观点。东部舰队于是奉命将R级战列舰开往较安全的亚丁湾或桑给巴尔海域。萨默维尔下令,第二舰队在完成加油之后,起航开往肯尼亚海岸的启林迪尼港。

然而南云忠一并没有占领锡兰。4月6日,他的航母编队向东航行,抵达离锡兰500英里的地方,然后开始转弯向北航行,几乎划了个弧线。有人批评他离开夏威夷是胆小怕事,所以他带着舰队准备返回二次袭击锡兰。这支日军舰队在海上加油之后,驶向下一个目标——亭可马里港。

锡兰沿岸的港口和水湾相对较少,但亭可马里港却是世界上最漂亮的天然海港之一,该港口位于东北海岸,与孟加拉湾相望。亭可马里港小镇离商船主要运输线较远,但这样偏僻的地理特点对于海军基地来说是上佳的选择。海港的入口处由两片伸出的岬角守卫,里面便是个巨大的内陆港口,一夫当关万夫莫开。港口的北面便是风景如画的荷兰湾,以及一个岩石丛生的半岛,岛

---

① A.J.马德,M.雅各布森,J.霍斯菲尔德:《老友新敌:皇家海军与日本帝国海军》(卷二),牛津,1990,第132页。

② A.J.马德,M.雅各布森,J.霍斯菲尔德:《老友新敌:皇家海军与日本帝国海军》(卷二),牛津,1990,第133页。

上耸立着距蔚蓝海面达400英尺的悬崖峭壁。

先是葡萄牙人在亭可马里港小镇建立了定居点,后由荷兰人重建。1775年,一个叫霍雷肖·纳尔逊的年轻男子来到了这儿,他称之为世界上最好的港口。陆军上校阿瑟·韦尔斯利,也就是后来的威灵顿公爵,为了召集远征军,也在1800年造访了此地。1852年,亭可马里港变成了海军少将查尔斯·奥斯汀爵士的休憩场所,此人是著名小说家简·奥斯汀的弟弟。亭可马里港口的小镇场地开阔,浓荫密布,到处都是佛教和印度教的庙宇,还有一座新巴洛克建筑风格的圣玛利亚教堂。一块丛林覆盖的盆地将亭可马里港和锡兰的其他地方隔离开来,但从科伦坡到这儿有一条铁路相连。①港口的军事设施包括停驻在附近丛林里的50个储油罐。

4月8日下午,一架轰炸机的水上飞机汇报说,在亭可马里港东南方470英里处发现了三艘日军战列舰和一艘航母。②港口中所有的船舶都奉命离港,但锡兰和印度之间的大陆桥被浅水覆盖,离开亭可马里港的大型船只在锡兰的北面水域无法安全停靠。因此,"赫尔墨斯"号航母和"吸血鬼"号驱逐舰奉命沿海岛的东海岸向南航行,"不列颠萨金特"号油轮、"阿瑟尔斯坦"号舰队辅助舰和轻巡洋舰"蜀葵"号航行路线与其一致。而那艘老旧的7 200吨位的"厄瑞玻斯"号监察舰与一艘商船则留守在了港口。"厄瑞玻斯"号监察舰造于1916年,舰上安装有两门15英寸口径的大炮。

拟在4月9日空袭亭可马里港的日空军有91架凯茨轰炸机,41架"零式"战机,分别从5艘航母上抽调组成。渊田太郎奉命指挥这次空袭行动。瓦尔俯冲式轰炸机则留在甲板上待命,准备随时攻击任何可见的敌军舰船。黎明前,日本部队便起航出发,7点25分抵达亭可马里港。日军的轰炸机炸弹给这里的修

---

① H. 威廉姆斯:《锡兰:东方明珠》,伦敦,1950,第338—341页。
② A. J. 马德,M. 雅各布森,J. 霍斯菲尔德:《老友新敌:皇家海军与日本帝国海军》(卷二),牛津,1990,第134页。

船所及其他的岸边设施造成了毁灭性的破坏,加油罐及弹药库彻底被摧毁。日本官方的记录表明,轰炸就像是一场壮观的烟火表演。"厄瑞玻斯"号监察舰被损坏,商船"实皆"号也起火搁浅。有传言说"实皆"号的货舱里装有大量的威士忌酒。日军返航的作战飞行员报告说,在空袭中看到基地有重型防空炮火。

亭可马里雷达站及时侦察到来敌,从中国湾空军基地,第261空军中队的17架飓风战机以及6架海军管鼻藿战机便从"赫尔墨斯"号舰艇上起飞升空,天空晴朗无云。在接下来的激战中,8架飓风战机、3架管鼻藿战机被击落,而日军也有几架战机被毁,但数量远没有盟军飞行员和地面上的炮手所说的那么多。中国湾的空军基地也遭到日空军的猛烈炮轰,一架受损的日军战机坠毁,将这里仅有的一门防空大炮完全炸毁,炮手牺牲。[①]

同时,空军第11中队的9架布伦海姆轰炸机从科伦坡附近的赛马场飞机跑道起飞,前去轰炸日军舰队。上午10点25分,布伦海姆轰炸机飞行员发现日军的航母离他们很遥远。从未遭受过空袭的日本舰队,被盟军的空袭打得措手不及,虽然天空中有云遮挡,布伦海姆轰炸机在接近舰队之后还是对其进行了轰炸。很多炸弹落在了"赤城"号航母的旁边,但航母本身却安然无恙。水中的炸弹爆炸激起白色的水柱,冲向天空。很快,日军"零式"战机回击报复,击落了5架返航的布伦海姆战机。其余4架轰炸机都受到损伤,整个的空军第11中队完全被毁。

空袭发生时,"赫尔墨斯"号航母和澳大利亚的"吸血鬼"号驱逐舰就在亭可马里港以南65英里的海面上,但"赫尔墨斯"号航母上却没有携带战机。日本战舰上的水上飞机发现了这艘航母。于是在上午9点45分,一支由85架战

---

① C.肖尔斯,B.卡尔,井泽守:《血腥的战场》(卷二),伦敦,1993,第420—422页;A.J.马德,M.雅各布森,J.霍斯菲尔德:《老友新敌:皇家海军与日本帝国海军》(卷二),牛津,1990,第134页。

机组成的俯冲式轰炸机编队,由战机护航,从南云忠一的舰艇上起飞,冲向蓝天。科伦坡拦截到了水上飞机的信号,并对其进行了解读。亭可马里港的英国皇家空军奉命为"赫尔墨斯"号航母提供空中掩护;同时航母也奉命调头撤回到港口。[1]

上午10点30分之后,日军的俯冲式轰炸机机群对"赫尔墨斯"号航母进行了残酷的轰炸。航母上的一位指挥官这样写道:"日军的攻击彻底而又残忍,这些轰炸机肆无忌惮,就像一个高度有组织的表演。每三架战机组成一组,径直地冲向航母。"[2]航母在努力躲闪空中的炸弹,船上的防空大炮也朝天空开火,但这一切都无济于事,甲板很快就被多颗250公斤重的炸弹撕得粉碎,航母瞬间就成了一具燃烧的残骸。日军的一些轰炸机飞得很低,甚至都有被自己所投的炸弹炸中的危险。10分钟内,"赫尔墨斯"号航母居然被37枚炸弹击中,受损非常严重,驾驶舱严重变形。10点55分,"赫尔墨斯"号航母在浅水区沉没。一枚炸弹落在船首爆炸,舰长R. F. J. 昂斯洛牺牲。日军轰炸机编队的队长,海军少校高重声称,击沉"赫尔墨斯"号航母甚至比和平时期击中一艘渔船还要容易。

"吸血鬼"号驱逐舰也在附近,不久就重蹈覆辙,也被击沉。日军轰炸机有两发炮弹没有打中,第三发则打中了锅炉房,于是舰艇失去了动力,停了下来。接下来一阵轰炸之后,驱逐舰被打断,船员弃船逃生。中午11点02分,一枚炸弹落在舰艇上的弹药库,爆炸将"吸血鬼"号驱逐舰彻底撕成两截。[3]

"赫尔墨斯"号航母上有19名军官和283名士兵死亡,"吸血鬼"号驱逐舰上则有1名军官和7名士兵死亡。600名幸存者被"维塔"号医务船救起,该船

---

[1] G. 吉尔·赫蒙:《澳大利亚皇家海军,1942—1945》,堪培拉,1968,第20页。

[2] S. 伍德伯恩·卡比:《抗日战争》(卷二),伦敦,1958,第124页;C. 肖尔斯,B. 卡尔,井泽守:《血腥的战场》(卷二),伦敦,1993,第424—425页。

[3] G. 吉尔·赫蒙:《澳大利亚皇家海军,1942—1945》,堪培拉,1968,第21页。

当时碰巧正向南部方向航行。"维塔"号医务船于是放下救生艇和摩托艇,将幸存者一一救起。当晚,医务船到达科伦坡。据说,"赫尔墨斯"号航母上有十多人成功地从沉船的位置游了5英里,到达岸边。

在对付"赫尔墨斯"号航母时,日军许多俯冲式轰炸机的炸弹都没来得及投,这些炮弹于是就用在了自亭可马里港出逃的盟军舰艇身上。英国萨金特油轮遭到了6架俯冲式轰炸机的轰炸,之后油轮上的船员弃船,登上了小船逃向海岸。轻型护卫舰"蜀葵"号和辅助舰"阿瑟尔斯坦"号也葬身海底。"阿瑟尔斯坦"号上的船员都侥幸生还,但轻型护卫舰上伤亡较大,死亡53人。①

刚开始,击沉"赫尔墨斯"号航母的日本俯冲式轰炸机如入无人之境,因为被毁坏的中国湾空军基地没有战机能够升空迎敌。后来,空军第806中队的8架管鼻霍战机从阿瑟尔斯坦机场起飞抵达现场迎战日军机。管鼻霍战机上连侦察员和机尾炮手都没有携带,因为在这种情况下,这些都是"累赘"。管鼻霍战机的飞行员声称,在随后的穷追猛打的空战中,他们击落了几架日军轰炸机,但自己也有两架战机被击落。②

亭可马里港空袭之后,日军海军上将南云忠一决定结束在印度洋上的战事。4月9日晚到10日凌晨,日本舰队调头开往马六甲海峡和东印度。盟军舰队在印度洋的主要兵力并没有受损,这让日军大为失望。南云忠一还没有意识到,皇家海军在阿杜环礁有一处秘密的军事基地,如果他知道这一点的话,毫无疑问,他不会做出这样的决定。

4月11日,《日本时报与广告》的英语版刊文披露了日本帝国海军战胜西方各强国的细节。"强大的英帝国曾经依赖其强劲的海军,一度主宰世界七大洋……这次英国海军和空军在印度洋中所遭受的巨大失败,仅仅是大英帝国

---

① G.吉尔·赫蒙:《澳大利亚皇家海军,1942—1945》,堪培拉,1968,第21页。

② C.肖尔斯,B.卡尔,井泽守:《血腥的战场》(卷二),伦敦,1993,第427—428页。

坍塌的挽歌。"① 48架英国飞机（属于英国皇家空军和海军航空军）在空中稍纵即逝，一一被日军摧毁，而停在地面上的战机也遭到严重损坏。根据日军统计的数字，锡兰空战中英军有18架战机被毁，33架战机损坏。②日军在锡兰战役中损失的舰载机对未来的太平洋战场上的战局或许还是有影响，不过不是很清楚这影响有多大。

日海军飞行员俯冲投弹的能力惊人，但也并不是其舰队作战表现的每一个方面都无可挑剔。南云忠一航母编队的防空防御能力在布伦海姆轰炸机面前就表现平平。同样，日本的空中侦察战机也没有发现英军的东方舰队。③在后来的战争中，日军为这些不足付出了惨痛的代价。

在南云忠一的航母编队袭击锡兰的同时，海军上将小泽一郎的特遣部队也席卷了印度东海岸的孟加拉湾。4月6日，"龙骧"号战机轰炸了维沙卡帕特南和克卡纳达地区。很快，在印度东部沿海地区弥漫着恐慌和警觉的气氛。马德拉斯的空袭警报声让很多人逃往他乡。印军的第19师集中保护沿海的城市。少将G. N. 莫尔斯沃思回忆说，那时，在印度几乎没有高射炮，"在马德拉斯和维沙卡帕特南附近，人们将棕榈树砍倒，用其树干支起来，形成45度角，希望借此迷惑日军，让日军战机误认为这是印军的防御工事。"④在伦敦的丘吉尔和他的作战参谋组一直担心日本可能入侵锡兰，但他们认为，只要锡兰还在英国人的手中，马德拉斯地区就不会有太多的风险。

从4月4日至9日，小泽一郎的海上军队共击沉23艘盟军商船，合计吨位

---

① A. J. 马德, M. 雅各布森, J. 霍斯菲尔德：《老友新敌：皇家海军与日本帝国海军》（卷二），牛津，1990，第143页。

② C. 肖尔斯, B. 卡尔, 井泽守：《血腥的战场》（卷二），伦敦，1993，第429页。

③ A. J. 马德, M. 雅各布森, J. 霍斯菲尔德：《老友新敌：皇家海军与日本帝国海军》（卷二），牛津，1990，第145页。

④ G. N. 莫尔斯沃思：《天堂的宵禁》，孟买，1965，第217页。

为112 000吨。①同时,由于日军潜艇的袭击,印度西海岸的盟军船运能力也受到损失。加尔各答港挤满了无法航行的商船。

4月11日,南云忠一的航空母舰抵达新加坡,一周以后,他们就回到日本本土。刚刚在印度洋里短兵相接的英军和日军现在又相隔数千英里。日本航母刚刚撤回到了东印度群岛,东方舰队就开到了孟买,不过这个港口并不大,成不了一个永久的舰队基地。萨默维尔曾考虑,将他的舰船开往科伦坡做一个短暂停留,但是,"赫尔墨斯"号巡洋舰沉没后,海军部就命令他不要再开往锡兰了。萨默维尔4月10日在写给他妻子的信中说:"现在对于锡兰,我无能为力,什么都做不了。那儿几乎没有留下什么空军力量,所以在我看来,日本鬼子想什么时间来就什么时间来,如入无人之境。"②

萨默维尔在皇家海军中饱受批评,是因为在战时危急时刻,他却将"多塞特郡"号、"康沃尔"号和"赫尔墨斯"号巡洋舰从东方舰队中调遣出去,削弱了英军兵力。萨默维尔向英国海军部解释说:"直到(4月)3日上午我们都没有探到敌人的消息,我们就觉得,敌人很可能判断失误,也可能是他们将攻击时间推迟了。"③在重型巡洋舰遭到日军毁灭性的轰炸之前,萨默维尔对敌军航母舰队的威力估量不够。他汇报说:

> 这次敌军攻击让我没有想到的地方,就是他们竟然是用俯冲式轰炸机,直到6日下午看到"进取"号驱逐舰带着被救的士兵回来时,我才知道。然后我就觉得,我军可供调用的高性能战机数量非常有限,而且R级战舰对于这种形式抗打击的能力很弱,所以非常有必要

---

① S. W. 罗斯基尔:《海洋战争,1939—1945》,伦敦,1956,第28页。

② A. J. 马德,M. 雅各布森,J. 霍斯菲尔德:《老友新敌:皇家海军与日本帝国海军》(卷二),牛津,1990,第138页。

③ M. 辛普森:《萨默维尔市文件》,奥尔德肖特,1995,第407页。

避其锋芒,等到我们装备好一点儿再说。①

丘吉尔对于东方舰队的损失情况倒没有太在意,但对日军仅受到这么小的损失感到不解。然而,在下议院的秘密会议期间,他还必须得替萨默维尔辩护。

4月13日,萨默维尔的舰队抵达孟买,当晚,萨默维尔就会见了韦维尔将军和空军中将理查德·皮尔斯爵士,并向他们传达了一则糟糕的消息:皇家海军可能无法阻止日军在锡兰或印度南部登陆。盟军在缅甸的局势已经急转直下,对韦维尔来说,这个消息又是一个打击,他既吃惊又不解,东部舰队拥有那么多舰船,怎么还是丢掉了在这些海域的制海权?韦维尔和萨默维尔发现,做这样悲观预测所基于的原因应该是:在德国,"数以百计的轰炸机"正在对其目标构成定期轰炸之势。萨默维尔写信给英国海军部:"我必须承认,在这一点上,东方舰队的大多数高级指挥员都对攻击德国所取得的战功持怀疑态度,他们都和英国一样,都觉得'拿下'应该没有问题。"②韦维尔后来写道,这一时期是印度最危险的时刻:

> 我们的东方舰队无力保护锡兰或印度东部,我们的空军力量微不足道,越来越明显:我们在缅甸的疲惫之师数量不足,不太可能阻挡得住敌人,而且阿萨姆邦和上缅甸地区之间联系中断,增援已经是不可能了。

因为感受到了印度东部的威胁,许多商船不再前往加尔各答的港口,而是到孟买和卡拉奇港口卸货,然后,货物用铁路经过长途运输穿过印度,这无疑使得铁路运力变得更加紧张。

驻扎在孟买的东方舰队在那里并没有待多长时间,不久就出发前往东非,加入了R级战列舰队。在大型深水湾启林迪尼处,舰队至少能够沿着固有的运

---

① M.辛普森:《萨默维尔市文件》,奥尔德肖特,1995,第408页。

② 麦金太尔:《战争中的海军上将》,第198页。

输路线从南非一直航行到尼罗河三角洲。驻守在马达加斯加的维希法国军队构成了印度洋上的主要威胁。

考虑到维希法国这么快就将印度支那拱手交给了日本,伦敦当局担心,日军可能会在整个印度洋发动奇袭,从而攫取马达加斯加。驻守在迭戈苏亚雷斯基地的日军潜艇舰队可能随时享用开往中东地区的盟军舰船大餐。英军为了防止发生这样的灾难,于5月5日派遣了一支远征军出其不意地在马达加斯加登陆。两天后,在迭戈苏亚雷斯的法军投降,英军这次行动取得圆满成功,但是在岛上其他地区,战斗只是零零星星,却持续了好几个月。

南云忠一在完成突袭之后,便很有可能入侵锡兰。这只夜间游弋在海洋上的巨型海龟,让澳大利亚步兵团驻守的海边岗哨心惊胆战。不过,日本帝国海军对印度洋不再抱有极大的兴趣。事实上,日军舰队正在为另一轮进攻行动做准备,但这次的作战对象是西南太平洋上的美国海军。

第十六章　仁安羌的油田

4月是缅甸一年中最热的月份。早上,空气中就已经弥漫着一丝沉闷,随之而来的是长时间的酷热。炽热的阳光从深蓝色的天空四射开来;湿气、灰尘和饥渴像瘟疫一样在人和野兽间蔓延。1942年4月,英国、印度、廓尔喀族、缅甸和中国军队向北撤退到上缅甸地区,对锡兰周围的天空和海洋所发生的一切知之甚少。然而那些部队的指挥官们却非常清楚:皇家海军对缅甸南部海域的控制已经丧失殆尽。

日本军队向仰光继续派驻增援部队。第18师将于4月7日抵达,增援饭田将军率领的第15军的四个师。还有两个坦克兵团,每个团拥有36辆坦克,会随行抵达仰光,担任护卫任务。此外,炮兵、工程兵、铁道兵和运输增援部队也正跟随大部队而来。

占据优势的日本空军正轰炸上缅甸地区的主要城市目标——曼德勒城。艾娃王国昔日的城池并没有引起日本空军的怜悯,她的那段辉煌的时期已经结束。4月3日,50架日本轰炸机从泰国基地起飞,准备对这座毫无防御能力的城市狂轰滥炸。[①]上午11点刚过,轰炸机抵达城市上空,而街上和集市上人头攒动。美国记者杰克·贝尔登目睹了此次突袭:"飞行员从容地注视着视野之下的城镇,就像一个科学家在显微镜下修复一个缺陷一样,首先锁定目标,然后投掷成百上千颗炸弹。"从伊洛瓦底江吹来的西风,将爆炸的火花吹到整个城区,顺风而下,火势蔓延开来。没过一会儿,半个曼德勒城就火光四起;自

---

① C.肖尔斯,B.卡尔,井泽守:《血腥的战场》(卷二),伦敦,1993,第361页。

来水断水、电路断电,消防员只得去宫殿周围的护城河取水灭火。据贝尔登说:

> 美联社的达雷尔·伯利根和我开着吉普车慢慢地朝着宫殿的方向行驶。从城市其他地方四起的硝烟,覆盖了整个宫殿的地面,宫殿在烟雾之中若隐若现。一头牛站在护城河的一侧,脖子上有处致命的伤口,神情呆滞,缓慢地点着头,血从它白色脖子流下,慢慢滴到地上。一个男人僵坐在黄包车的车厢内,脚仍跷在空中,还保持着下车刹那间的姿势。一个高个子嘴里叼着雪茄,靠在一棵树上,冰冷僵硬,如同埋葬在庞贝古城的古尸一样。另一个人坐在地上,肩上扛着一把雨伞,另一只手打着手势,嘴张着,仿佛临死的时候正要说什么。①

火车站及附近的货车被大火焚毁;医院电力中断;夜幕降临时分,强盗和土匪出现的危险也明显增加,当局对城市的管理已经无能为力。

袭击后的第三天,总督和多尔曼·史密斯夫人巡视了整个城市。多尔曼·史密斯夫人在她的日记中写道:

> 眼前的场景难以形容。街道上每一寸土地都被烧为平地,到处充斥着烧焦的树木,到处都是掉落的电话线,烧毁的马车残骸,其中一辆上还套着匹小马——真是难以言状,可怕极了。现场弥漫着刺鼻的味道。要清理这片狼藉,看上去遥遥无期。这次空袭事先没有一点点预警,炸弹就从天而降。火势借助风力,越烧越大,很快就成为一片火海。城市已被摧毁得一无所有。②

曼德勒城里大部分人已经逃走,这座城市正慢慢地失去生气。

此时,斯利姆将军的缅甸军团离曼德勒的南部很远,正在向北行进到缅甸

---

① J.贝尔登:《与史迪威一起撤军》,纽约,1943,第64—65页。
② M.科利斯:《缅甸的最初和最末》,伦敦,1956,第143页。

中部的"干旱区",这是一片干燥、平缓的地带,其间有灌木、峡谷,甚至有光秃秃的山丘。日军试图在卑谬以北、伊洛瓦底江东岸的阿兰谬镇包围英国部队,结果发现他们已经离开。4月8日,缅甸军团不再向北撤退,而是占领了伊洛瓦底江右翼的一块新阵地。一条长达40英里的战线就此拉开,这条战线从伊洛瓦底江一直延伸到铁路支线终点的东敦枝镇,但是这条漫长的战线却极易被敌军渗透。亚历山大命令斯利姆死守东敦枝,以便保持与中国军队的联系,进一步打通东面从同古到曼德勒向北延伸的主要线路。尽管亚历山大亲自请求蒋总司令调兵解救被围困于东敦枝的第17师,但这种尝试最终也无果而终。

斯科特将军率领的缅甸军第1师与缅甸第2旅部署在伊洛瓦底江西岸的明拉。缅甸军第1旅部署在米格幺恩格叶河的东岸,印度军第13旅向东拓展战线。随着战斗的进行,大部分士兵离家和亲人越来越远,缅甸军步枪营便不断有人开小差,兵力日渐衰弱。其实,英军步兵团也好不到哪里去,伤病导致的大量减员无法得到及时补充,整体数量减少。苏格兰第1步枪队官兵锐减到215人;除战斗减员外,还有200多名病号被转移。格洛斯特斯第1团也仅剩下7名军官和170名士兵,巴戈特中校也因负伤而被置于该撤退到医院就医的人员之列。

第17师的主力已经到达东敦枝,其中的第48旅已经到达卡科瓦西边10英里的位置,正在跨越边路往斯科特的师部前进。东敦枝四周都是稻田,视野开阔,士兵们有着足够的地方开火。亚历山大将军和斯迈斯将军看望了驻守的士兵。斯迈斯对军官们说:"考恩将军和我一样,曾在参谋学院学习过,但是,我不得不说,我们在参谋学院学到的东西不一定能够在这里派上用场!"①

马圭省已经建立了缅甸军团的总部,从马圭省有一条马路从南方通往边路,边路将伊洛瓦底江和东敦枝两地相连。日本的飞机在这条边路上定期巡

---

① I. L.格兰特,灵山三郎:《缅甸1942:日本入侵》,奇切斯特,1999,第232页。

逻,对盟军的运输车辆盯得很紧。斯利姆回忆道:

> 柯蒂斯辖下有13个旅队,当我去他那儿拜访时,他正坐在一辆封闭的汽车里,旁边坐的是恩尼斯基伦(R.G.S.考克斯)上校。正在这时,一架日军战机突然俯冲下来,对着车尾一阵猛烈扫射。上校当场死亡,我们冲上前去,看到柯蒂斯身上已经有3处伤口,所幸都是皮外伤。他在伤口处绑了绷带,但他对此丝毫不吃惊。他带我在阵地的周围看了看,对刚刚发生的空袭没有再说什么。我真正看到了什么是镇定自若的范例。[1]

这辆车的司机也阵亡了,车尾被机枪扫射的子弹完全切开。

在下一阶段的战斗中,饭田将军的第15军团有4个师可供调遣。在东翼,第56师准备向腊成前进。在前线的中部区域,第18师和第55师会沿着铁路和公路行进,路线是从同古到曼德勒。在西翼,第33师将沿着伊洛瓦底江的东岸,向北推进。

第33师必须得独立解决缅甸军团两个师的兵力,没有其他日本军队协助。樱井将军的师部在阿兰谬停驻了3天,以休养生息,并且补给储备,第213团和第26独立工兵团增配给该师。工兵们都配备了登陆舰和摩托艇。日军试图充分利用伊洛瓦底江上的水路优势,这是从下缅甸区域到上缅甸区域的传统路径,也是到曼德勒的既定路线。樱井对于第215团的计划是,将第17师安置在前线的东部,同时,第213团和第214团攻击缅甸第1师,并沿着伊洛瓦底江河岸逼近到马圭省。

4月9日日落时分,日军从阿兰谬开始进军。与日本军队第一个交火的是驻守在考考格瓦的斯利姆第48旅。这个旅比较幸运,因为其兵力中有5个廓尔喀陆军营,还有500名补充兵员,这些兵力重新组成了三个相当骁勇的陆军

---

[1] W.斯利姆:《从失败走向成功》,伦敦,1956,第61页。

营,分别为廓尔喀人的第4团第1分队、第5团第2分队和第7团第1分队。该营已经占据了荒凉的农村地带,这儿到处是荆棘丛林。廓尔喀族人部队得到了印度第1山地团和皇家第2坦克团(来自斯科特的师部,不足一个中队)支援的8门25磅野战炮。盟军没有带刺的铁丝网可用,有些地方就使用带刺的荆棘编成那种老式的栅栏作为掩护,这种方法19世纪90年代在苏丹用过。军营和旅总部之间的电话线路还算畅通,但发电报还是得靠那种老式的让人力传递的方法。

4月10日,廓尔喀族人巡逻队与日军在考考格瓦南部交锋。4月11日晚到12日凌晨,日军快速推进的第215营第1分队从东南向盟军第48旅的周边防御带渗透,同时,第215营第2分队从西面进攻。战斗激烈时,天空中似有暴雨倾盆,电闪雷鸣,闪电照亮了整片大地。战斗一直持续到4月12日下午,然后日军撤退。①4月12日晚到13日凌晨,廓尔喀营又遭到了一次进攻,但这次袭击并不猛烈。陆军准将卡梅伦后来说:"在考考格瓦,缅甸的第48旅已经做了最大的努力了。"②据日军记录,这场战役日军伤亡42名。虽然第215团的进攻被击退,但是樱井将军并不是很在意,只是将其当作一次练兵。

在第215团将印度第17师困在考考格瓦的同时,在伊洛瓦底江附近,日军向盟军发动了主要攻势。第213团沿河的东岸一直向马圭推进;在东面,第214团向北一直推进到仁安羌以及油田地带。第214团是有名的"白虎"团,士兵的帽徽都印有老虎头像。考考格瓦刚开始遭到突袭的那天夜里,该团就成功地越过第13和第48旅驻地间的那条侧路,盟军并没有发现他们。

此时,缅甸第2旅驻扎在伊洛瓦底江西岸,第1旅驻扎在东岸。日军第213团正在进军,但在因河的南部遭遇到缅甸第1旅。4月13日,缅甸第1步枪队在

---

① 军团委员会:《皇家廓尔喀族第五步枪队(边防部队)的历史,1929—1947》(卷二),奥尔德肖特,1956,第181页。

② J. N. 麦凯:《爱丁堡公爵的廓尔喀族第七步枪队的历史》,伦敦,1962,第188页。

米昌耶外围分开驻扎。英皇直属约克郡第2轻步兵团现在属第13旅部,4月14日至15日,该团完全处于孤立无援的境地。约克郡人向北撤退时,将其携带的所有辎重都拿了出来。显然,盟军的前线现在是摇摇欲坠,斯利姆下令缅甸第1师撤退至因河,该河位于马圭向南10英里。在考考格瓦的第48旅向西撤退到东敦枝,重新加入至第17师余部。

与此同时,第214团隐藏在马圭省东部15英里的地方休息。4月15日,该团重新出发向北推进,抵达距离仁安羌新东南部只有12英里的位置,未被盟军察觉。缅甸军团的情报机构对这一阶段敌军行动一无所知。当地居民看到英军在战争中节节败退,也就不大愿意为其提供帮助。随着英国皇家空军撤走,空中侦察活动也踪迹全无,因为军中没有懂得日语的军官,截获日军信号也变得不切实际。

仁安羌距离马圭的北面不到40英里。斯利姆在4月15日下午1点抵达仁安羌,不久之后,他便下令炸毁油田。一队一队的工兵在储备有数百万加仑的原油库放火。这个油田共由5 000口油井组成,每年能产出超过2.5亿加仑的原油。伊洛瓦底江的东岸有林立的井架,一个泵站,还有很多工作车间以及一个小镇。仁安羌小镇里的居民已经被疏散;格洛斯特军队的士兵发现平房的衣柜里塞满了各式各样的衣服,还有儿童的玩具和书籍。餐厅里桌子上仍然摆着这家人最后一顿饭留下的餐具。一个军官说:"可能还会有晨礼服或网球拍什么的,但像梳子或者剃须刀之类的必需品都不在那儿,已经被带走了。"①

缅甸第1旅驻守在马圭南部的前线,而在伊洛瓦底江的东岸,缅甸第1旅则驻扎在因河后方,同时缅甸第5步枪队部署在其右侧,其左边则驻守有拉普特军队第7团第2分队;遭受重创的缅甸第1步枪营和第2皇家坦克营第2中队则整顿休息;第23山炮营提供炮火支援。4月16日深夜1点,日本第213团的

---

① D. S. 丹尼尔:《荣誉之冠:格洛斯特郡团的故事,1694—1950》,伦敦,1951,第281页。

士兵拄着刺刀作拐杖,摸索着过了河,并且还蹚过了一条小溪,继续前进。盟军防御用的枪炮并没有阻止日军步兵进军的步伐。缅甸第5步枪营最得力的连队全线崩溃,营队在混乱中撤退。拉普特军队也被日军击垮,并且营队指挥部被攻陷。盟军溃败一泻千里,似乎无法遏止,直到天亮时分,坦克中队赶到,截住了日军的进攻,形势才有所缓解。

对于斯科特师而言,除了撤军之外,已经别无选择。对于英军来说,在这次战斗中撤军的次数确实是够多的了。因河和仁安羌之间突出的地带,在一年这个时节自然水源已经干涸,河床无水,所以到4月16日下午,炸毁油田的炸药已经安置完毕。炸药点燃,整个地平线上似乎都被世界末日般的黑烟笼罩着,火焰升到500英尺高空。储油罐、发电站和机械设备都在瞬间报废。但日空军并没有轰炸油田,其指挥官想要完好无损地接管油田。

缅甸第1师向北进军,在43摄氏度的高温里抵达仁安羌,4月16日夜幕降临的时候,部队已经将马圭甩在了身后,向南进发。一队队的车辆、枪炮、救护车、士兵、骡子、马艰难地跋涉在干旱多沙的土丘上。《每日邮报》的记者杰克·贝尔登在4月16日晚到17日凌晨见证了这一场景:

> 士兵们的胡子又密又脏,他们的脸上沾满了灰尘,军装上都是污垢,又脏又破。烈日下长时间的行军使得士兵汗如雨下,汗水干了以后,便在衬衫前襟上印下了白色的盐霜条纹。水袋已经干瘪没有了水,当士兵弓着腰,迈着缓慢的步子向前走的时候,水袋拍在屁股上,发出啪啪的声音。①

晚上,贝尔登借着提灯的光看到了斯科特将军,将军当时和一位参谋就站在路边,旁边还有一只可卡犬。不远处,油田燃烧的火焰映红了整个夜空,空气中弥漫着燃烧的刺鼻气味,爆炸声此起彼伏,让人产生出一种绝望的气氛。

---

① J.贝尔登:《与史迪威一起撤军》,纽约,1943,第97页。

斯科特看起来很疲倦,而且心事重重,他若有所思地说:"日军狡猾得就像个幽灵,竟然消失在稀薄的空气中。"贝尔登回忆道:

  过了一会儿,他(斯科特)从沉思中缓过神来。从笔记本上撕下一张纸。"您能帮忙给我在眉苗的妻子带个信么?"他问我。然后就迅速写了几行字,叠起来之后递给我,"告诉她我们这儿的战事,告诉她一切;不要遗漏任何东西。她是一个士兵的妻子,她会理解的。"我从他手中接过这个脏兮兮的字条。可直到现在我仍然保留着这个字条,我没有将字条交给将军的妻子。现在字条已经皱巴巴,上面的字迹也看不清楚了,但情感依旧还在。"亲爱的,我们都很好。只是有点累了,打仗的日子真像是在地狱一样难熬——保持微笑——我怀疑你都认不出我了,我现在满脸胡子拉碴,脏兮兮的——这位记者先生会告诉你我的境况的。爱你。"①

斯科特接着说:"如果我的部队能好好地休息一个晚上,不用在烈日下行军,有足够的水喝,那他们很快就会恢复到备战的状态。"②不过,在当时,这些愿望几乎不可能实现。

4月17日,部队继续向北前进,在他们的前方,油田燃烧的火焰和浓密的黑烟一直弥漫在天空中。地面上光秃秃的,温度非常高;水几乎都用光了,士兵们喝水只能依赖于自己背的水壶。在斯科特师的南面,第7轻骑兵团的士兵从东面侦察得知,日军第213团已经挺进了马圭,第7轻骑团隶属于印度第17师。日军派一个营的兵力去抵挡盟军的坦克军,但其第213团主力部队则尾随缅甸第1师向北进军。

这一天,斯科特接到一个令人沮丧的消息,日军已经切断了他的师部途经仁安羌后撤的退路。佐久间上校率领的第214团于前一天晚上攻破了盟军的

---

① J.贝尔登:《与史迪威一起撤军》,纽约,1943,第104页。

② J.贝尔登:《与史迪威一起撤军》,纽约,1943,第105页。

防线,并迅速占领了重要的城镇。仁安羌的北部是平河,河上没有桥梁,在干旱季节,河的水位较低,而且有大片的浅滩。日军便在浅滩南北两边的路上设置了路障。平河南面的敦贡村戒备森严。

经过一天的行军,4月17日夜幕降临之时,斯科特的军队抵达仁安羌的南部,不过已经是筋疲力尽。很明显,盟军对局势越来越难以掌控,斯利姆曾经向他的上司请求增援。亚历山大和史迪威同意让中国军队的第66军团前往增援。这个军团在本月初已经进入缅甸。中国士兵携带的武器种类各式各样,并且还有很多的劳工和动物来搬运战备辎重。一个英国联络军官称他们为"成吉思汗的部落",因为他们看起来就像来自上个世纪。

第38师的指挥官是孙立人将军,毕业于弗吉尼亚军事学院,讲一口带有美国口音的流利英语。美国传教士戈登·西格雷夫医生描述孙将军"高大,帅气,看上去比他的实际年龄年轻得多,每次他到受伤士兵的病房,都耐心聆听,对士兵很尊敬,比其他的中士或中尉都要更亲切"[①]。斯利姆将英国坦克团的一个中队和一支野战炮兵队交由孙将军指挥,他这样做也是为了增进盟军的团结。

缅甸军团的方案是,让中国军队在4月18日去清除日军在平河浅滩北面的路障,而斯科特的部队则清除南部浅滩位于敦贡的路障。因为去敦贡村要穿过日军占领的仁安羌,缅甸第1师将沿村东边的一条支路前进。为了使行动不被敌人发现,由苏格拉步兵团和第5山地炮兵团组成一支分遣队,占领仁安羌南边的尼奥恩格拉村。英缅军第1旅留作后备军,监视师部南面前线的日军动向,因为这个地方一定会有日军出没。英缅军第2旅留守在伊洛瓦底江西岸,由缅甸军团总部直接指挥。

4月18日上午6点30分,斯科特发动进攻,占领了尼奥恩格拉村,不过在村

[①] L.艾伦:《缅甸:漫长的战争,1941—1945》,伦敦,1984,第66页。

北面遭遇到日军顽强的抵抗。沿仁安羌东面的那条支路往东,是一座荒凉的山脊,光秃秃的没有树木,当气温达到40摄氏度的时候,军人和牲口找不到任何地方庇荫。村庄已经破落不堪,只剩下石头堆成的废墟。河道已经干涸,河床上布满沙土和鹅卵石。石油井架林立,还有空气中弥漫的燃烧的石油的气味,让人有种不真实的感觉。印度第13旅和旁遮普人的第1团第5分队从左侧前进,嘎哈外里斯步枪队第18团第1分队从右侧推进。皇家恩尼斯基伦明火枪第1团作为旅部的后备营。当旁遮普军队抵达这个山脊时,日军的火炮、迫击炮和机枪齐发,很快盟军就有了伤亡。该村由日军第214团的两个营防守。旁遮普军队只得停止前进,后来还被日军逼得后退,但嘎哈外里斯步枪队和皇家恩尼斯基伦明火枪第1团伺机重新夺回高地,并且杀入敦贡村的东部。

不用说,在敦贡村日军的抵抗极其顽强。一个恩尼斯基伦的陆军少校告诉美国记者:"我们的士兵都已经筋疲力尽了,但他们仍然勇敢杀敌。他们拄着带刺刀的步枪,蹲在战壕里,又像在操练场上练兵时那样,不顾一切地向前冲去,至少,他们觉得自己都尽力而为了。很显然,他们太累了,疲劳得就像醉汉,几乎无法握枪。"①进攻敦贡村的战斗失败,英国军队被赶出了那座千疮百孔的村庄。

恩尼斯基伦的一支大约90人的分遣队,绕过敦贡村,抵达村北面1英里处的一条河边。这时他们发现,河的北岸出现了一支外国军队。他们认为这应该是中国军队,因为联络信号相同,于是这些又累又渴的士兵迎上前去。但实际情况是,貌似中国军队的其实是日本军队,恩尼斯基伦这支分遣队就在平河的河滩处被全部俘虏。

中国军队已经抵达了平河北部,但是日本军队成功地守住了一处小桥头堡,这个位置至关重要,因为它扼守河滩的渡口。下午4点30分,斯科特通过

---

① L.艾伦:《缅甸:漫长的战争,1941—1945》,伦敦,1984,第67页。

第2皇家坦克团的电台车和斯利姆通电话,两位将军之所以能够通过无线电毫无障碍地交谈,还是得益于廓尔喀士兵的帮忙。斯科特说他的士兵们已经精疲力竭,并且建议从敦贡东部的浅滩突围。除了这个浅滩之外,哪个地方都适合通过这些机动设备。斯利姆拒绝了这一请求,他说中国军队将在第二天早晨再次发动攻击,这支军队兵力充足。斯科特对他的老上级说:"好的,我们会坚持下去,明天早晨我们也会尽力而为,献出我们最后一点力,但看在上帝的分上,赶紧叫那些中国军队进攻吧!"斯利姆走出通讯车,来到了随从士官们面前,他们都在那儿等着他:

"好的,先生们。"我说话的时候,显得很有信心,而且神情愉悦,"情况可能会更糟!"人群中有个人忧郁地问了句"怎么样?"我真想宰了这小子,但我还是压制着我的怒火。"哦,"我笑嘻嘻地说,"快要下雨了!"然而两小时后,情况真的变得很糟糕了。①

那天晚上,斯利姆接到亚历山大的命令:第二天去大后方的眉苗参加会议。

4月18日晚至19日凌晨,印度第13旅占领了敦贡村以南山脊区域阵地。缅甸第1旅和师总部从南部靠近敦贡村,在其附近形成一个夜间防御地带。因为油烟雾的缘故,战斗都是短兵相接,英国武装并没有受到日军的空袭。美国记者达雷尔·伯利根记录下了这一场景:

我和恩尼斯基伦军队的一个少校,还有两个军官,去前线查哨。路旁以及树荫处都坐着那些休息的士兵,"一连到!长官""二连到!长官",声音安静而又坚定。黑影处,爱尔兰人、印度人,还有日本人士兵的尸体横躺在路边,一堆一堆的,周围悄无声息。恩尼斯基伦的少校又走了一段路,来到了最后一个监听站,这多少让我有些担心,但他对士兵们的防守不是很满意。在返回的路上,我们在一个井架

---

① W. 斯利姆:《从失败走向成功》,伦敦,1956,第75页。

边停了下来,少校划了一根火柴,在那一瞬间,火柴闪烁的光照在了两具恩尼斯基伦军官的尸体上。少校的声音在黑暗中听起来很疲惫:"按照团里的做法,这些军官必须要安葬,就在今晚!"[1]

经历了白天的酷热后,斯科特的疲惫之师在山脊上度过了一个相对平静的夜晚。从防御区的外围不断传来喊叫声,这应该是日军巡逻队扰乱军心的策略。4月18日晚上到19日凌晨,在敦贡村的日军得到了第214营第1分队的支援,这个营在乘船从伊洛瓦底江抵达仁安羌之前,是师部的后备军。现在,第214团的3个营都驻扎在该村。

4月19日上午6点30分,第13旅企图再次从山脊向敦贡村进攻,恩尼斯基伦部队和加瓦尔步枪队的一个连摸到了村庄的边上,但进攻很快被强大的火力阻止了。恩尼斯基伦军队的指挥官,S. B. 麦康奈尔少校被狙击手击中,牺牲。对于战士们来说,酷热的天气和缺水口渴成为了可怕的问题,有些士兵甚至偷偷跑到平河的浅水滩喝水。

早晨的时光一点一点消逝,仍然没有中国军队的踪影,斯科特将军的耐心也到了尽头。斯利姆那天不在总部,他和亚历山大、史迪威一起开会去了。在这种情况下,斯科特认为他应该按照自己的计划行动。士兵报告说,发现有一条崎岖不平的小道从浅水滩直通向平河上游,下午2点钟,斯科特下令突围。这时,人和动物同样都极度口渴。山炮兵的骡子闻到了水的味道,便撒开腿疾驰到河边。一阵痛饮之后,这些动物们就又集合起来,将辎重驮到了安全的地方。但车队朝河边走的时候,却遭到了炮弹的袭击。河岸上的沙太松软,车辆在上面不能行走,所以大部分的车辆,还有重型装备都只好抛弃掉了。履带式坦克能够继续前进,并载着伤员从较浅的河段处渡过了河,其他人则留下来抵抗日军。一个炮兵军官入夜后返回河对岸,发现掉队的伤员有的被刺刀刺死,

---

[1] F. 福克斯:《二战中的皇家恩尼斯基伦燧发枪团》,奥尔德肖特,1951,第41—42页。

有的被割了喉咙死了。

下午3点,中国军队在一个英国坦克中队的支援下,终于对整个平河展开了进攻。中国军队渡河攻占了敦贡西边的一个小村,但却没有攻下敦贡村。被俘的恩尼斯基伦士兵都被中国军队解救了出来。

到了天黑的时候,斯科特的师已经撤退到平河以北数英里的地方。日本官方的历史评论说:"敌人的斗志在瞬间崩溃,他们丢弃掉所有车辆,向北撤退,很快整个军队便七零八落,一溃千里。"①当山炮连中尉卡迈克尔那些疲惫的骡子在溪边饮水的时候,他看到一辆牛车从身旁经过,车的后面垂着一双无力的腿。一个军官走过来悄悄告诉卡迈克尔,车上那人是斯科特将军,他现在极度疲劳。②刚年届五十的斯科特和仁安羌分区司令劳顿准将坐着一辆履带式小型装甲车,送往军队后方。不久,斯科特便恢复了体力,但劳顿死于热衰竭。③

次日,即4月20日,中国军队在平河南部再次与日军发生冲突。斯利姆将军已经开完会回来,也见过了亚历山大。他随即下令,中国第38师撤到平河以北。中国军队的介入,帮助缅甸第1军摆脱了困境,作用重大。孙立人将军的表现给斯利姆留下了深刻印象:"孙将军头脑机敏,精力充沛,而且直截了当。后来我还发现他精通战略战术,仗打得很漂亮,非常有进取心,并且在我与他交往时我发现,他绝对是率直坦诚。"④在接下来的几天里,中国军队和第7装甲旅掩护着极度疲惫的缅甸第1师一直向北撤退。

仁安羌之役,斯科特的师代价巨大,伤亡和失踪几乎达1 000人。300名盟

---

① L. 艾伦:《漫长的撤军,1941—1945》,伦敦,1984,第69页。
② J. 伦特:《撤出缅甸,1941—1942》,伦敦,1986,第216页。
③ R. E. S. D. A. 坦纳:《缅甸1942:撤军回忆录》,斯特劳德,格洛斯特郡,2009,第75页。
④ J. 伦特:《撤出缅甸,1941—1942》,伦敦,1986,第214页。

军士兵战俘,被日军绑缚双手,一批批赶着向南行进。如果受伤的和疲惫的士兵拖延了行军进程,就被日军枪杀或者刺死。经过残酷的行军,活下来的士兵到了仰光后,就被关了起来。盟军损失的设备包括4辆坦克,10门各种类型的火炮,很多贵重的迫击炮,还有200辆军车。日军第214团死亡40人,100多人受伤;这次胜利,日军付出的代价并不是很大。

仁安羌战役,在斯利姆的军事生涯中无疑是个污点。樱井将军让缅甸军团损失了两个师的兵力,其第33师大获全胜。樱井的计划非常奏效,他对印度第17师的攻击牵制了盟军的注意力,然后,又灵活地从侧翼向西,席卷不堪一击的缅甸第1师。斯利姆在回忆录中将责任归咎到了亚历山大的指挥部身上,因为指挥部坚持让第17师死守东敦枝镇,但他又承认,他当时应该采取更多的措施,以加强缅甸第1师及缅甸军团所在的仁安羌防御。[①]

随着仁安羌溃败,缅甸的盟军即将面临着一个新的危机。在这种情况下,日军所精心策划并执行的攻击被中国军队接了招,缅甸军团则置身事外。在同古,日军第55师已得到牟田口廉中将第18师和坦克第1团的增援,两支部队都是刚刚抵达仰光。第18师参加过新加坡之战,并获胜,牟田口廉热切希望再次获胜,为其锦上添花。

此时,中国第5军驻守在从同古到曼德勒向北的公路两侧,第6军驻守在缅甸东北部的掸邦,第66军作为后备军。英国军队和滇缅公路的机动运输为参战的中国军队提供大米和其他基本物资供给。中国军队第5军团、第6军团和第66军的兵力官方的数字分别有6万人、4万人以及3万人。然而,英军联络员觉得中国三支军队的总兵力应该是7万人,这一数字更精确些。[②]

日本从平满纳开始重新向曼德勒进军,平满纳是同古北部的一个小镇。4月20日至21日,在平满纳附近,两军展开激战,第18师有70人死亡。之后,中

---

① W.斯利姆:《从失败走向成功》,伦敦,1956,第62页。

② S.伍德伯恩·卡比:《抗日战争》(卷二),伦敦,1958,第475页。

国军队的防线被攻陷,日军迅速向北推进;4月25日,第1坦克团的一个中队占领密特拉南面的标贝。密特拉是曼德勒南部重要的交通枢纽,缅甸军团与曼德勒的通讯线路就经过密特拉。

日军第56师为了从同古向北推进,便迅速占领了位于同古东北边的掸邦。渡边正雄中将的第56师刚刚组建,但其士兵中有许多人曾经是中日战争的预备役队员。该师配有250辆卡车,还有第14坦克团。渡边的机动部队沿着同古东面和东北面的公路冲进掸邦,从盟军那里缴获的燃油帮助了日军。中国军队的第1师很快被击溃,4月20日,垒固失陷。史迪威下令,第6军团剩下的两个师在密特拉到萨尔温江之间的公路处集结,但这一切都无济于事。日军很快大军压境,迫使中国第6军团余部向东撤退到萨尔温江和泰国边境。

日军第56师团从雷列姆继续向北,向曼德勒—腊戌公路进发。4月29日,腊戌被日军占领,几乎没有遇到什么抵抗。腊戌位于曼德勒东北面,是滇缅公路在西端连接铁路的起点。日军的地面进攻非常迅速,动用伞降兵占领腊戌的作战计划根本无须执行,因为腊戌已在日军手中。史迪威将第5军团的第200师从密铁拉调往东翼,确保该军团余部和缅甸军团的侧翼安全。第200师与日军遭遇并将其赶走,重新夺回了雷列姆;然而,让史迪威惊慌失措的是,该师仍继续前进并渡过萨尔温江,离开了战场。

盟军在缅甸已经完全溃败。现在的问题是,英国军队是退回到中国还是印度,或者还是同时撤往这两个国家。刚开始,出于政治原因,韦维尔将军赞成至少将一部分缅甸军队撤到中国。4月18日,亚历山大接到韦维尔命令,掩护回撤印度的路线,并与中国军队保持接触。但形势急剧发展,后来情况很明显,盟军只有撤军到印度东北部这一个选择。

4月21日,亚历山大会见了蒋介石的首席联络官林伟将军,协商安排缅甸最后撤离。4月23日,亚历山大下令,大部分中国军队向东北方向撤离,进入中国境内,而缅甸军团和中国第38师则取道钦敦山谷,前往印度。曼德勒就在伊洛瓦底江的东岸,盟军一撤,这座城市完全没有了城防。①

4月25日,亚历山大、史迪威与斯利姆在密特拉北部的皎克西举行会议,三位指挥官都认为,必须立即撤往印度和中国。很明显,盟军不希望在季风季节里,在缅甸驻守任何力量,季风季节已近在眼前了。亚历山大的新总部设在位于曼德勒西北方的雪布。但是总督多尔曼·史密斯决定,在密支那重新建立市政办公场所,该地位于缅甸北方伊洛瓦底江的上游。多尔曼·史密斯最后一次离开眉苗时,他就经由曼德勒到过密支那。他回忆说:"在密支那附近,他看到路边躺着许多穿着黄色长袍的佛教僧侣的尸体,应该是中国士兵杀了他们。"②总督于4月28日乘坐火车抵达了新的总部。

几个星期前,赫顿将军作为亚历山大参谋长的职务被解除,他对此次解职无法忍受,他和亚历山大的意见总是不和,赫顿引用了威灵顿公爵的一段话来形容他的生活困境:"世界上所有尴尬的事情,莫过于必须要在军队中听从于一个能力不足人的命令。"③来自印度的T.J.温特顿少将将成为缅甸军的新参谋长,过渡时期,赫顿则仍留在亚历山大总部,行使建议的权力,他最终在4月26日离开印度,与此同时战争的结束也指日可待。

对英军和中国军队而言,他们面临的是同样的灾难和绝望,饭田将军已经冷静地为第15军团胜利征服缅甸做好了最后的准备,他希望在曼德勒南部以及宽阔的伊洛瓦底江上将对手困住,并彻底摧毁。他命令其将士:"在盟军后方实行纵深打击,扩大打击范围,以便切断他们所有退路,将其一举歼灭。"④

盟军的指挥官对他们所面对的危险非常清楚,缅甸军团驻扎在密特拉市,

---

① L.艾伦:《漫长的撤军,1941—1945》,伦敦,1984,第70页;R.卡拉汉:《缅甸,1942—1945》,伦敦,1978,第37页。

② M.科利斯:《缅甸的最初和最末》,伦敦,1956,第156页。

③ L.艾伦:《漫长的撤军,1941—1945》,伦敦,1984,第52页。

④ R.莱曼·斯利姆:《战争之王》,伦敦,2004,第51页。

仅仅是为了掩护中国第5军队向曼德拉市撤退。4月25日夜至26日凌晨,密特拉市撤军完毕,4月27日,第2皇家坦克队在密特拉市北部打了一场保卫战,同时,第48旅在曼德拉市南部30英里处的皎克西市守住了一个阵地,以保护通往伊洛瓦底江上阿瓦桥的各条通道。廓尔喀部队第7团的日志形容皎克西市为:

  一个坐落于较低的岩石山脊坡脚处的小镇,像所有的缅甸村庄一样,这里绿树环绕,形成了平原上茂密的树林岛景观,轻快的小溪穿过小镇,无数的灌溉沟渠从这里散开,沿着路边的水沟流向田野,这些水沟的岸边密密麻麻地覆盖着菜园和香蕉树。①

这个小镇遭到轰炸,破坏严重,陆军准将卡梅伦奉命驻守皎克西,并且一直要守到4月29日下午6点。第48旅由第7轻骑兵团支援,拥有一个1700人的步兵团,一支隶属于第414野战炮兵连的军队,还有来自印度第一野战团12门大炮。向北通往曼德拉市的铁路和公路在皎克西交合,佐基河河水很浅,流过这个小镇,不过这河倒成了抵御坦克的很好的路障,小镇东北有一处较高的小山,从这儿可以看到小镇全貌。如果向皎克西西南边开火的话,视野很好,但小镇南边和东南边是香蕉种植园,还有小片的丛林,厚厚的灌木丛,影响了观察的视线。②

4月27日,中国第5军团最后一批军队携带着美国《租借法案》提供的大批辎重,穿过皎克西,当天晚上,缅甸军的余部也迅速撤回至此。4月28日晚上,第48旅的巡逻队从皎克西向南,迎战日本坦克团和摩托化步兵队。

第48旅的防线就在皎克西的南面。廓尔喀人第4团第1分队的西翼地带开阔,是一处被上游开闸洪水淹没过的区域。在东侧,廓尔喀人第5团第2分

---

① J. N. 麦凯:《爱丁堡公爵的廓尔喀族第7步枪队的传记》,伦敦,1962,第190页。
② 军团委员会:《皇家廓尔喀族的第五步枪队(边防部队)的历史,1929—1947》(卷二),奥尔德肖特,1956,第186页。

队在山脊上有岗哨,可以俯视全镇。廓尔喀人第7团第1分队位于该旅前线的中部,驻守在从南边抵达皎克西的公路和铁路的两侧。廓尔喀人第4团第1分队的步枪队留在原地待命。

4月28日晚上,日军徒步巡逻队与躲在公路两侧战壕里的廓尔喀人第7团第1分队士兵遭遇。第4连藏身于植被茂密的公路东侧,其左翼是佐基河的一个弯道处。晚上10点,日军两个连队借着皎洁的月光,从灌木丛中冲出来对第4连展开袭击。第4连士兵立即开火还击,两军相距仅100码远,一阵混乱的嘶吼声之后,日军撤退。午夜之后,日军又发动了一次袭击,也被盟军击退。天亮之前,月亮已经下山,日军又对第4连发动了更大的一次攻击,所幸也被击退。在东边的高地上,廓尔喀人第5团第2分队同日本巡逻队在午夜发生了小规模的战斗,而位于西侧的廓尔喀人第4团第1分队则较为平静。黑夜里,炮火十分激烈,廓尔喀人第7团第1分队的战争日志中评价侦察官兰比尔·巴克希上尉"工作十分突出"。①这一夜的战斗使得军队全体上下都晕头转向。

黎明之后,坦克团为第48旅在前方开路,在前线南面的一个小村庄里发现了日军的踪迹。卡梅伦下令发起反击,早上8点,廓尔喀人第7团第1分队O. R. 格里布尔的第2连离开旅部的周边防御带。廓尔喀人士兵士气高涨,一路冲锋,很快就攻下小村落以及附近的香蕉林,许多日军被打死,包括藏于公路下方大涵洞里的38名士兵。根据日军方面的消息来源,涵洞里是日军的一所行军急救站,军医片山中尉中弹身亡。②

4月28日夜到29日凌晨,第18师首先对皎克西展开攻击。第114团已经向皎克西东边的山脊区调遣了一个营,同时,第55团向小镇展开正面攻击。在

---

① J. N. 麦凯:《爱丁堡公爵的廓尔喀族第7步枪队的传记》,伦敦,1962,第191页。

② J. N. 麦凯:《爱丁堡公爵的廓尔喀族第7步枪队的传记》,伦敦,1962,第192页;军团委员会:《皇家廓尔喀族的第五步枪队(边防部队)的历史,1929—1947》(卷二),奥尔德肖特,1956,第188页。

第55团左侧,铁路以西,第55师的一个营也已经出动,但遭到大炮和迫击炮的反击,伤亡较大,被阻击。一个坦克团转向皎克西以西,但凹凸不平的山路影响了其进军速度。

4月29日白天,日军150毫米口径大炮精准命中第48旅所在位置,不过没有造成大的人员伤亡。强大的日本巡逻兵似乎在寻找第48旅的侧翼。晚上6点,第48旅开始提前撤军;廓尔喀族人部队行军到皎克西的北边,用汽车运输部队,并且负责断后。整个撤军过程,该旅仅三死七伤,而日军死亡人数估计超过200,不过60人这个数字更靠谱些。斯利姆称,皎克西撤军之战是"后卫部队工作的光辉典范。它不仅使中国军队一个不落、毫发无损地通过了阿瓦桥,给我们留了喘息的机会,而且又以非常小的代价给敌人造成了惨重的伤亡"。在皎克西,第18师对盟军前线的进攻显得既笨又愚蠢,并非那种侧翼迅速运动的打法,这种打法在东南亚战场中非常奏效。按说,第33师樱井将军的仗应该打得更有创意的。

在第63旅的协助下,第48旅撤往米坦格河一带,继续向阿瓦桥进军。第63旅是通过伊洛瓦底江上唯一桥梁的最后一支盟军编队。阿瓦桥长0.75英里,由11座桥墩构成。桥上铺有铁路双轨,两边是公路。第24野战中队的达利少校负责该桥的拆毁工作。

大约4月30日中午,一个由27架日本轰炸机组成的强悍编队飞临了大桥8 000英尺的上空。编队的领头战机摇动着机翼,所有轰炸机一同向下投弹,炸弹落到地上,发出巨响,但是他们轰炸的目标是桥北的实皆村,要知道,炸毁阿瓦桥对于行军中的日军来说可是一点儿好处都没有。

4月30日夜里11点20分,考恩将军下令炸毁阿瓦大桥,这次炸毁使得一个桥墩倒塌,另一个也随之坍塌,随后的13年时间内,这座桥都没有修复。缅甸的殖民当局将其修建的一些主要建筑都毁掉了。这样做,至少不会重蹈锡当河战役那样的惨败。斯利姆写道:毁坏阿瓦大桥是件很难过的事情,同时也表明,我们丢掉了缅甸。

值得一提的是,韦维尔将军已经构思了一个方案,他要派遣彼得·弗莱明去执行一项计划。弗莱明是英国近卫步兵第1团的一位军官,是小说家伊恩·弗莱明的哥哥。这个计划和1917年加沙第三次战役前夕实施过的计划很相似。那次加沙战役韦维尔参加过。在阿瓦桥附近,一辆汽车故意从30英尺高的地方坠下,摔成一堆碎片。车内有一封信,故意让日本人捡到。信的开头潦草地写着"请亚历山大批阅",信上列举了英国援军的数字,而且这批援军正在去印第安的路上。但是,这个计划对这次行动并没有产生明显的或者直接的影响。①

大量的缅甸军团士兵通过阿瓦大桥,渡过伊洛瓦底江,但缅甸第1师则是乘渡船往西到赛梅肯。船上坐满了工兵队员和皇家海军陆战队士兵;还有500头牛和250辆牛车也同士兵一同过河。

当缅甸军团通过伊洛瓦底江转移时,日军并没有袭击。饭田将军原以为,英军会在敏建镇附近渡江,该镇位于赛梅肯的南面。4月29日,他下令,第55师从皎克西附近向西进军,抵达敏建;同时,第33师从南继续向该镇推进。当日本军队到达敏建时,他们英国军队早已人去城空。

阿瓦大桥毁坏不久,曼德勒随之沦陷,大桥东北面的这座江边城市遭到日军疯狂轰炸。5月1日傍晚时分,日军第18师进入了这座城市,没有遇到任何抵抗。

饭田将军最终占领缅甸的计划是:让第33师继续向位于钦敦江畔的蒙育瓦方向压进,从那儿再进一步向北进军,切断缅甸军团往印度的退路;第55师向北抵达密支那,同时,第56师沿滇缅公路向萨尔温江上的大桥压进,抵达前线的中国一侧。第18师则留在掸邦,清除中国残余部队。日军缴获的燃油和

---

① L.艾伦:《漫长的撤军,1941—1945》,伦敦,1984,第70页;V.斯科菲尔德:《韦维尔:士兵与政治家》,伦敦,2006,第262—263页。

车辆等物资，及时地为其军队提供了补给。

令人惊讶的是，日军竟然保护了曼德勒到腊戌的铁路上的谷特高架桥，整座桥完好无损。这的确出人意料，这座高架桥悬于河床825英尺的高空。其实，英军之所以犹豫不决，最终没有下令摧毁高架桥，是因为他们担心这样一来，与中国领导层的关系可能会遭到破坏。

第十七章　撤军至印度

1942年4月尾,缅甸军队向印度东北部山区撤军的准备工作进入最后阶段。4月30日,韦维尔将军致电陆军部:"战时内阁必须做出决定:要不要保护印度和锡兰。目前,我方不断接到情报,强调锡兰在战争中的重要性,但与此同时,我们却正在逐渐削弱对其的保护力度。"[1]显而易见,英国的殖民地缅甸已经完全被日军攻占,而印度东北部极有可能成为日本侵略的下一个目标。

由缅甸难民组成的先头大军早早就到达了印度,比亚历山大将军的军队提前了不少。在仰光被日军占领前,就有7万人从仰光海港起航离开缅甸,另外还有一两万人到达了缅甸西海岸的阿恰布,并从那里取道前往吉大港(孟加拉国一港口城市)。越来越多的人选择从钦敦江抵达曼尼普尔邦的英帕尔这条路线:3月有3 000人,4月人数更多。缅甸北部的难民越聚越多,他们开始穿过山区,向英帕尔艰难跋涉;[2]缅甸军团为躲避灾难,计划向印度东北部撤军就打算选择这条路线。

4月底,随着阿瓦大桥被毁坏,紧接着印度第1师和缅甸第17师就抵达伊洛瓦底江北岸到曼德勒西部地区。缅甸军团现在大约有6 500名英国士兵,22 000名印度军和廓尔喀族士兵,还有4 000名缅甸军人,此外还有1 600头牲

---

[1] 内阁办公室:《印度:主要战争电报与备忘录,1940—1943》,伦敦,1976,第165页。
[2] H.延克:《被遗忘的长征:印度人撤离缅甸,1942》(卷六),东南亚研究杂志,1975,第1—15页;S.伍德伯恩·卡比:《抗日战争》(卷二),伦敦,1958,第192页。

畜要喂养①。

多数缅甸军队计划从钦敦江山谷撤退至印度,而缅甸第2旅例外,它预计从密沙江峡谷返回印度,密沙江峡谷地处钦敦江西部。让人忧心的是,如果这条路线没有任何守军,那么它便极有可能成为日本行军的路线。4月28日,缅甸军第2旅离开伊洛瓦底江西岸的木各具,前往密沙江峡谷。此后,伊洛瓦底江西岸便再无大量军队镇守。

缅甸军团正迅速撤退至印度,但斯利姆的军队万万没有想到的是,好胜的樱井将军和他的第33师在仁安羌战役刚刚胜利结束,只经过短暂的休息,便开始了又一轮袭击。日本第215团于4月29日率先从伊洛瓦底江西岸抵达木各具。由于缅甸第2旅在前一天已经离开,这座小城当时并没有军队驻扎。此后,卡车载着日本第215团从蒙育瓦穿过一条崎岖不平但尚可通行的小路,到达钦敦江西部的对面。蒙育瓦距离钦敦江和伊洛瓦底江交汇处约50英里。此时缅甸第1师正策划穿过蒙育瓦向北撤退,沿途看到的满是难民和后方梯队军事人员。

至4月30日晚,日本侦察队已经发现河对面的村庄并没有被严密控制,原田上校向在缅甸的所有日军指挥官展示了其杰出的自我决断能力,他在夜间就将第215营第1分队以及两个炮兵队调至钦敦江对岸。军队渡过600码宽的河流,抵达蒙育瓦的北部。

此时,斯利姆的总部设在松岗,距蒙育瓦向北16英里,但似乎离前线很远。总部位于佛教寺院的一大片树林旁。晚饭后,斯利姆收到消息,蒙育瓦遭到袭击,远处几乎可以听得见爆炸声,日本炮兵为了分散正在渡河的盟军士兵的注意力,对河对岸小镇进行了炮轰。斯利姆下令斯科特阻击侵略者,与此同时,缅甸军团的总部不得不匆忙收拾行李,前往耶乌驻扎。斯科特凌晨5点接

---

① S.伍德伯恩·卡比:《抗日战争》(卷二),伦敦,1958,第473页。

到命令,但位于蒙育瓦东南部他自己的指挥部却突然遭到日军袭击,这些日军从黑暗中冲出来,对指挥部疯狂扫射。斯科特和他的参谋长迅速撤退,总部的密码文件和其他私密文件幸好都带在身上。

此时,在蒙育瓦只有一支小型作战部队,他们几乎没有机会抵挡这一波强烈的攻击。5月1日破晓后,日本军队进入了小镇的南部,很快就占领了小镇。①早晨,原田上校命令,第215营开始过河,向蒙育瓦的军队增援。当天下午,团指挥部人员和山区炮兵营也完成渡河,在蒙育瓦的日军兵力非常强大。

5月1日早晨,斯科特开始抓紧一切时间对蒙育瓦展开反攻,第63旅第17师部乘火车赶到蒙育瓦,该旅从南部向蒙育瓦进发,第13边防步枪队第2分队驻扎在公路左侧,廓尔喀人第10团第1分队在右侧。锡克人第11团第1分队和第7轻骑兵团的坦克紧随其后,向前移动,以支援前线。军队穿过了马乌,经过总部最近刚刚遭袭的地点,继续向前推进;但是,边防部队遭到了来自河对岸的大炮和迫击炮的袭击。双方随即在前线展开混战,两辆坦克被击毁。进攻被迫停止,巴洛旅长将锡克人部队调遣至蒙育瓦南部的前哨线,另外两旅回撤至马乌重新集结。

当晚,斯科特命令,第63旅第二天再次攻击蒙育瓦,而第13旅则沿着蒙育瓦—瑞波穿过小镇到达扎洛克。第13旅将在那里从蒙育瓦东部发起攻击,而斯科特带领缅甸第1旅在后方镇守,这支旅不再指挥缅甸步枪队,而只辖有皇家约克郡第2轻步兵团,共150人,还有几乎没有战斗力的拉普特人第7团第2分队,重新组成了一支含两个营的部队,以及廓尔喀人第4团第1分队,该部从第48旅借调过来。

5月2日,第63旅再次向蒙育瓦发起进攻,上午8点40分,部队从马乌开始进攻,锡克人第11团第1分队在左翼,廓尔喀人第10团第1分队在右翼。锡克

---

① I.L.格兰特,灵山三郎:《缅甸1942:日本入侵》,奇切斯特,1999,第289页。

人部队向蒙育瓦南部发起进攻,但廓尔喀人部队被困在了沼泽地迷了路,离目的地越来越远。同时,清晨时分,第13旅已经成功从扎洛克向右前进至沙卡小镇,先锋部队从那里穿过开阔的稻田,向蒙育瓦东部的灌木丛林继续进发。格瓦里斯人第18团第1分队将驻守在扎洛克和蒙育瓦间那条公路的左侧,旁遮普人部队第5军团第1团则驻守在公路右侧。格瓦里斯部队行军至蒙育瓦,在距东部铁路50码远的地方遭到敌军机枪和迫击炮压制,被困在原地。旁遮普人部队也遭到了日军军火的阻拦,虽然一个营成功夺取了镇上的铁路站,但下午刚过,就被日军反击,赶出了小镇。

随着进攻被阻断,下午3时,斯科特将军将其后备旅投入战斗,缅甸军第一旅在第63旅的协助下从南部向蒙育瓦发起进攻。天气十分炎热,就连喝水都成了奢望。但是廓尔喀人第4团第1分队通过公路和铁路之间的狭窄地带,迅速向前推进;拉普特人第7团第2分队行军至廓尔喀部队右翼,但被困在一片沼泽地,进攻受阻。而且廓尔喀族人部队也受到日军炮火阻击,被压制在火车站旁的宝塔附近。

盟军将这座宝塔加固,准备进行下一轮进攻,正在此时,上级下令,进攻暂缓。下午刚过,斯科特接到指令——似乎是来自亚历山大——要求其军队绕过蒙育瓦向东部进发。而斯利姆对该指令一无所知,后来甚至质疑这是不是日本人的诡计,但情况很有可能是,部队与军团总指挥部之间的通信出了问题。天黑后,廓尔喀部队撤出了他们在蒙育瓦经过苦战夺来的阵地。[1]

5月3日晚,斯科特带领军队穿过小镇,重新取公路向蒙育瓦北部进发。直到5月4日晚,军队在车辆队的帮助下抵达耶乌。日军突然出兵占领蒙育瓦,这给盟军造成很大麻烦,不过好在情况有所转机。据日军资料记载,盟军对蒙育瓦的进攻遭到密集炮火回应,就没有进展。第215团的史料记载道:

---

[1] I. L. 格兰特,灵山三郎:《缅甸1942:日本入侵》,奇切斯特,1999,第291—292页。

从5月2日早晨开始,敌军开始从各个方向发起总攻,其步兵团在炮火的掩护下向前进发,整个城镇都是炮火连天。他们有坦克支援,数次企图打垮我第一营,但均遭失败——这些印度和廓尔喀士兵作战十分勇敢,很多士兵中弹倒下,但后继者踏着他们的尸体继续往前冲。①

日方宣称,俘虏盟军400名士兵,其中很多人都是在蒙育瓦刚刚陷落时政府军队中被围捕的士兵。在蒙育瓦至耶乌的公路上,可以看到一支日本侦察兵连队跟在6辆被缴获的英国坦克后面,而这些坦克中有很多是在瑞当战场中被损坏,刚刚修复。英国军队遇到这些战车时,感到困惑不解,不过日军已经预料到了这一点。

缅甸军队最后的任务是迅速从耶乌撤离到钦敦江西部的卡里瓦,然后,军队将向北跋涉,进入印度的曼尼普尔邦的山林地带,最终到达英帕尔平原。5月3日,第16旅、第48旅和第17师的总部,从雪布抵达耶乌,斯利姆派第16旅保障钦敦江的渡江安全,部队从瑞琴到卡里瓦取道于此。通信兵开始渡江,2300名伤员和病号需要经由陆路撤离,沿途还有很多难民夹杂其中。物资供给越来越少,5月4日,军队下令,所有配给减半。②5月中旬,季风时节将会开始,届时河流中水位将大幅度上涨,而且道路将会泥泞难走。士兵们每天都抬头看天,其实他们不是在侦察日军的飞机,而是在寻找季风的标记——乌云的踪影。阿恰布的防卫部队人数较少,已经撤军至吉大港,此时驻守在缅甸的西海岸。

空军部队尽可能地出动战机,将伤员和平民从密支那和雪布机场运出来(伦特上尉已经住院,4月27日乘飞机离开密支那)。缅甸北部有14 000人逃离,其中印度人不到5 000,欧洲人、盎格鲁—印第安人、盎格鲁—缅甸人占绝大多数。多尔曼·史密斯总督也离开密支那,前往印度,缅甸的殖民政府已经完

---

① J.伦特:《撤出缅甸,1941—1942》,伦敦,1986,第246—247页。
② S.伍德伯恩·卡比:《抗日战争》(卷二),伦敦,1958,第473页。

全崩溃,他却无能为力。5月6日,两架飞机在机场装载难民时被日本士兵击毁,空军疏散平民的进程被迫终止。

没过多久,日军便到达了密支那,一支日军快速突击部队也于5月8日抵达小镇。近10 000名难民穿过胡康河谷的雨林逃向西北方,期望到达印度东北部的阿萨姆邦。日军占领密支那后,中国军队第5军团和孙立人的第38师与中国的通道便被切断,于是有些部队绕过小镇,沿着小路向东北方向朝中国进发,有的部队则加入取道西北方向,向印度进发。

中国军队被击败后,史迪威将军在缅甸便再也没有容身之地,好在他已经用飞机把指挥部大部分人员从缅甸雪布运送至了印度。史迪威将军和他的随从乘坐吉普车离开雪布,目的地是密支那,但事实证明这条线路太危险。史迪威带着100名由美国人、中国人和其他盟军士兵组成的小队,离开英多,穿过浓荫密布的乡村,向西往钦敦江前进。撤退途中,他们抛弃了所有的运输工具(因为道路只容得下人走)。5月20日,史迪威的这支队伍穿过了几座山,抵达英帕尔。在这次撤退中,史迪威将军已年近六旬,刚刚抵达英帕尔,他就对此次撤军做了反思:

> 历史上没有哪个军队指挥官愿意主动撤军。没有人认为撤军光荣,所有撤军都是件极其丢脸的事。我承认我们败得一塌糊涂,我们被赶出了缅甸,这简直太耻辱了。但我认为我们应该找出原因,应该反击,重新夺回缅甸。

有些人质疑,为什么史迪威将军并没有像其他的高级军官那样,仅仅选择乘飞机离开缅甸。一位美国观察家这样概括史迪威:"他是军队中最糟糕的指挥官。"但是,不管怎么说,史迪威将军有钢铁般的决心和意志。

为了抵达印度,缅甸军团必须经过一条泥泞的小路,穿过丛林,才能从耶乌到达钦敦江东岸的瑞景派,这条小路共107英里长,路面上没有铺石子,上面到处都是坑坑洼洼,崎岖不平。5月4日,撤退最后一阶段开始了,亚历山大在他的急电中写道:"任何第一次看到这条路的人都很难想象,机械化部队将如何通过这条路。"这条小路从干涸的河床上穿过,一旦下雨,机动车辆将无法通行,而且沙质的路面也使得很多民用车辆难以通过。总督乘坐的那辆黑色的劳斯莱斯夹在众多的车辆中,最后也只得抛弃掉了。缅甸第1旅在宾盖选择了另一条路,向南行军在版塔渡过了钦敦江。

在宾盖,第48旅花了整整4天时间掩护缅甸军撤退,交通工具、军队、其他杂物都借河道而过。皇家廓尔喀第5步枪队的史料记载道:

> 正是在这次撤退中,部队第一次看到了数量如此庞大的难民,也看到了这个问题的可怕。从战争起初就有难民涌现,但是现在这批难民已经变成了大部队,挤在这条狭窄的公路上,人们彼此之间冷眼以对……疲惫不堪的男人、女人和孩子们带着他们仅存的一些物品,无精打采地走过那片满是灰尘,破旧的公路,一片凄凉的景象。①

5月8日晚至9日凌晨,第48旅离开宾盖,继续行军25英里,同摩托化部队会合,5月10日凌晨3点这支部队驻守在距瑞景派2英里的地方。

瑞景派村位于钦敦江东岸,离西岸的卡里瓦下游有6英里远,正位于瑞当河口北部,附近有小片的棕榈树林和香蕉树林。旁边的平坦的稻田有300码宽,680码长,很像个盆地,盆地里点缀着成片的灌木丛,周围是陡峭的小山和陡崖,上面长满了树木。

从瑞景派到卡里瓦这一小段河段有一个渡口,共有6艘渡轮可供使用,但由于空间有限,大多数车辆都得被丢弃,艾金旅长负责士兵等人的登船事务。由于担心遭到空袭,吉大港渡船的摆渡人员觉得晚上渡河更好,不过日本空军在缅军登船时只是偶尔出现。河水眼看着一天天地越涨越高,季风季节即将来临了。

---

① 军团委员会:《皇家廓尔喀族第五步枪队(边防部队)的历史,1929—1947》(卷二),奥尔德肖特,1956,第193页。

在瑞景派南面1.5英里处钦敦江的江面上,缅军将很多舢板船绑在一起组成船队。在西岸驻守有一支部队,掩护缅军登船。再往南,一支由来自布什战争学院的埃里克·赫达维少校和麦克·卡尔弗特少校领导的侧翼防卫部队被派驻钦敦江,担任监视敌情的任务。赫达维的军队由廓尔喀族人的两个连队和英国的一个杂牌军组成。

考恩将军和第17师的指挥部人员在5月8日晚抵达瑞景派,此时,所有军队、大部分供给和运输部队都已经渡过钦敦江抵达葛礼瓦,第7师装甲旅的大部和其他几个作战连队也随着一起渡江。5月9日,大多数留下来的坦克在河岸边被就地摧毁,第63师在那晚也开拔前往葛礼瓦。

饭田将军已经给樱井的第33师下达命令:"不准放跑一个盟军士兵,让其返回印度。"于是,樱井就派了一个团的兵力沿钦敦江峡谷拦截缅甸军团。5月4日,这支兵力还带着一个工兵团离开蒙育瓦,工兵团共装备了40辆摩托艇和一些驳船。一部分军队率先由陆路沿钦敦江岸前进,其余则直接坐小船沿江上行。5月8日晚至9日凌晨,日军水上先锋队在赫达维的侧翼防卫军毫无察觉的情况下渡过了河。赫达维已经接到命令:于翌日向北撤军。而且已经离开了钦敦江,准备在内地建一个夜间防御地带。而此时日本先锋队已经在瑞景派以南9英里的地方登陆,5月9日夜间至10日凌晨,向瑞景派村进发。

5月10日早晨,驻留在瑞景派的江东岸的英国军队包括:第48旅、贾特人第9团第1分队、印度第1陆战队、山炮连第12连队和第3轻机枪队的一支部队。贾特人部队负责担任南侧盆地的防卫任务,但他们只有两支步枪队,因为其第三支步枪队则被派往瑞景派对面的河西岸,第四支步枪连已由海路从仰光撤离。廓尔喀族人第7团第1分队夜间就临时在杰特部队后的稻田里宿营。

斯利姆的指挥部建在葛礼瓦外面的丛林里,位于钦敦江西边。斯利姆对最后一阶段的撤军进展如何,很是焦急。大约早上5点30分,他的参谋和他一同到达瑞景派的码头。此时天已亮,两人刚一靠岸,敌人就用机枪和迫击炮开始在盆地的南边进行轰炸,人们头顶上飞过一波波红色炮弹。斯利姆穿过一片开阔地,碰上了廓尔喀族人第7团第1分队的士兵,他们潜伏在灌木丛里、土丘后,以及任何他们能找到的藏身之处。斯利姆战前指挥过该部队,藏身在灌木丛之后的老战友撒哈曼将军对他面带微笑。斯利姆冷冷地问他为什么笑,他答道:看到将军独自一人在战场上游荡,不知该往何处,很是有趣。①斯利姆也想藏起来,但他觉得不能做这样的表率。

天刚亮,日军攻击了守着盆地南边和东南边的贾特人的部队,在廓尔喀族人第7团第1分队的帮助下,贾特人抵抗住了日军第213营第2分队的首轮攻击。第48营指挥部负责推进阵地,廓尔喀族人第3团第1分队和第4团第1分队则负责占领盆地东侧的阵地。这一切行动在日军第2军团第214营进攻前就及时结束。日本人为了支援此次进攻,动用了一支马队运送山炮,中午时分,日军便用山炮向盆地开火,但盟军迅速使用博福思式防空高射炮将其打毁,廓尔喀步兵队将士对这一成功壮举热烈欢呼。

盆地东部和南部战场的战斗正在进行,斯利姆也留在了瑞景派。他看见了渡口上游弋的最后一只游轮。装甲旅已经登船,其他部队也在等候上船,岸边的避难所里约100名印度难民痛苦地挤成一团。斯利姆回忆道:

> 坦克旁边就躺着个可怜的女人,她就躺在路边,天花晚期,只剩一口气在了。她的小儿子只有四岁大,体格瘦小,正在费力地用一个英国士兵给他的牛奶罐喂他妈妈。我军一个在渡口参与救治工作的医生抽空给她注射了疫苗,但他们实在无能无力,她还是死了,我们从一个印度家庭那里拿了条毯子并将这个男孩一起带上了船。②

剩下的难民获准登船。史密斯邓,是克伦邦的一名官员,发现了货车后面有名年轻女子马上就要分娩。由于渡轮不再能使用码头,但还有3艘轮船从码

---

① W.斯利姆:《从失败走向成功》,伦敦,1956,第107页。
② W.斯利姆:《从失败走向成功》,伦敦,1956,第110页。

头北面的悬崖靠近,以完成最后的疏散撤离。那晚,斯利姆坐船回到了总部,宣布放弃瑞景派。

下午晚些时候,第48旅奉考恩将军的命令,入夜后沿河岸向北撤退,退回到葛礼瓦的正对面。军队可以在这儿坐渡船渡河。下午7点55分,盟军对盆地周围所有的日军占领的阵地集中开火,掩护其撤退,一个连队的战争日记显示:

> 博福思式防空高射炮的炮弹照亮了慢慢黑下来的天空,这给撤退做了主要掩护,这响声中透着兴奋,我们在缅甸的整个时期都没有提到过。8点15分,枪声炮声停息了。5分钟之后,我们接到了撤军的命令。我们离开盆地的时候,成堆成堆的库存弹药、坦克和卡车上都燃起了熊熊大火。这个夜晚可怕而又让人抑郁,这么多的物资就这样丢在了那儿。日军那边悄无声息,他们物资显然已经够用了。[1]

英国军队沿着丛林的小径撤退,黑夜中士兵和牲畜蹒跚前行,速度非常缓慢。

日军对斯利姆部队的撤退没有立即追击;他们则忙于抓俘虏,攫取盟军留在盆地中的军备,这里是缅甸军团最后的墓地。盆地和周围地区到处都是车辆,数以百计,遗弃的弹药库燃烧着大火。这次战斗,缅甸军团有150人伤亡,日军80人死亡,160人受伤。英军的炮击,包括销毁剩余弹药时的炮击,导致了较大伤亡。

5月11日考恩的军队在钦敦江的葛礼瓦对岸成功渡江。缅甸军团的后备军也于12日上午撤离葛礼瓦;一些军队走陆路,而其他的一些军队则乘坐轮船抵达锡当。一到锡当,部队就将船只凿沉,然后沿着一条小路继续行军至塔木;所有辎重则由5头大象帮助驮运。5月12日晚,日军占领了葛礼瓦。进攻有短暂的中止,之后樱井的军队利用渡轮继续推进至钦敦江,不过在这途中没

---

[1] C. 麦肯齐:《东方史诗》,伦敦,1951,第498页。

有再次与缅甸军团发生交火。①

就在缅军的后备军离开葛礼瓦的时候,季风所携带的第一场大雨也如期而至。不过,随后的一周天气状况良好。陆军准将戴维斯回忆说:"每个人都在私下里合计,这几天倾盆大雨肯定会给公路造成破坏,那条通往阿萨姆邦的生命线也难以幸免,它肯定会变成一片沼泽,不可逾越。空气中弥漫着紧张:这样的天气会持续多久呢?"②天下雨的时候,远处高山的群峰就会消失在云丛中。

葛礼瓦距离在马普尔的铁路尽头有200英里的路程。在旱季,从葛礼瓦到塔木的公路较适合机动车辆行进;过了塔木,可以选择那条可供骡马行走的小路到达英帕尔平原的南端普勒尔,这也是条只有旱季才能行走的路。之后就是条四季都能走的公路了,一直通往马普尔。

塔木村在印度边境,海拔500英尺,但是要抵达帕莱尔,必须得翻越5 000英尺高的什阿姆山口,印度第23师第1旅需要行军三天才能抵达该山口。韦维尔决定将什阿姆山口作为新的前线。第23师的史料描写该山口及其附近的小山时说道:这儿就像一个古老的要塞,阴森森地蔑视着东方。③一旦过了什阿姆山口,就有条路一直通到普勒尔。机动化运输队在普勒尔待命,准备将这些疲惫之师运往英帕尔和周边的营地。第48旅在5月21日抵达普勒尔,第63旅于第二天才到。这些军队是缅甸军团仅存的作战编队。缅甸殖民地已经被远远地甩在了后面,5月18日的夜晚大雨倾盆,浇透了士兵的衣服。

作为曼尼普尔邦首府的英帕尔,坐落在一个海拔2500英尺的大山谷中,不过已经被日军轰炸殆尽。整个英帕尔平原就像是群山中的一块绿洲,周围阡陌纵横,一片荒芜,让人心生畏惧。曼尼普尔邦的指挥官对这群衣衫褴褛的缅

---

① 军团委员会:《皇家廓尔喀族的第五步枪队(边防部队)的历史,1929—1947》(卷二),奥尔德肖特,1956,第198页。

② R.列文:《参谋总长:陆军元帅韦维尔》,伦敦,1980,第104页。

③ A.J.F.道尔顿:《战斗雄鹰:印度23师的传记,1942—1947》,1951,第12页。

甸军人并无多深印象,这是一支由后备军梯队,从战场上逃下来的士兵,还有难民组成的队伍,毫无纪律可言,给人一种完全溃败的印象。

5月20日,陆军中将N.M.S.埃尔文的第4军团总部接管了对边境地区所有军队的指挥权;缅甸军队总部和亚历山大的使命就此结束。新动员的第23印度师,由雷金纳德·萨沃里少将指挥,负责防守通往英帕尔的道路的安全。然而,这个师"在到达阿萨姆邦时七零八落,倒像支送葬的队伍"。[①]在英帕尔,降雨造成了蚊子的泛滥,疟疾横行,季风雨很快将山地变成了沼泽。

难民跟在部队后面,步履蹒跚地往印度撤离。卡包山谷是有名的"死亡之谷"。有一次,准将艾金看着一位年迈的印度老者怎样走过这段路程:

老人骨瘦如柴,艰难地蹒跚而行,枯瘦的肩膀上扛着一根扁担,两头挑着的是两只小桶——很典型的印度农民取水的那种桶。两只桶里坐的都是男孩,一个一岁,另一个两岁;两个孩子默默地看着桶外的世界,吮吸拇指,眼里满是困惑。老头儿……(说),这是他的孙子,是家中仅存的活人了,从仰光撤退开始,家中的奶奶、爸爸、妈妈、叔叔、婶婶,8位亲人已经相继死在途中。[②]

前往英帕尔的难民成了洪流一般。仅5月24日一天,就有5 000名难民通过什阿姆山口。军队也无能为力,面对他们的苦难,只有同情。一名观察员记录:

他们沿着我们的线路前进,饥饿瘦弱,衣衫褴褛,脚上没有鞋子,身上满是疮疡,各种疾病这儿都能看到。饱受霍乱、痢疾、天花、疟疾折磨,他们的身体已不堪重负,他们更像是一具具人的残骸。[③]

超过40万的难民艰苦跋涉由陆路从缅甸撤到印度。19万人渡过钦敦江后通过了塔木抵达英帕尔。数千人长途跋涉,穿过缅甸北部的利多和阿萨姆

[①] A.J.F.道尔顿:《战斗雄鹰:印度23师的传记,1942—1947》,1951,第10页。

[②] T.卡鲁:《漫长的撤军》,伦敦,1969,第263页。

[③] A.J.F.道尔顿:《战斗雄鹰:印度23师的传记,1942—1947》,1951,第20页。

邦。在胡康河谷,这些可怜的军民彻底领略了季风的威力,饱受折磨。①

6月,流入什阿姆的难民潮有所减少,但难民的健康情况比以前更糟。6月底撤退结束,可前线的士兵还躲在潮湿的战壕里。巡逻兵发现很多道路上遍布腐烂的尸体。在锡福斯高地,人们只能戴着防毒面具,清除在塔木和普勒尔间沿途的尸体。据估计,从缅甸到印度撤退途中的男女老少的平民死亡总数为1万~5万人。②

缅甸军队大约有3万名士兵回到印度。第1缅甸师和印度第17师合并,组成一支1.2万~1.3万人的队伍;还有其他的兵团和部队合起来有3万军力。随着撤出的有28门山炮、反坦克炮等易携带的武器装备,但实际上,其他所有设备几乎都丢失了。

有些连队的军力在到达英帕尔后已经非常少了,许多士兵因伤病等原因离开部队。掉队的散兵游勇又加入撤往印度残部中,走完了撤往印度的最后一程。6月11日,皇家燧发枪团只剩下114名将士。而国王约克郡步枪队第2队抵达英帕尔时只剩下9名军官和70名士兵。许多其他营的损失程度与此相近。③

缅甸步枪团约有800人到达印度。第2营有许多是克伦人,是唯一一支仍然保持较完整的连队。缅甸第4步枪团是一支复合的连队,士兵来源于不同连队。缅甸沦陷后,约一半的缅甸军部人员选择留在了部队,还有一半人选择了解甲归田。

一些印度和廓尔喀人部队患病士兵较少,直至战役结束时仍保留了较强

---

① H.延克:《被遗忘的长征:印度人撤离缅甸,1942》(卷六),东南亚研究杂志,1975,第2页;S.伍德伯恩·卡比:《抗日战争》(卷二),伦敦,1958,第192页。

② J.伦特:《撤出缅甸,1941—1942》,伦敦,1986,第271页;H.延克:《被遗忘的长征:印度人撤离缅甸,1942》(卷六),东南亚研究杂志,1975,第2页。

③ F.福克斯:《二战中的皇家恩尼斯基伦燧发枪团》,奥尔德肖特,1951,第42页;J.拉蒂默:《缅甸:被遗忘的战争》,伦敦,2004,第111页。

的战斗实力。前线第12团第4分队和廓尔喀第5团第2分队在抵达英帕尔时还剩余300~400人。① 廓尔喀人第4团第1分队和第7团第1分队也有足够的兵力。贾特人第9团第1分队,虽然高格力县的战役中情况窘迫,但战斗力恢复良好,到瑞景派仍有3个步兵连的兵力。

具体数字列举如下:②

	死亡	受伤	失踪	总数
军官	133	126	115	374
英国其他人员	348	605	647	1 600
总督行政人员	63	60	83	206
印度/廓尔喀族其他人员	706	1 678	5 472	7 856
	死亡	受伤	失踪	总数
缅甸的连队	249	126	3 052	3 427
总数	1 499	2 595	9 369	13 463

日军宣称,在缅甸俘虏的战犯是4 918名,这个数字准确可信。战犯大部分是印度人和廓尔喀人;350名欧洲人,中国人只有50名。在失踪的缅甸陆军中,几乎有4 500人还没有算在内。很多缅甸人离开部队,回到了家园,其他的人则死于伤病。按照"失踪推定死亡"的原则,缅甸军队死亡总数大约3 000人。还有受伤的士兵数量则包含在战俘之列。

缅甸的许多陆军连队的详细伤亡名单很难准确统计,尽管很多信息很有用。原来的两支英军部队在缅甸的5个月的战役中遭受到沉重打击。国王约克郡步枪队第2队加入战斗时有550名官兵,约160人死亡,另有80人做了俘

---

① W. E. H. 康登:《边防部队兵团》,奥尔德肖特,1962,第406页;军团委员会:《皇家廓尔喀族的第五步枪队(边防部队)的历史,1929—1947》(卷二),奥尔德肖特,1956,第185页。

② B. 普拉萨德:《撤出缅甸,1941—1942》,加尔各答,1959,第394—395页。

房。格洛斯特第1团有8名军官和156名士兵死亡,11名军官受伤。①廓尔喀人部队第5营在缅甸的锡当河一役中就有800名士兵死亡。对于整体战役而言,廓尔喀人第4团第1分队受损较轻,按照"失踪推定死亡"的原则,仅1名英国军官、3名廓尔喀人军官,还有103名廓尔喀其他队伍士兵死亡。廓尔喀人第5团第2分队战后统计的伤病名单则是死亡39人,75人受伤,149人被俘,280人失踪。廓尔喀人第3团第1分队和俾路支第10团第7分队在缅甸一个南部地区也遭受了沉重的损失。

日军的伤亡数字高达2 431人,主要死于盟军的攻击,以及热带疾病。②师团所做的死亡人数统计如下:第18师123人,第33师730人,第55师702人,第56师286人,陆军各连队590人。日军的统计也没有受伤人员的精确数字。在马来西亚的战争中,日军受伤人数与死亡人数之比几乎达到2∶1。第15军的伤亡总数和其相似,应该大约有4 500名士兵受伤。

在缅甸,盟军空军损失了116架战机,其中有65架参与了空战。日军方面记录统计与此相似,说盟军有117架战机被毁,参战的有60架。③空军伤亡损失相比军队损失较小,但往往占空中连队战斗力比例很大。美国的飞虎队损失23名飞行员,有的死于战斗,有的则死于事故,这几乎占了总数的四分之一。丘吉尔对飞虎队称赞不已,写道:"美国人在缅甸的稻田上空所获取的胜利堪与不列颠之战中英国皇家空军在肯特草场上空所获得的胜利相媲美。"④

---

① R.E.S.D.A.坦纳:《1942年缅甸:撤退的记忆》,斯特劳德,格洛斯特郡,2009,第73页;D.S.丹尼尔:《荣誉之冠:格洛斯特郡团的故事,1694—1950》,伦敦,1951,第286页。

② J.N.麦凯:《历史的威尔士亲王的廓尔喀族第四步枪队,1938—1948》(卷三),伦敦,1952,第123页;军团委员会:《皇家廓尔喀族的第五步枪队(边防部队)的历史,1929—1947》(卷二),奥尔德肖特,1956,第201页。

③ S.伍德伯恩·卡比:《抗日战争》(卷二),伦敦,1958,第210页。

④ 余毛春:《龙的战争:盟军行动和中国的命运,1937—1947》,安纳波利斯,马里兰州,1937,第45页。

英国皇家空军的飞行员和飞虎队的队员在抗日战争中都做出了自己的贡献,但是也付出了沉重的代价。但在战斗中,缅甸的英国皇家空军几乎完败,在盟军地面部队尚未推进之前,就被日军空军赶出了缅甸。在1942年的头几个月里,日本的陆军、海军和空军在东南亚各地都赢得了胜利。

鲜为人知的是,中国军队在缅甸的损失很小。日本人几乎没有像往常那样,俘虏中国士兵。这是因为,中国人主要承担了基本的医疗服务,而且盟军也不太可能有足够的交通运输工具来疏散撤离伤病员。英国联络官估计,在缅甸的中国军队有7万人;鉴于日军从同古向北推进的速度,可能有成千上万的中国军人落入日军之手。从日军惨无人道的本性来看,这些人可能被日军当场杀害了。中国军人的死亡人数未见有记录,所以也就无从知晓了。

第十八章　战败的后果

缅甸的失守使得盟军遭受惨败,也使得英军和中国军队的原定计划被打破,而被迫逃离殖民地,逃窜到印度东北部和中国西南部的万山群中寻求庇护。据兰特上尉回忆:"我们对此番撤退记忆犹新的是战乱中遍地狼藉,混乱不堪,九死一生,而这都是迫于敌军不断的施压。"①当斯利姆将军回忆1942年的战役时,他写道"日军死缠烂打,咄咄逼人,从未消停过"。跨越千里,历时三月的撤退既耗尽了每一丝军力,也推倒了英属殖民地缅甸的民主政府。"眼睁睁地看着这个小国家的城镇在战火中成为废墟,成群的印度农户因霍乱在返回印度的途中死在了路边,或被对印度人深恶痛疾,残酷无情的缅甸帮派分子拦路截断。此情此景让我心生厌恶。"②兰特写道。对缅甸人来说,英政权的瓦解和蒙羞是一种革命,他们的世界被颠覆了。英国的统治自有两套自圆其说的讲法,一是创造了一个稳定的内部政府,二是保护不受外来侵略。无论哪种说辞,失败都是在所难免的。

由日军扶持的缅甸独立军的横空出世,使得缅甸人对英国统治的不满表现得毕露无遗。印度大山炮队的帕特·卡米歇尔中尉承认说:"我认为我们对缅甸人的厌恶不亚于我们对日本人的厌恶,他们始乱终弃,残害难民。"③缅甸的村民经常被怀疑向侵略者暴露英军的行踪。在4月中旬,第2中队的格兰

---

① J.伦特:《撤出缅甸,1941—1942》,伦敦,1986,第18页。

② J.伦特:《撤出缅甸,1941—1942》,伦敦,1986,第19页。

③ R.E.S.D.A.坦纳:《缅甸1942:撤军回忆录》,斯特劳德,格洛斯特郡,2009,第174页。

德·菲兹帕特里克中尉枪毙了27名缅甸人,认为他们不是土匪就是特务。①

缅甸军被打败了,但尽管如此,饭田将军的"东方闪电战"也在钦敦江畔戛然而止。横跨印缅前线的山脉被密林覆盖,形成一道巨大的屏障。此时,印军的主力,包括其训练有素的编队,都分散在中东或新加坡的战俘营。因此军队的新生力量需要被用于防卫印度东北部。而印度也幸好有巨大的人力储备来胜任此任务。

韦维尔将军在印度重整了军队,使得东方司令部全权管控印缅边界。东方军管辖两大军团总部:与第17、第23印军分部一道驻曼尼普尔和阿萨姆邦的第4军团以及同第14、第26印军分部一起驻孟加拉的第15军团。而英军第70分预备队正驻扎在比哈尔省的兰契市。

英军在英帕尔的主力借助群山这一天然屏障来重组军队。对驻曼尼普尔和阿萨姆邦的军队来说,加尔各答成为了他们的大本营。让这条通往狄米普的单米轨铁路来补给一场全面战役是捉襟见肘,十分吃力的。阿萨姆邦通往孟加拉的铁路也是为当地的茶园服务的。要想渡过连桥影子也看不见的雅鲁藏布江,渡船是必不可少的。

剩余的缅军被纳入了印军。而苏格兰第1缅军分队被拆分了。印军第17军则亟待长期休养生息,重建。印军第23军在1942年雨季被部署在英帕尔前线。军团的三个步兵旅和第49旅在6月1日被部署在英帕尔的斯拉木和普勒尔。与此同时,第37旅则负责看守从东边通向英帕尔平原的铁路。

英帕尔雨季的雨量堪称世界第一。在上海和新加坡裁员后前年来到印度的西弗斯高地第1军的苏格兰士兵觉得英帕尔的天气甚至比他们老家的还要阴沉。一旦雨季全面来袭,山顶就会终年云雾缭绕,水汽湿重。进入7月后的

---

① R. E. S. D. A. 坦纳:《缅甸1942:撤军回忆录》,斯特劳德,格洛斯特郡,2009,第103页;J. 拉蒂默:《缅甸:被遗忘的战争》,伦敦,2004,第100页;J. 伦特:《撤出缅甸,1941—1942》,伦敦,1986,第174页。

前十三天,在英帕尔,阴雨连绵,从未停息。疟疾肆虐,病患率高达40%。部队了无生气,落魂湿漉,沦落到住在漏水的小竹屋里。前进中的巡逻部队与警戒部队在与自然做殊死搏斗。用汽车无法沿铁路运输补给物资,骡子就成了沿铁路搬运物资的有生力量。第23军团带上了超过两个月的军粮上路了。从9月开始,天气渐好,但钦敦江以西,日军仍了无踪迹。[1]

远在亚太地区发生的事件对日军进军缅甸、印度有决定性的影响。在菲律宾,日军在早春4月蹂躏了巴丹半岛。5月6日,菲律宾最后一道防线,克雷吉多尔岛堡垒,也分崩离析了。随着最终对缅甸北部和克雷吉多尔岛的攻克,日军对东南亚的侵略也基本大功告成。攻占所罗门群岛和巴布亚岛(新几内亚岛的旧称)的又一轮计划也在紧锣密鼓的布置中。这么做的目的是在澳大利亚和北美之间树立隔阂。从巴布亚岛南岸进攻摩尔斯比港的水陆两栖作战计划也在实施当中。在后续的珊瑚海战役中,从5月4日至8日,日军和美军各损失了一艘航母,而日军的另一艘航母也遭受重创。

海军上将山本,在珊瑚岛战役几个星期后,策划了对中太平洋的总攻。山本对中途岛和夏威夷西北部的攻击,旨在把美国太平洋舰队卷入大决战。但美军的破译人员发现了日军的不诡图谋。6月4日,四艘日本航母,在著名的中途岛海战中被击沉。此后,大日本帝国的海军由主战转为应战,太平洋的战况也时过境迁了。

由于从海上进攻摩尔斯比港已不再切实可行,在1942年7月末,日军主力转为从陆上沿科科达铁路进军摩尔斯比港镇。那时,在摩尔斯比港的,只有一小队澳大利亚的守卫队。几个月前,澳大利亚军团抵达了澳大利亚,经过长时间的耽搁,被派遣到巴布亚岛。军团的总部在8月8日设立在了摩尔斯比港。与此同时,驻锡兰的澳大利亚第6军团的几个旅终于在8月初从科伦坡远渡重

---

[1] A. J. F. 道尔顿:《战斗雄鹰:印度23师的传记,1942—1947》,奥尔德肖特,1951,第28、36—37页;R. 卡拉汉:《缅甸,1942—1945》,伦敦,1978,第48页。

洋抵达了墨尔本。

在1942年8月7日,美军乘中途岛战役的节节胜利,乘胜追击,便派海军在所罗门群岛西南部最南端的瓜达卡纳尔岛登陆。从海陆空发起进攻,瓜达卡纳尔岛很快便成了惨绝人寰、恢宏壮丽、旷日持久的相持战。日本帝国海军的主力舰队与充分备战的预备队被卷进了所罗门群岛的持久战中。在所罗门群岛和新几内亚新成立战争委员会,意味着身在东京的军事策划者们曾经能够一手策划大反攻的日子一去不复返了。

20世纪40年代下半期,考虑到在中途岛和珊瑚岛的惨败,虽然侵略锡兰或东印度的可能性不大,但日本在印度洋的军事意图仍不明朗。在同盟国的军事将领之间存在这样的疑虑,那就是日本可能会冒险陆攻印度东北部。这并不是杞人忧天、毫无根据的猜想。7月设在东京的皇家司令部给第15军下达了策划进攻曼尼普尔和阿萨姆邦的命令。抢占雅鲁藏布江可能会切断通往中国的航线从而进一步孤立蒋家政权。8月22日,东京下令计划正式实施。但此计划最终搁浅了,1942年10月23日,考虑到所罗门岛危机的前车之鉴,皇家司令部给南征军下达了推迟进攻计划的命令。[1]日军对从已占领的上缅来封锁中国的西南部早已心满意足,已无意再对那片土地心存歹念。

一旦日军筋疲力尽,韦维尔就决定先发制人,重新夺得主动权。在德里他看着一张缅甸的地图说:"想想此刻日军是多么捉襟见肘,神经紧张,要是我们对日军能一击毙命,还要更待何时!给我在印度的一个兵团,我一定身先士卒,手刃日军!"[2]韦维尔告诉伦敦,在即将到来的旱季,他对任何可能的进攻任务都蓄势待发,欣然前往。韦维尔在9月17日写给参谋长的信中写道:"只要勇往无前,坚定不移,我们就能小觑日军在缅甸的行动……日军从未如此被

---

[1] I.L.格兰特,灵山三郎:《缅甸1942:日本入侵》,奇切斯特,1999,第325页;S.伍德伯恩·卡比:《抗日战争》(卷二),伦敦,1958,第308页。

[2] P.梅森:《荣耀》,伦敦,1974,第494页。

动,对此他们很难驾轻就熟。"①1942年—1943年的旱季,韦维尔决定发起一场小规模的反攻战来夺回被封锁的缅甸西部位于阿拉干地区的阿恰布港。但他却缺兵少卒,军力不足。

有一个旅兵力的守卫队被安插到了日军在钦敦江东岸防线的后方。这支军队将由奥德·魏格特上校领导。它将负责动物的陆上运输和航空运输。在缅甸塔身上常见的神兽,貔貅(半狮半鹰),被选为新的队徽。

从1942年10月末开始,日本空军便对驻阿萨姆邦、曼尼普尔和孟加拉东南方的英国皇家空军机场进行时不时的突袭。对加尔各答第一天晚上的突袭发生在10月末。虽然投放的炸弹并不多,但足以在这人口密集的港市,造成重大伤亡。在接下来的一个月里,一架英国皇家空军的夜间战斗机击落了日军数架轰炸机使得突袭被速战速决。②

在日军占领缅甸,隔离了通往中国西南地区的路线后,美军仍向中、缅、印三大阵营输送兵力。1942年7月4日,美国志愿军被并入了美国空军,重命名为中国空中任务军。在这支空军当中,一些飞行员留在了中国,但大部分都回国了,其他的则奔赴各大战场去了。身在中国的美国资深飞行员,陈纳德又重返美军,当上了陆军准将。他回忆在中国的那段时间说:"我总认为中国人既友好又合作。而日本人则时不时给我带来不痛不痒的麻烦。英军在缅甸历尽艰辛,但华盛顿在整个战争中却无时无刻不在制造麻烦!"③陈纳德认为华盛顿对中华民族的不近人情左右着这一地区的局势。他同时也相信斯狄奥威尔将

---

① R. 卡拉汉:《缅甸,1942—1945》,伦敦,1978,第49页。

② H. L. 汤普森:《新西兰皇家空军》(卷三),惠灵顿,1959,第289页。

③ 余毛春:《龙的战争:盟军行动和中国的命运,1937—1947》,安纳波利斯,马里兰州,1937,第45页。

军在推进西方阵营在中国的形成上不作为,因为后者是那么不合群。①史迪威虽是一名美国将军,却名不副实,手无兵权,而这总给他的任务拖后腿,使他折翼。在缅甸沦陷后,史迪威仍在中、缅、印三大阵营中担任资深美军指挥官,而他与蒋家和重庆政权的斡旋也遥无期限。

即便做出再大牺牲,华盛顿还是尽其所能地在印度和中国之间建起了一条航空服务线。美第10空军驻军在印度,为监督空运,更是成立了中印渡船司令部。运输机也开始了危险重重的500英里的旅程,从位于雅鲁藏布江峡谷的机场起飞,飞越拔地而起,高达15 000英尺,终年被皑皑白雪覆盖的山峰,抵达昆明。在这条所谓的"驼峰"航线上定位困难,因天气造成的损失远胜过敌机带来的损失。到1942年中,仅有屈指可数的补给被运达昆明。到1942年10月,运到货物的吨数仅达1 227吨,且在接下来一年内并不会有显著提升。②1942年10月,在中、缅、印三大阵营中的美军人员有17 000人。

1942年,印度政府面临来自国家防线的重重挑战。民族主义者煽动政治改革可能会分散转移印度政府在战争上的方向。1942年3月,当斯坦福·克利普斯先生,前驻苏联大使和社会主义政治家,抵达印度召开为期三个星期,会期延至4月的宪法讨论会时,伦敦政府尝试去平息局势。

克利普斯给由印度人统治的来自英国内阁的国会党领导者的建议是在战后,选民团应为印度起草新的宪法。同时,国会这个民族主义浓厚的团体被邀请加入中央政府。穆斯林联盟在巴基斯坦建立自己家园的呼声也日益高涨。他们的呼声得到了良好的回应,因为驻印英军依赖穆斯林的支持。

毫无疑问,多次谈判都以失败告终。国会领导阶层希望全权掌管中央政

---

① 余毛春:《龙的战争:盟军行动和中国的命运,1937—1947》,安纳波利斯,马里兰州,1937,第41页。

② W. F. 克雷文,J. L. 凯特:《二战中的空军》(卷七),芝加哥,1958,第115、127、123页。

府并希望把国防部移交给印度政治家管。①然而,丘吉尔对激烈冲突中英国管控印度并无反对之意。英国领导的政权仍得到王子们的支持,而印度超过40%都是由王子们统治的。商业利益和军事扶持珠联璧合的传统是皇家政权的顶梁柱。

4月默哈玛·甘地开始在他的演说中使用"放弃印度"的标语。从5月至6月,甘地总是提到组织一个新的平民反抗运动来瘫痪政府。7月14日,国会党的工会发布了解决方案,要求结束英国对印度的统治。议会领导应于8月8日在孟买会面,英国官员预计这会给首脑带来危机。9日的早些时候,甘地和其他的议会党派领袖在德干的艾迈德纳格被捕并监禁,甘地被关押在阿迦汗宫。

印度许多地方爆发骚乱、罢工,破坏行动一浪高过一浪,纷纷抗议逮捕议会领袖。骚乱首先在孟买和德里爆发,在波及农村之前,首先向印度东部和南部的其他城市蔓延。铁路、电报、警察局和哨所等地首当其冲。通往加尔各答的铁路多处遭到破坏。孟加拉、比哈尔以及和联合省的通信中断。警察在此次危机中的表现软弱无力,大批军事力量被部署去支持民政当局。57%的步兵力量参与了此次行动,军队被派去守卫铁路桥和交通枢纽。东部的军队动用了航空母舰扫射破坏巴特那附近铁轨的暴民。②穆斯林联盟未曾参与此次事件,全国的穆斯林地区也保持了克制。

危机发生6个星期后恢复了秩序,但是到9月下旬危机中最糟糕的情况已经过去。全国又重新回到了政府的控制之中,并没有采取军事管制措施。暴乱呈现出地域性和零碎化特征。当局认为逮捕议会领袖让此次暴动变得群龙无首。议会发言人声称政府的行动让和平行动演变成了暴力抗议。数以千计的国会议会和不同政见者长时间被关押在狱。即便许多英国官员认为整个世

---

① G. N. 莫尔斯沃思:《天堂国的宵禁》,孟买,1965,第222页。
② G. N. 莫尔斯沃思:《天堂国的宵禁》,孟买,1965,第234页;S.伍德伯恩·卡比:《抗日战争》(卷二),伦敦,1958,第245—247页。

界在蒙受着灾难,政府随时会受到攻击,但没有迹象表明日本国大党会发生冲突。

尽管戍卫部队增加到好几个师,西北前线省份在夏天的攻势令印度指挥部焦躁不安。瓦济里斯坦的山区是法基尔领导的叛乱部落长期盘踞的大本营。瓦济里斯坦地区维持着强大的军事存在,但在5月部落武装包围了位于托奇山谷上部的一个政府哨所。另外两个旅也被派往瓦济里斯坦的北部,这样一个师的救援力量得以部署。该纵队从7月底开始着手恢复秩序。①

到1942年底,同日本的战争切断了东南亚与世界其他地区的联系。印度的广大地区依赖进口大米,很大一部分由缅甸供给。缅甸是世界最大大米出口国,数以百万的异国人依靠着殖民地的农业。日本占领着整个东南亚地区,印度无法从其他地区进口大米。在印度,万一遇到粮荒,他们总是从缅甸获得大米供应以确保平安无事。

1943年期间,有着大约6 100万人口的孟加拉陷入了1910年以来最严重的粮荒。这是一次很大的冲击,因为人们对英国占领下的印度解决饥荒的能力半信半疑。孟加拉的粮食缺口并不大,但在一个物质生活极其匮乏的经济体系中,任何缺口都是潜在的灾难,因此犯错的余地很小。孟加拉大约消耗印度进口大米的三分之一,该地区的人们80%~90%的热量都从大米中摄入。其他对大米依赖性较小的邦和省来说可以重整当地的食物市场以避免饥荒。②

孟加拉的饥荒状况1943年5月开始蔓延,到年底饥荒最为严重。一旦孟加拉农村地区食物极度匮乏,那儿的人们便开始从农村逃往较大的城镇以及加尔各答的大城市。12月的粮食会缓解饥荒。但是疟疾、霍乱以及天花的传染会肆虐整个邦。中央政府饥荒委员会的报告指出大约十分之一的人口受到

---

① A. 沃伦:《瓦济里斯坦,伊辟难民与印军:1936—1937年西北前线的叛乱》,卡拉奇,2000,第254页。

② A. 杰克逊:《大英帝国和第二次世界大战》,伦敦,2006,第323页。

饥荒严重影响,但传染病的肆虐几乎波及整个印度。1943年孟加拉邦大约超出正常死亡人数100万人。饥荒委员会指出,1943年—1944年间,大约有150万人直接死于饥荒和随之而来的传染病。①如果饥荒持续到1946年的话,超出正常死亡人数将会多达300万。毕竟在战争结束前贸易和行政管理情况不会回归正常。

在二战爆发之前,东南亚的大米出口占了世界大米出口的七成,而缅甸就占了37%,大部分出口大米都流向了印度和锡兰。这种特殊商品在世界贸易中突然中断势必会对世界某些地方产生影响。更糟糕的是,失去缅甸大米对印度的影响和失去的大米重量不成比例。战时物价上涨,通货膨胀早已让印度大米市场不堪重负。按一项指标来看,1941年9月大米的价格比1939年8月大米的价格高了69%,1943年5月大米的价格更是比1942年11月高出3倍之多。一旦大米过于昂贵农民负担不起,农村的分销网便会消失,饥荒变得不可避免。②更糟的是,通货膨胀是大饥荒的推手,无物能出其右。但是失去缅甸和东南亚的大米供应是导致印度大米市场崩溃的直接原因。

饥荒委员会在其观察报告中提到,孟加拉政府在缅甸沦陷后已经将大米出口减少,最终停止了出口。③来自缅甸的难民潮使孟加拉对粮食的需求增加。

退出印度的运动也严重影响了铁路运营和地方政府的运作,这种战况在整个的危机期间都是这样。战时运输短缺、日本帝国海军对孟加拉湾的控制,都使情况变得很糟糕。

印度德里政府承担了来自外界的批评。该国已经有几十年都没有发生大

---

① 印度政府:《饥荒调查委员会:孟加拉饥荒的报告》,新德里,1945,第1—2页。

② 修伽陀·博斯:《孟加拉、霍楠和东京湾的饥荒,1942—1945》,现代亚洲研究,1990,第716页;程孝华:《缅甸稻米产业,1852—1940》,吉隆坡,1968,第201、206、217页。

③ 印度政府:《饥荒调查委员会:孟加拉饥荒的报告》,新德里,1945,第28页。

的饥荒,政府对饥荒的应对措施显得不合时宜。虽然1942年干旱,虽然孟加拉并没有作物歉收,这在传统上说,是给当局的一个警示,饥荒即将到来。饥荒的传闻给官员的士气造成毁灭性的打击,这些人努力工作,就是要防止这样的事情发生。

日本没有在1942年或1943年侵略孟加拉,这也掩盖了他们对该省的影响。然而,孟加拉的饥荒是缅甸的沦陷所造成的后果,这个道理和纳粹德国空军轰炸英国城市,结果使法国落入纳粹德国一样。在1940年初,孟加拉是英国领土,那里发生的事情也是英国战争的一部分。通常,孟加拉的战事被掩盖,被遗忘。然而,二战期间,死在孟加拉的人比大英帝国其他地方的牺牲者人数加起来还要多,这不能不说是一个值得思考的问题。

1942年,盟军在缅甸发生了什么事?部分解释可以追溯到20世纪初,当时英国刚开始吞并缅甸,将其作为印度帝国东部的堡垒。但印度主要的军事重点是面向中亚的西北边境,俄罗斯才是英国最可怕的潜在敌人。在亚洲,日本崛起,但当时人们并未看到威胁。从印度东北到缅甸没有战略性的公路和铁路;和平时期,一旦领土问题解决之后,缅甸的防卫显得不足。这样的政策一直持续到1937年,当年缅甸重新从印度脱离。所谓的从上缅甸到中国西南部的滇缅公路,其实是在中国的海上运输遭到日本封锁之后,西方国家援助中国的一条通道。

然而,尽管缅甸地理位置优越,扼守着广阔的孟加拉湾,但日本似乎仍然对缅甸事务不感兴趣,置身于缅甸之外。直到1940年下半年,日本对大英帝国威胁才开始完全显现,当时,日本进入法属印度支那的北部,加入轴心国集团。

此时法国已经投降德国,意大利也已加入战争。首相丘吉尔后来写道:"1941年我们的重点在于:首先,保卫本岛安全(英国),包括对入侵以及潜艇战的威胁;其次,中东和地中海地区的斗争;第三,6月后,支援苏联;最后,抵抗日本的攻击。"丘吉尔感到一丝安慰的是,如果日本在亚洲与欧洲列强开战,将会把美国拖入战争中。1941年,中东是最活跃的地区,吸引了英国和帝国在东南亚其他地区源源不断的援兵。在东南亚,马来亚在1942年1月首先聚集援兵开往该地区。

马来亚的防务任务主要是保护缅甸,这依然是伦敦的底线——缅甸的重要性介于香港和牙买加之间。盟军在马来亚的兵力依然强大,因此日本很难袭击缅甸。从1939年到1941年底,缅甸的兵力并没有明显的变化,很显然,帝国并没有意识到他们在这儿的地位正面临着危险。

太平洋战争的爆发开始并没有对缅甸产生什么大的影响。日本入侵马来亚,然后向新加坡推进,这倒引起了该地区指挥官们的关注。蒋介石政权提供军队协助保护滇缅公路,但是韦维尔将军对大量中国军队涌入英国殖民地并不是很欢迎,反应迟缓。泰国面对日军的入侵,几乎没有什么抵抗力,泰国政府别无选择,只能配合东京的侵略政策,这就使得缅甸有可能被日军从陆路入侵。1941年12月23日和25日日军对仰光的轰炸预示着入侵会很快到来。仰光的英国指挥官曾指望马来亚能够抵得住日军的入侵,从而推迟其入侵缅甸的时间。但英国军队很快就撤向新加坡。

1942年1月中旬,饭田将军的第15军团在泰国南部准备入侵缅甸的特那瑟利姆。英国军队随后的战役并非开门红。在马来亚,经验不足和分散的殖民编队努力有效地与训练有素的、有决心的、经验丰富的日军进行斗争。考虑到在广阔的河口战斗运行的风险,在毛淡棉的第17师的后卫行动并没有获得太多时间防止日军从泰国的北部进攻上缅甸,缅甸第1方面军仍然驻扎在掸邦。对他们来说,曼德勒和滇缅公路是重要的战略要塞,不可失去。

在爪哇岛的总部,韦维尔将军打赌海上支援缅甸军的速度肯定比日军登陆殖民地速度快。但这时韦维尔将军也不能确定伦敦方面会给予缅甸什么方面的支援。按规定,仰光港口也必须随时保持开放。

由于毛淡棉市失守,萨尔温江沿线就成为下一个地理防御壁垒。但是,最有可能被日军突围的两个地方——马达班和库兹克却分别只有一个连的兵力防守。第17师的总指挥斯迈斯将军可能会为此加强兵力,增派人手。因为日军被暂时困在萨尔温江,所以有需要的话两军将会在碧琳河开战。赫顿将军仍在盼望第7师装甲部队和驻扎在仰光的武装力量的支援,他想尽可能地将日军抵挡在港口城市的东部。

从2月16日到2月20日,第17师一直在碧琳河做着顽强的抗争,尽管情况严峻希望渺茫,他们仍坚持不懈。和谈破裂,兵力撤退,等到一切都清除干净的时候,高机动性的日军就会从英国部队的两侧缓慢移走。

斯迈斯将军所带领的部队从碧琳行进到锡当河,这也加速了仰光沦陷。后来,斯利姆这样对斯迈斯说:"杰基,你把你陆军元帅的指挥权丢在了锡当河。在与如此强大的对手抗争时,从碧琳河缓慢地撤兵对军队来说有失为明智之举。"[①]日军可以穿过丛林,并利用锡当河东岸的小丘,在2月22日从驻扎在亚克特的英军的北部悄悄越过。那时,史密斯一行人并没有及时发现此地的重要性。

2月23日黎明破晓前,锡当桥受到工兵的攻击,第17师大部分将士被隔断在河的东岸。对英军来说,咆哮的河水就是一大军事灾难。但韦维尔将军和赫顿将军认为,史密斯有充足的时间到达锡当江的后方。这场惨烈的灾难完全是可以避免的。

斯迈斯被韦维尔将军革职后就回到了印度。到了印度后,他没有经过体检就继续服兵役。这是违反军规的,何况军规的设立是有它存在的理由的。战后的几年,斯达斯恢复了他的活力和雄心。之后,他当过议会议员、政要人员、作家、记者,享年86岁。生前他写过一系列的书和文章,其中就涉及南缅甸战争。这也表明斯迈斯一直对锡当之战耿耿于怀。当时奉命毁掉大桥的大

---

① J. 史密斯:《里程碑》,伦敦,1979,第13页。

校——休·琼斯也深受影响。1952年,战争结束后他就自杀,跳海身亡。①

斯利姆将军也为锡当河惨败发表过评论:

> 我们的军队无论怎样英勇奋战,守住仰光的可能性都是微乎其微的。当仰光失守的时候,在缅甸的所有军队(足足有两个师)都被隔绝在了锡当河的东岸。②

在锡当河边,尽管在最后一刻第17师前来支援,但第17师的过早瓦解也削弱了为保卫仰光而进行持久战的念头。同时,由于澳大利亚政府不允许澳大利亚第7师登陆仰光,也使当前危机变得更加严峻。堪培拉政府预测到在澳大利亚北部将会发生一场战争,因此他们想撤回驻扎在中东的兵力,为这场战争做准备。1958年,负责撰写此次抗日战役的英国历史学者——伍德伯恩·卡比少将总结道,就算在最好的情况下,第7师也只有一个连的军队可以及时到达仰光,在南缅甸也是如此。③但这也只是转移争议的一种客套话。早在3月,韦维尔将军就决定把第63师的印度军队调去仰光,如果是这样的话,那第7师的三个连都可能成功登陆。澳大利亚海军的目的就是把所有问题都归因于在中东的印度军队在关键时候撤回了印度。

对英军来说,缅甸军队总指挥亚历山大上将从仰光一路逃回卑谬是非常幸运的突破点。但是日军3月初安排在首都附近的警戒线早已漏洞百出,而且数量也不占优势。3月8日,日军成功攻占并拿下仰光,对第15师来说,这是继锡当战役胜利以来的又一大胜利。

在仰光失利后,从英国的视角来说,这场战争的目的是与拖延的行动做斗争。因为没有与印度陆上通信的线路,所以将战争拖到季风爆发后的可能性就很小。当中国部队开始进入缅甸时,人们很快就发现,重庆政权是不愿派兵

---

① J.史密斯:《里程碑》,伦敦,1979,第191页。

② W.斯利姆:《从失败走向成功》,伦敦,1956,第26页。

③ S.伍德伯恩·卡比:《抗日战争》(卷二),伦敦,1958,第102页。

深入缅甸南部的。中国的领导担心,日本将通过掸邦,从泰国北部推力直接切断滇缅公路。中国的第200师在同古打得很好,但是这个镇还是在3月底失守。缅甸的地方军队在混乱的战役中也被迫向北撤退,抵达伊洛瓦底江流域南部。

在缅甸的史迪威将军作为中国军队指挥官的任务由于政治因素的干预,遭到严重破坏,他在中国吃力不讨好的角色让很多优秀的外交官困惑不解。亚历山大后来写道:"我们希望中国人能够比他们过去做的更多——也许我们本应该知道他们的后勤是有多么差劲,他们以蒋介石为首的领导体系有多么腐败。"①然而,在战争阶段,中国对英国军队不可能有好的看法。

亚历山大被任命到缅甸,主要是一种政治姿态,而没有什么实质性的东西。将赫顿解职并未影响到事件的过程。事情的结局早已经设计好了,赫顿坚持将抗战进行到底,赢得了一些同情,但无济于事。1942年7月2日韦维尔写信给赫顿:"我坦诚地说,我错估了形势,我从来没想过日军进展这么快,这么强势。"②赫顿在军队中没有再任职。在战争结束后,他恨恨地写道:

> 韦维尔无疑已经发现了我在印度军方的地位和作用……他可以把我的情况反映给国内当局,但我意识到,我的资历对任何反对他的人的偏见是解决我的问题的障碍,但真正的障碍,毫无疑问,是韦维尔自己。③

赫顿接下来的任职与在印度政府的高层接触较多,他担任战争资源和重建委员会的秘书。

1942年前几个月的这段时间是日本对印度洋发动战争的理想时期。新加

---

① R.列文:《陆军元帅韦维尔》,伦敦,1980,第96页。
② J.拉蒂默:《缅甸:被遗忘的战争》,伦敦,2004,第66页。
③ A.德雷珀:《拂晓雷鸣》,伦敦,1987,第173页;C.N.巴克莱:《在他们肩膀上》,伦敦,1964,第144页。

坡和荷兰东印度群岛的陷落为日本帝国海军开辟了印度洋通道。1942年4月，对斯里兰卡发动袭击的南云海军加入日本的主要军舰战队，并将英国皇家海军从东印度洋赶出。这是战争期间皇家海军唯一一次与轴心国最强舰队争夺海上通道的遭遇战，与第一次世界大战形成了鲜明的对比，当时皇家海军的首要任务是清除德国军队在北海的势力，从而稳固其在协约国中的海军优势，而这次则完全不同。萨默维尔将军东方舰队的战斗力虽然不逊于海军部1942年的战斗力，但海军地位已经被忽视，对其制度的破坏也无法修复。日本海军驶向仰光，没有碰到任何干扰，这充分说明英国海军在英帝国统治下的内海航线势力已经衰落。尽管在缅甸中国军队在数量上远远超过亚历山大的疲惫之师，但仰光的日本援军还是锁定了缅甸的命运。

缅甸空军的条件不利于英国皇家空军，虽然有大量的机场，但没有足够的战机。空军元帅斯蒂芬森直到仰光沦陷才报道说，有32架敌机被击毁，这远远低于盟军飞行员声称击落的数量。斯蒂芬森说："通过技术性检查——尽管许多战机已经烧毁，或以其他方式摧毁得面目全非——人们知道了以前不为人知的战机质量问题。"[①]如果没有生机勃勃的美国飞虎队加入，英国皇家空军在缅甸的溃败可能会更快。3月21日至22日，日军对马圭机场成功发动了密集空袭，这个基地是盟军所建，但在这个战争期间都没有空中掩护。

因为没有英国的主要支援，在敌军首轮强劲的攻势下，上缅甸的军方只能是做些无关痛痒的方案。4月酷暑中，缅甸第1师被派遣到仁安羌附近的油田。与此同时，饭田将军第15军团的剩余兵力突破中国前线，抵达同古掸邦。盟军可能会很快撤出缅甸北部，曼德勒被放弃，阿瓦桥遭到毁坏，滇缅公路的西端落入日军之手。

最后阶段，众多难民和多尔曼·史密斯的政府人员在英国军队的护送下撤

---

① D.福特：《飞虎队：克莱尔陈纳德和他的美国志愿者，1941—1942》，华盛顿，2007，第218页。

往印度,行军需赶在印度雨季来临之前进行。1942年5月的溃败背景下,对于印度军队来说也不是坏事,因为印度东北部山区根本无法通行,这就阻止了日军的进程。远东战争必将是个漫长的过程。

韦维尔将军从他新德里的总部继续下令,缅甸沦陷后,英国在印度仍要继续努力战斗。一些韦维尔的下属发现他的观点不切合现实,但是对于远在伦敦的军政领导来说,他的决心以及详尽的报告听起来让人放心。韦维尔一直以思维清晰,脾气安静而著称,这就足够经得起一连串挫折的打击,如果换作普通人,早就垮了。1943年1月,他晋升为元帅。

斯利姆将军注意到,在缅甸的盟军对丛林心生恐惧。"对我们来说,它仅仅是运动和视觉的障碍物,对日本人来说,它们变成了施展策略,创造战机的工具。"[1] 1942年下半年,盟军在印度训练了两个师专门应对丛林作战。作为一个领导者,斯利姆给缅甸人留下的印象是沉着和稳健。在盟军刚刚撤往英帕尔不久,就有了更大的任务,他接管了孟加拉第15军团的指挥权。考恩将军仍然指挥印度第17师,自斯利姆解职后,他就担任这一职务。考恩将该师的标徽由一道闪电变成一只黑猫,这有可能是因为东京玫瑰——一位英语电台的播音员——曾经说,以黄色条纹为徽标的师已经被赶出了缅甸。卡梅伦也留任第48旅的廓尔喀的旅长一职。

然而在缅甸沦陷后,一些高级指挥官并没有返回主阵地。斯科特将军作为缅甸第1师的指挥官因为表现突出,被授予优秀服务勋章。该师被打散之后,他负责训练部队。直到1943年6月,他都在担任印度陆军的步兵督察。詹姆斯·伦特评价斯科特:"始终警惕,保持冷酷,对人时他总是热情友好。如果是在中东地区,而不是缅甸,布鲁斯·斯科特的职位肯定会更高。他总能将局势化险为夷。"[2] 从1943年至1946年,斯科特完成了作为白沙瓦地区的总指挥

---

[1] W.斯利姆:《从失败走向成功》,伦敦,1956,第123页。

[2] J.伦特:《撤出缅甸,1941—1942》,伦敦,1986,第69页。

官职业生涯。白沙瓦靠近开伯尔,是一个较大的驻地。旅长柯蒂斯·伯克、休·琼斯等都曾负责过印度部队训练的事务。特别是琼斯,他从1942年至1944年就担任印度军事学院的指挥官,而且休·琼斯还是负责招兵的主任。

下级军官和英国人、印度人、廓尔喀族人和缅甸人组成的各支力量都在缅甸并肩作战。对于一些人来说,1942年意味着他们在日本和缅甸军事经历才刚刚开始,而对那些病员和伤员来说,就意味着他们在战斗中不再有作用了。

饭田的第15军团表现一直以来都很引人注目,不过日本成功征服缅甸战争相对于日军在东南亚其他地区以及太平洋地区所取得的战果来说,也不足以炫耀。日军的斗志很高,在中国已经获得了运动战的经验。攻占仰光是饭田在战争开始阶段的主要目标,东京需要占领仰光来阻断盟军的运输港口,并封锁到国民党中国的陆路交通。

仰光被攻占后,它的直接任务是通过海路直接向缅甸南部增援。日本工程师修复了铁路,这样就可以使第15军团长驱直入曼德勒。日本军官对同古和平满纳的中国防御工事印象深刻。宫胁是指挥第213团的上校,这样评价"英国人比中国人还要弱"。[①]缅甸独立证明了虽然不是为了战争,但是陆军侦察并收集日本人的信息是有用的。然而一开始,缅甸民族主义者赢得平民百姓的支持,或者至少是中立非常重要。这与日军在中国的通常做法形成了鲜明对比。1942年4月,日本在缅甸陆地和空中,还有海岸方面,都拥有绝对的优势。他们之所以能够速胜,很大程度上归功于这三个层面的成功。

缅甸的一切对于饭田来说都似乎运行流畅,但他还是像山下将军在马来亚那样,将其军队无情地向前推进。1943年3月,饭田从缅甸返回东京,他在军总司令部度过了漫长的两年后,被调往满洲指挥第30军团。饭田在远东苏联干预后被俘,并且在西伯利亚被囚禁了5年,于1980年在日本去世,年92岁。

---

① J.伦特:《撤出缅甸,1941—1942》,伦敦,1986,第283页。

第55师的竹内1943年从军队退役,但在缅甸接下来的战事中,第33部的樱井将军是盟军的眼中钉。1944年1月,他负责指挥在缅甸西部的第28军团。战争结束后,他作为仰光战俘一直被关押到1947年,樱井1985年去世,年95岁。

第15军团的下属指挥员当中有许多有能力的军官。尽管日本帝国的军队中对奖励和发勋章很是严格,但仍有很多将官获得奖章。对将士而言,拥有勇气和牺牲精神被认为是最起码的底线。不过,有时候会有一些例外。在这次战争过后,第33师,第214和第215团,第56师和第56侦察联队都受到了嘉奖。

在缅甸被占领后,日本在1942年6月建立了军管政府。饭田将军掌管新政府,并且受到日本输送的官员的拥护。第15军团的四个师在1942年季风季节后在缅甸驻扎了下来。第55师和第56师占据了缅甸的东北部,与中国相对。第33师团从钦敦江进入印度边境;第18师在缅甸南部作为后备军。日本后来在劳工的帮助之下开始着手修建从缅甸到泰国的铁路。特纳瑟利姆处于日本在新加坡总部的监控之下,许多被关押在那里的战俘就被抓去当了铁路工人。仰光监狱里的战俘成为修路工人,因为他们受不同的日本司令部管束。

日本解散了缅甸独立军,从日本人的观点来说,它已经过时没有用了。然而,昂山作为一个新成立的本土防卫司令,继续为日本效力。1942年8月1日,日本指定巴莫,前总理部长,作为这个傀儡政权的领导人。直到最近,巴莫还一直是英国的政治犯。德钦党并没有在管理中发挥控制的作用,仅仅是参加一些低级的管理事务。①

巴莫与饭田一直保持着友好的关系,而后者仍待在缅甸。让饭田感到吃惊的是,来自日本的公务员和商人来到仰光,把它看作是从敌人手中占领的区

---

① M.科利斯:《缅甸的最初和最末》,伦敦,1956,第185页;J.拉蒂默:《缅甸:被遗忘的战争》,伦敦,2004,第123页。

域，就像是满洲里或中国。①但东京无意与缅甸的民族主义者分享权力，尤其是在活跃的前线地区。只有在大东亚共荣圈的框架内，日本才会承诺给缅甸人以适量的自治权。

然而，欧洲和亚洲之间力量的平衡正经历着一场深刻的变革。毫无疑问，日本对缅甸的征服，使这块殖民地很快独立于英国。1942年的最后几个月里，在缅甸仅有的英国人——或多或少——都是被关押在仰光监狱里。英国的影响力，对缅甸政治以及社会生活的控制就这样突然结束了。英国的各种力量被赶出缅甸，其所造成的结果是，缅甸绝不会再回到殖民统治的时代了。

1942年7月，英帝国在亚洲的前景仍不明朗，韦维尔向伦敦当局指出：

> 缅甸的沦陷，从战略的角度看，是我们对日本的战争惨痛失败。它使我们的中国友军不能获得弹药援助而进行长期的抗日战争。使得在对日打击的有效范围内建立机场变得异常困难；它将印度置于被日军入侵的危险境地，并且对英国在东方世界的声誉造成灾难性的影响。

伦敦决定保留雷金纳德·多尔曼·史密斯爵士流亡在西姆拉的缅甸政府，西姆拉是印度传统的夏都。要想让英国米字旗在仰光上方飘荡，他们就需要理解多尔曼·史密斯的良苦用心。

中国国民党是怎样的政党？蒋介石政权又是怎么组建的？盟军在缅甸的失败使得英美军队同中国国民党军队的联系也受到影响，国民党开始与日本帝国军队往来密切。1942年，英美在战争中的命运处于最低潮。因此，中国国民党蒋介石似乎在盟军中的重要性明显增加，不过后来似乎不是如此。但是，如果国民党领导的中国打算成为一个大国，像苏联一样，它就必须独立自主。盟军数量有限的援助通过空运运往重庆，但这只是杯水车薪，蒋介石政权的生

---

① J.艾伦：《缅甸：漫长的战争，1941—1945》，伦敦，1984，第560—562页。

存和繁荣必须依靠自身的优势。盟军在缅甸的失败,对抗日战争后国民党在中国大陆的政权毁灭起了很大的作用。1942年的缅甸战争,是唯一一次中国军队与西方列强军队肩并肩,共同抗击日军的战争。

与此同时,缅甸在日本统治下,倒退回一种英国人把文明强加给这个地区之前的生存状态。在日本的占领下,缅甸人民的生活惨淡凄凉。农业经济彻底摧毁,老百姓害怕日本军政统治——险恶的宪兵队统治。港口城市仰光,注定要开始经历一段漫长的衰退和停滞时期。

在1942年末,从印度东北部发起的收复缅甸领土的军事斗争似乎势如破竹地在进行,但艰难万分。丘吉尔认为:"在松软而潮湿的丛林与日本打仗,无异于在水里与鲨鱼格斗。"盟军在缅甸获胜的前景遥遥无期,要使那个最终的目标变为现实,需要做大量的努力和牺牲。1944年初,日本在印度东北部的侵略被击退,它便没有可能再进入缅甸北部。1945年,斯利姆将军和印军重新夺取缅甸,成功扭转了当地的军事局面。1942年曾经参加饭田将军指挥的战役的日军士兵都在此次战役中被打死。

1945年5月2日,在季风季节来临之前,英国军队重新夺回了仰光。10月16日,多尔曼·史密斯返回仰光,作为总督的他做出了进一步政治改革的承诺,尽早组建自治政府。但英国的各个机构由于日本占领而破坏殆尽,昂山也与日军断绝了关系,但他的缅甸国防军是一支不可忽视的力量。战争让缅甸政权伤痕累累,这个国家未来的宪法进程不支持那些温和的观点。

从1945年—1948年,英国统治者在缅甸一直扮演守护者的角色,但他们只是管理公共生活等表面事务。1946年6月,多尔曼·史密斯离开缅甸,新总督完成权力转移,但未能保护少数民族的地位。在伦敦,缅甸的未来没有受到足够的关注,缅甸问题被邻国英国殖民地印度的政权危机所遮蔽。

1948年缅甸独立后,仰光的经济仍然停滞不前。由私人公司运营的缅甸原材料和作物的自由出口的做法没有得到缅甸新统治者的青睐。国有经济体系既腐败,又顽固。接着,在多数民族和少数民族之间又爆发了战争,持续了几十年。即使在21世纪初,仰光的中心区的经济仍然不发达,很多殖民地时期的建筑还是可以追溯到英国的统治时期。1942年日本占领缅甸,完全摧毁了这个国家经济发展的轨迹,使其迅速不可避免地为第二次世界大战服务。